新质生产力研究文库

张东刚◎总主编

新质生产力

理论、事实与路径

New Quality Productive Forces

张东刚 等◎著

中国人民大学出版社

·北京·

总　　序

　　2023 年 9 月，习近平总书记在黑龙江考察调研时指出："整合科技创新资源，引领发展战略性新兴产业和未来产业，加快形成新质生产力。"总书记以深邃的历史眼光、宽广的时代视野、前瞻的战略思维，原创性地提出了"新质生产力"这一新概念，深刻阐明了其丰富内涵、核心要义、实践路径和科学方法论，多次就"什么是新质生产力、为什么要发展新质生产力、如何发展新质生产力"作出重要论述和战略部署。这一系列重要论述，深刻总结了新时代新征程中国发展的实践经验。新质生产力是习近平经济思想的最新创新成果和理论飞跃，为新时代新征程以高质量发展推进中国式现代化，加快推进强国建设、民族复兴伟业指明了方向。新质生产力理论是对人类生产力规律的最新概括，为推动构建人类命运共同体指明了前进方向，贡献了人类文明增量。新质生产力理论具有极强的政治性、思想性、理论性、指导性，为建构中国经济学自主知识体系提供了重要的思想指导。

　　新质生产力理论是对马克思主义生产力理论的创新与发展。生产力理论是马克思主义理论的重要基石和鲜明特征，突出强调了生产力是推动人类社会发展和进步的最终决定力量。新中国成立以来，特别是改革开放以来，我国逐步探索出一条独特的发展道路，形成和不断发展中国特色社会主义政治经济学，指出社会主义的根本任务是解放和发展生产力，为当代中国创造"两个奇迹"提供了理论指引。新质生产力理论坚持解放和发展社会生产力这一马克思主义政治经济学的基本命题，同时紧扣我国新时代新征程社会主要矛盾的实质，总结了在习近平新时代中国特色社会主义思想，特别是习近平经济思想指引下，我国在现代化产业体系建设、科技创新、改革开放、安全发展、民生保障等方面取得的实践成就，为推动高质量发展提供了科学的理论支撑。新质生产力理论标志着中国共产党对社会生产力发展规律的认识达到新高度。

新质生产力理论为以中国式现代化全面推进民族复兴伟业指明了方向。党的二十大报告明确提出，新时代新征程中国共产党的中心任务就是"团结带领全国各族人民全面建成社会主义现代化强国、实现第二个百年奋斗目标，以中国式现代化全面推进中华民族伟大复兴"。强国建设、民族复兴，必然要求坚定不移推动高质量发展，提升科技自立自强水平，重塑产业竞争力，减少对生态环境造成的不可逆破坏，扎实推进共同富裕。新质生产力以创新为主要特征，科学把握了人工智能等颠覆性技术蕴藏的强大发展动能，以现代化产业体系建设为重点领域，以数字化、绿色化为新增投资主要方向，有助于提升全要素生产率，将推动形成创新驱动的新发展格局。新质生产力理论为以高质量发展推进中国式现代化提供了强劲的行动指南。

新质生产力理论为推动构建人类命运共同体提供了中国力量、中国方案、中国思想。当今世界百年未有之大变局加速演进，亟需破解全球性治理赤字、信任赤字、和平赤字、发展赤字的可行方案。对于"全球南方"国家而言，发展振兴是其历史使命。我国作为世界上最大的发展

中国家，以技术革命性突破、生产要素创新性配置、产业深度转型升级
催生新质生产力，体现了坚持发展优先、创新驱动、人与自然和谐共生
的原则。中国发展新质生产力，以更高产量、更低价格、更好质量惠及
全球广大人民，体现了坚持以人民为中心的价值导向。中国发展新质生
产力还为全球经济发展注入强劲动力，持续扩大高水平对外开放，与其
他国家特别是"全球南方"国家分享发展机遇和红利，体现了坚持普惠
包容、行动导向的原则。而且，新质生产力理论为推动实现更加强劲、
绿色、健康的全球发展提供了新的思想指引。

　　新质生产力概念提出以来，已经成为社会各界关注的热点和核心
话题。目前，已有不少研究阐释新质生产力的理论文章、论著。但
是，还有一些理论问题需要进一步深入研究回答。随着我国经济社会
不断发展以及国内外形势变化，新质生产力的理论内涵、特征事实和
实现路径还在动态演进，这就决定了在未来相当长一个时期内新质生
产力仍是各界共同研究的一个重大议题。

一、文库的由来

　　2022 年 4 月 25 日，习近平总书记在中国人民大学考察调研时提
出，加快构建中国特色哲学社会科学，归根结底是建构中国自主的知
识体系。作为我国人文社会科学领域的重镇，中国人民大学始终坚持
把马克思主义基本原理同中国具体实际相结合、同中华优秀传统文化
相结合，立足中华民族伟大复兴战略全局和世界百年未有之大变局，
不断推进马克思主义中国化时代化。自新质生产力理论提出后，中国
人民大学以强烈的历史主动精神，深入研究阐释新质生产力的重大意
义和科学内涵，积极建构中国自主的知识体系，为以新质生产力发展

推进中国式现代化建设作出新的人大贡献。

2024 年 4 月 27 日，中国人民大学成立了中国人民大学新质生产力研究中心（以下简称中心），旨在紧密围绕国家发展新质生产力的重大战略部署，发挥中国人民大学在我国人文社会科学领域"独树一帜"的办学优势，深度整合多学科的优势资源，搭建一个跨学科、综合性的研究平台。中心成立以来，积极开展前沿性、创新性的研究工作，深入挖掘新质生产力的理论内涵、特征事实、驱动因素和政策启示，为我国经济高质量发展提供具有前瞻性和可操作性的研究成果。中心已经发布了多篇高水平学术论文和报告，这些论文和报告得到了社会各界广泛关注，产生了持续影响。

为进一步引领学界对新质生产力展开更深入的研究，提升公众对新质生产力重要性的深刻认识，促进社会对创新和转型的广泛深度参与，为新质生产力相关政策的制定提供前瞻性科学指引，中国人民大学策划出版"新质生产力研究文库"。为了保证文库的质量，我们邀请来自全国哲学社会科学"五路大军"（高等院校、党校（行政学院）、部队院校、科研院所、党政部门研究机构）的知名专家学者组成编委会，负责选题征集、评审和推荐等工作。编委们来自中国人民大学、北京大学、清华大学、中共中央党校（国家行政学院）、中共浙江省委党校（浙江行政学院）、中国人民解放军国防大学、中国人民解放军国防科技大学、中国科学院、中国社会科学院、国务院发展研究中心、习近平经济思想研究中心、中国宏观经济研究院等机构。

二、文库特色

本文库是中国人民大学全面学习贯彻习近平总书记来校考察调研

时重要讲话精神、准确把握"强国建设，高等教育何为、人大何为"这一关键问题的具体实践，是中国人民大学建设"中国特色世界一流大学"的积极探索。文库旨在汇聚一流学者的智慧，全面、深入、系统地研究新质生产力相关理论与实践问题，为我国新质生产力的发展提供坚实的理论支撑，为政策制定者提供科学的决策依据，为广大读者提供权威的知识读本，推动新质生产力理论在学界、政界和社会各界的广泛传播与应用，助力我国经济在新质生产力的引领下实现高质量发展。我们秉持严谨、创新、务实的学术态度，追求学术性与实践性的有机统一，力求打造一套具有国际视野、中国特色、时代特征的高质量学术文库，推动建构中国自主的经济学知识体系。本文库具有以下几个鲜明特色：

一是视角丰富。文库打破学科界限，整合了政治经济学、国民经济学、产业经济学、区域经济学、创新经济学、金融学、国际经济学、劳动经济学等多学科知识。跨学科的视角有助于全面把握新质生产力的深刻内涵和广泛影响，为读者建立多元化、立体化的知识体系，使其能从多个维度理解新质生产力在经济社会发展中的重要性。

二是理论与实践紧密结合。文库既注重深入的理论研究，构建坚实的新质生产力理论框架，又紧密围绕我国新质生产力发展实践中的热点、难点问题展开探讨。通过大量的实证研究和案例分析，将理论成果与实际应用相结合，使读者既能掌握先进的理论知识，又能了解如何将这些理论应用于实际工作。

三是内容持续更新。新质生产力是一个不断发展演进的领域。文库将建立动态跟踪机制，及时关注国内外新质生产力的最新研究动态和实践进展，持续更新研究内容，确保文库始终保持对前沿问题的敏锐洞察力和学术引领性，为读者提供与时俱进的研究资料。

三、未来展望

新质生产力的研究之路宛如一场漫长而伟大的征程，绝非一朝一夕、一人一力所能完成。它是一座需要众多专家学者齐心攀登的科学高峰。在这一征程中，每一位学者都是满怀热忱的登山者，每一个新的观点都如同一把登山镐，大家群策群力，相互支撑。通过众多智慧光芒的汇聚、不同学术思想的碰撞，新质生产力研究这一宏伟蓝图将逐渐清晰而完善，为经济高质量发展开启一个通往全新境界的窗口。

未来，中国人民大学将携手哲学社会科学"五路大军"，持续深入研究新质生产力的重大理论和现实问题。文库将根据研究进展和社会各界需求，持续推出更多高质量的学术著作，丰富内容体系。新质生产力由技术革命性突破、生产要素创新性配置、产业深度转型升级而催生。因此，文库将基于创新、要素、产业三个维度，面向全国各高校、党校（行政学院）、部队院校、科研院所、党政部门研究机构公开征集选题，预计每年推出若干本有思想、有分量、有影响力的著作。作为高端学术品牌，文库将着力体现"体系化"和"专题化"的特点。随着新质生产力理论体系不断丰富完善，文库将推出专题图书，探讨新质生产力的科学内涵。此外，文库还将为不同的产业推出专题图书，深入细致地探究各个产业如何根据自身特点发展新质生产力并形成合力。

新质生产力研究文库的出版，恰逢其时，意义深远。我们坚信，在学界同仁的共同努力下，文库将成为推动新质生产力研究的重要载体，为我国经济高质量发展贡献智慧与力量。让我们携手共进，共同探索新质生产力的奥秘，开创中国式现代化的新篇章！

前　　言

一、新质生产力提出的背景和意义

2023 年 9 月，习近平总书记在黑龙江考察调研期间原创性地提出了"新质生产力"这一新概念，并在同年 12 月的中央经济工作会议上强调，"要以科技创新推动产业创新，特别是以颠覆性技术和前沿技术催生新产业、新模式、新动能，发展新质生产力"。概括地说，新质生产力是创新起主导作用，摆脱传统经济增长方式、生产力发展路径，具有高科技、高效能、高质量特征，符合新发展理念的先进生产力质态。它由技术革命性突破、生产要素创新性配置、产业深度转型升级而催生，以劳动者、劳动资料、劳动对象及其优化组合的跃升为基本内涵，以全要素生产率大幅提升为核心标志，特点是创新，关键在质优，本质是先进生产力。

我国经济已由高速增长阶段转向高质量发展阶段，正处在转变发展方式、优化经济结构、转换增长动力的攻关期。在这个关键时期，新质生产力的提出具有重要的时代背景和深远意义。从国际背景来看，全球科技创新进入空前密集活跃的时期，新一轮科技革命和产业变革正在重构全球创新版图、重塑全球经济结构。以人工智能、物联网、生物技术等为代表的新兴技术快速发展，不断催生新的产业形态和商业模式。同时，国际竞争日益激烈，各国都在积极谋求科技创新的领先地位。在这种形势下，我国只有加快发展新质生产力，提升科技自立自强水平，重塑产业竞争力，才能在国际竞争中立于不败之地。从国内背景来看，虽然我国经济发展取得了巨大成就，但也面临着一些挑战。一方面，我国传统的粗放型增长模式已经难以为继，我们需要转变发展方式，推动经济高质量发展。另一方面，为了满足人民对美好生活的向往，必须建设现代化产业体系，推动产业朝高端化、智能化、绿色化方向发展，提升全要素生产率。此外，我国还面临着资源环境约束加剧、人口老龄化等问题，需要通过发展新质生产力来实现经济社会的可持续发展。

新质生产力的提出具有划时代的重大意义。

首先，发展新质生产力是推动经济高质量发展的内在要求和重要着力点。党的二十大报告强调，"高质量发展是全面建设社会主义现代化国家的首要任务"。习近平总书记深刻指出："生产力是人类社会发展的根本动力，也是一切社会变迁和政治变革的终极原因。高质量发展需要新的生产力理论来指导，而新质生产力已经在实践中形成并展示出对高质量发展的强劲推动力、支撑力，需要我们从理论上进行总结、概括，用以指导新的发展实践。"[①]

其次，新质生产力理论的提出为以中国式现代化全面推进民族复兴伟业指明了方向。中国式现代化是人口规模巨大的现代化，是全体

---

① 习近平. 发展新质生产力是推动高质量发展的内在要求和重要着力点. 求是，2024(11).

人民共同富裕的现代化，是物质文明和精神文明相协调的现代化，是人与自然和谐共生的现代化，是走和平发展道路的现代化。新质生产力理论深刻总结了在习近平新时代中国特色社会主义思想，特别是习近平经济思想指引下，我国在现代化产业体系建设、科技创新、改革开放、安全发展、民生保障等方面取得的实践成就，为新时代新征程以高质量发展推进中国式现代化提供了强劲的行动指南。

最后，新质生产力理论为推动构建人类命运共同体提供了中国智慧、中国方案。在世界百年未有之大变局下，全球面临着气候变化、能源安全、公共卫生等诸多挑战，需要各国共同努力，推动人类社会实现可持续发展。中国发展新质生产力，推动形成创新驱动的新发展格局，持续扩大高水平对外开放，不仅为自身发展开辟了新空间，也为其他国家特别是"全球南方"国家带来了发展机遇和红利。

二、全书结构与主要内容

全球经济正经历着前所未有的变革。科技的迅猛发展，尤其是数字技术的广泛应用，正在重塑传统的生产方式和经济结构。新质生产力代表了生产力的跃迁，是推动经济高质量发展的关键动力。《新质生产力：理论、事实与路径》一书响应时代呼唤，分别从理论内涵、特征事实和实现路径三个方面对新质生产力进行了深入探讨。

本书的第一篇研究新质生产力的理论内涵。新质生产力理论是对马克思主义生产力理论的中国化、时代化创新，改造并发展了生产函数理论和经济增长理论，是习近平经济思想的最新创新成果和理论飞跃。新质生产力理论坚持解放和发展社会生产力这一马克思主义政治经济学的基本命题，同时紧扣我国新时代新征程社会主要矛盾的实质，标志着中国共产党对社会生产力发展规律的认识达到新高度。

第一篇包括四章。第一章从发展中国特色政治经济学、推动高质量发展和构建人类命运共同体等方面阐述了新质生产力的理论先进性，接着从"技术创新—先导产业—核心要素—基础设施—组织方式"等方面阐释新质生产力的形成机理和重点发展领域，最后点明新质生产力发展存在的挑战和切实可行的政策措施。

第二章从全面推进中国式现代化的角度解释为什么需要加快形成新质生产力，并提出了加快形成系统竞争优势、加强人工智能赋能劳动者、推动能源行业绿色转型、加强文化赋能产业、推进高水平对外开放等切实可行的应对措施。因为马克思主义生产力理论是新质生产力的理论源起，厘清两者间的传承发展关系是做好新质生产力学理分析和总结概括的必要前提，所以第三章从经济史和经济思想史的视角厘清马克思主义生产力理论的生成逻辑，明晰马克思主义生产力理论的基本框架及其三重基本规定，进而探讨新质生产力理论在哪些方面实现了马克思主义生产力理论的进一步创新发展。因为新质生产力是符合新发展理念的先进生产力质态，所以第四章从共享发展理念出发，聚焦于新质生产力促进共同富裕的理论逻辑并提出相应政策建议。

本书的第二篇揭示新质生产力的特征事实。新质生产力不仅是理论命题，也是实践命题。本篇秉承"中国重大、现代方法、数据驱动"的科学精神，致力于系统评估我国新质生产力发展的现状特征、发展进程、产业形态、空间分布等，为研究新质生产力的驱动因素和政策制定奠定坚实基础。

为了帮助各城市了解自身发展水平、掌握发展长处与短板、因地制宜发展新质生产力，评估各城市新质生产力发展现状是非常有必要的。第五章从新质生产力的理论内涵出发，以全国 200 多个城市为对象，基于技术革命性突破、要素创新性配置、产业深度转型升级和体制协调性保障四个维度，构建城市新质生产力综合评价指标体系。第六章研究了新质生产力的空间分布规律，包括新质生产力的布局指向、区位条件、战略性新兴产业和未来产业的空间分布、数字经济空间分布和新型劳动者空间分布，并提出了优化新质生产力空间布局、促进区域经济协调发展的举措。

由于新质生产力以全要素生产率大幅提升为核心标志，第七章和第八章分别测算了产业和城市的全要素生产率。习近平总书记指出："我们要及时将科技创新成果应用到具体产业和产业链上，改造提升传统产业，培育壮大新兴产业，布局建设未来产业，完善现代化产业体系。"[①] 第七章测算了不同产业的全要素生产率，旨在揭示我国经济增长动力的来源，从而确定培育新质生产力的着力点。第八章在全球视野下比较了国内 200 多个城市和发达国家主要城市的全要素生产率，发现国内城市全要素生产率的增速明显高于发达国家城市。进一步分析表明，国内各个城市全要素生产率增速呈现显著差异。

本书的第三篇探讨新质生产力的实现路径。要加快形成新质生产力，必须对生产函数的各个组成部分"对症下药"。一个较为符合我国现实情况的生产函数可以表达如下：

$$\frac{Y}{L}=AF\left[\frac{K_1}{L},\ \frac{K_2}{L},\ \frac{H}{L},\ TFP\right]$$

---

① 习近平. 发展新质生产力是推动高质量发展的内在要求和重要着力点. 求是，2024(11).

式中，$\dfrac{Y}{L}$ 是人均产出；A 是创新水平；$\dfrac{K_1}{L}$ 是人均传统物质资本；$\dfrac{K_2}{L}$ 是人均新型基础设施资本；$\dfrac{H}{L}$ 是人均人力资本；TFP 是全要素生产率。根据这个生产函数，本书提出培育发展新质生产力的十大举措，即传统基础设施更新、传统产业高端化、传统产业低碳化、传统产业数字化、传统服务业现代化、健全新型举国体制、发挥超大规模市场优势、利用系统竞争力逻辑、开辟新赛道新领域、推行全球竞争新战略，分别对应本书的第九至十八章。前五大举措可以统称为"传统产业现代化"，后五大举措可以统称为"新兴科研产业化"。

多年来，我国主要依靠投资驱动经济发展，基础设施建设和公共服务是固定资本快速形成的核心领域。然而，以"铁公机"为代表的传统基础设施是工业时代的产物，且在部分地区出现"过剩""闲置"，投资收益递减。对传统基础设施进行更新，可以更好发挥投资的关键作用，支撑传统产业高端化、智能化、低碳化。由于数字经济作为一种新型经济形态，其核心特征与新质生产力高度一致，第九章探讨了数字基础设施是否可以提升企业出口国内附加值率，定量评估了新型基础设施的投资收益。

除了物质资本，人力资本也是生产函数的重要组成部分。历史经验和研究证据表明，一国的人力资本水平对其生产力发展具有重要作用。2023 年，我国正式迈入联合国标准下的中度老龄化社会。作为应对，我国应当以技术改造和自动化重塑传统产业的竞争优势，这对劳动力素质提出了更高要求。新质生产力的"新"，包括新型劳动者、新型劳动资料和新型劳动对象三个维度。第十章介绍了新型劳动者的内涵和特征，分析了我国发展新质生产力的人才支撑现状和问题，并提出了提高劳动力素质、培养新型劳动者的政策措施。

新质生产力是符合新发展理念的先进生产力质态，决定了我国传统产业升级改造必须走低碳发展的道路。习近平总书记指出："绿色发展是高质量发展的底色，新质生产力本身就是绿色生产力。"① 高耗能行业在国民经济中有着举足轻重的地位，但同时也是能源消耗和环境污染的主要来源。第十一章聚焦于高耗能行业的绿色全要素生产率，描述了高耗能行业绿色转型发展的特征事实，并力图给出传统行业实现绿色转型升级的路径、潜力和举措。

作为发展新质生产力的重要引擎，数字经济可以推动生产端、消费端、产业端、市场端发生深层次变革。数字技术是新一轮科技革命的主导技术，无论是战略性新兴产业还是未来产业，都直接或间接地包含数字技术。强化数字技术创新，是为新质生产力布局抢占先机、赢得优势的关键所在。第十二章首先从宏观上阐述了数字技术和数据要素对新质生产力的推动作用，然后从微观上揭示了企业数字化转型的现状与趋势，最后探讨了企业的数字化转型对其创新能力的影响。

发展现代服务业是迈向经济强国的必由之路。在当今社会，不仅餐饮、出行等生活性服务业，而且金融、医疗、教育等生产性服务业也面临着数字经济和人工智能的巨大冲击。2023 年，我国服务业数字化渗透率达到 46％，高于农业（11％）和工业（25％），是受数字经济发展影响最大的产业。由于服务业门类众多，本书无法一一详解，

① 习近平. 发展新质生产力是推动高质量发展的内在要求和重要着力点. 求是，2024 (11).

第十三章选取金融业作为高端服务业代表，分析了金融高质量发展与新质生产力之间互相影响的机制、现阶段金融服务新质生产力发展的短板，并提出了未来金融高质量发展的方向。

习近平总书记指出："新质生产力的显著特点是创新，既包括技术和业态模式层面的创新，也包括管理和制度层面的创新。必须继续做好创新这篇大文章，推动新质生产力加快发展。"① 市场机制是推动创新活动特别是原创性、颠覆性创新的重要驱动力，政府则可以解决创新活动中出现的市场失灵问题。只有健全新型举国体制，统筹好有效市场与有为政府，才能为发展新质生产力注入源源不竭的推动力。第十四章研究了市场驱动下的新型创新网络构建和政府引导下的创新要素优化配置，为健全新型举国体制进而促进新质生产力发展提供了大量经验证据。

习近平总书记还指出："要扩大高水平对外开放，为发展新质生产力营造良好国际环境。"② 2023 年，我国电动载人汽车、锂电池和太阳能电池产品合计出口 1.06 万亿元，首次突破万亿元大关，同比增长 29.9%，在国际市场上形成了强大竞争力。这三类产品在国际上的成功，将国内大市场的优势体现得淋漓尽致。我国完备的产业链为制造业的创新发展提供了坚实基础。巨大的国内市场不断孕育新的商机和需求，能够让新技术、新产品更快实现规模效应，有利于企业摊薄成本，突破临界规模，进而提升在国际市场的竞争力和占有率。第十五章围绕我国超大规模市场优势、高水平对外开放政策与新质生产力

---

① ② 习近平. 发展新质生产力是推动高质量发展的内在要求和重要着力点. 求是，2024 (11).

发展的相互关系展开分析，深入探讨了我国超大规模市场优势如何影响国际贸易和跨国投资，以及如何通过高水平对外开放来推动新质生产力的发展。

我国在发展新质生产力的过程中，应当遵循系统竞争力逻辑，竭力避免资源浪费和重复建设，使各个地方各展所长、优势互补，形成合力。各地应清晰把握自身在区域协同发展、国家战略总体布局中的定位，根据本地的资源禀赋、产业基础、科研条件等，有选择地推动新产业、新模式、新动能发展。第十六章探讨了如何系统构建高质量现代化产业体系，塑造有竞争力的现代产业集群，推动产业协同高质量发展，同时促进区域协调发展。

战略性新兴产业（简称"战新产业"）具有知识技术密集、物质资源消耗少、成长潜力大、综合效益好等特征，对经济社会的长远发展具有引领带动作用，是发展新质生产力的主阵地之一。长江经济带是我国科技资源最富集、科技创新活力最强、科技成果转化能力最突出的区域之一，加快形成新质生产力则是持续推动长江经济带高质量发展的内在要求。第十七章选取长江经济带为研究视角，旨在揭示该区域战略性新兴产业的空间特征与演化趋势，为研究战新产业在全国的布局特征抛砖引玉。

随着世界局势变化，我国产业在全球分工中，前有七国集团打压，后有印度、越南等新兴经济体追赶，迫切需要形成全球竞争新战略。第十八章研究了我国对外投资对国内和全球经济的影响，建议在全球竞争新格局下发挥对外直接投资的多元作用，稳步提高我国的全球竞争力和影响力。

全书篇章结构如图0-1所示。

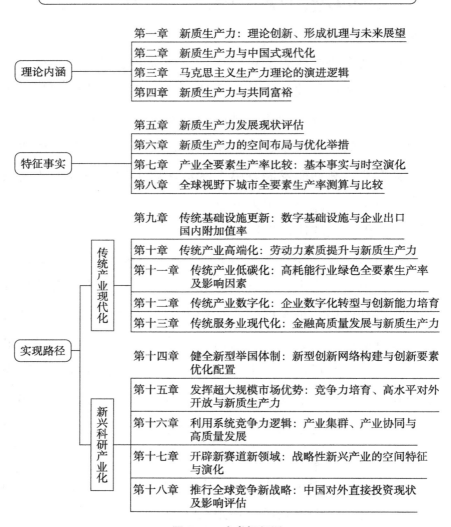

图 0-1　本书框架图

三、总结与展望

当前大国竞争日益激烈，科技、产业、贸易逐渐成为主要武器。

同时，我国经济进入新常态，经济增速放缓，经济结构面临转型压力，亟须跳出传统的粗放式增长路径，探索新的增长模式。在这样的背景下，新质生产力应运而生，成为推动我国经济高质量发展、实现中国式现代化的重要力量。

新质生产力的发展是一个系统工程，需要政府、企业、社会各方共同努力。政府需要制定相关政策，引导和支持新质生产力的发展；企业需要加大研发投入，提高自主创新能力，推动产业升级；社会各界需要加强人才培养，提高劳动者素质，为新质生产力的发展提供人才支撑。

作为深入学习贯彻习近平总书记关于发展新质生产力重要论述的战略举措，中国人民大学发挥其在我国人文社会科学领域"独树一帜"的办学优势，于 2024 年 4 月 27 日成立了中国人民大学新质生产力研究中心，并依托该中心开展系列高水平研究和咨政工作，相继发布了《新质生产力模式与特征》等报告以及多个省市地区的新质生产力报告。中国人民大学新质生产力研究中心的成立和相关工作的开展，是学校持续深入学习贯彻习近平总书记来校考察调研时重要讲话精神，准确把握"强国建设，高等教育何为、人大何为"这一关键问题的又一具体实践。

本书致力于深入研究阐释新质生产力的重大意义和科学内涵，加快建构中国自主的经济学知识体系，为发展新质生产力筑牢人才基础。在编写过程中，本书着重体现以下三方面特色：

一是强调理论性。本书充分发挥中国人民大学的学科优势、人才优势和理论研究优势，夯实发展新质生产力的理论基础，为发展新质生产力提供强大学理支撑。本书详细阐述了新质生产力的概念、内涵和特征，探讨了其与马克思主义生产力理论的关系及其重要意义。通过对新质生产力理论的研究，我们可以更好地理解其本质和发展规律，为推动经济高质量发展提供理论指导。

二是体现时代性。本书聚焦于新时代背景下新质生产力的理论内涵、发展现状和发展路径，立足新发展阶段，贯彻新发展理念，在微观、中观、宏观三个不同的范畴，从区域差异和产业升级等不同角度切入，全方位立体化展示了新质生产力发展的特征事实，为新质生产力的研究提供了更广阔的学术视野和更全面的研究框架。

三是突出实践性。本书立足中国经济社会发展规律和实践经验，紧跟科技和产业发展新趋势，牢牢把握"传统产业现代化"和"新兴科研产业化"两大方向，提出了发展新质生产力的十大具体路径，为以新质生产力发展推进中国式现代化建设提出人大方案、贡献人大智慧。

本书是中国人民大学建设"中国特色世界一流大学"新路的积极探索，凝聚了中国人民大学新质生产力研究中心和相关机构研究人员的集体智慧。第一章由中国人民大学党委书记张东刚教授撰写；第二章由中国人民大学党委常委、副校长郑新业教授撰写；第三章由中国人民大学经济学院范欣教授撰写；第四章由中国人民大学经济学院宋扬教授撰写；第五章由中国人民大学应用经济学院黄滢副教授撰写；第六章由中国人民大学应用经济学院张可云教授撰写；第七章由中国人民大学应用经济学院张红霞教授撰写；第八章由中国人民大学应用经济学院吕一飞助理教授撰写；第九章由中国人民大学应用经济学院裴建锁教授撰写；第十章由中国人民大学劳动人事学院赵丽秋教授撰写；第十一章由中国人民大学经济学院韩松教授撰写；第十二章由中国人民大学应用经济学院张钟文副教授撰写；第十三章由中国人民大学财政金融学院钱宗鑫教授撰写；第十四章由中国人民大学应用经济学院张杨博士后撰写；第十五章由中国人民大学经济学院刘青教授撰写；第十六章由中国人民大学应用经济学院刘玉教授撰写；第十七章由中国人民大学应用经济学院卢昂荻副教授撰写；第十八章由中国人民大学应用经济学院安子栋教授撰写。

本书各章作者分别具有政治经济学、国民经济学、产业经济学、区域经济学、创新经济学、金融学、国际经济学、劳动经济学等多学科背景，在有组织科研的统筹协调下，高效率完成了各章写作任务。本书写作中经多轮讨论、修改，并召开了专家研讨会，清华大学李邦喜教授、中国科学院眭纪刚研究员、中国社会科学院蔡跃洲研究员、北京师范大学张勋教授等专家对本书提出了宝贵建议，在此一并致谢。

新质生产力的发展是时代的呼唤，也是历史的选择。本书的研究成果对于推动我国经济高质量发展、实现中国式现代化具有重要的理论和现实意义。我们希望本书能够为政府决策部门、企业管理者、科研人员以及关注中国经济发展的读者提供有益的参考，激发社会对新质生产力更广泛的讨论，成为推动新质生产力发展的一份理论指南和实践手册，促进相关政策的制定和实施，为加快推进强国建设、民族复兴伟业贡献力量。

让我们共同努力，推动新质生产力发展，开创中国经济高质量发展的新局面！

目录 · CONTENTS

第一篇
理 论 内 涵

时代是思想之母。伟大时代呼唤伟大理论，伟大时代孕育伟大理论。在中国共产党带领全国各族人民迈上实现第二个百年奋斗目标新征程、朝着实现中华民族伟大复兴的宏伟目标继续前进的历史背景下，新质生产力理论应运而生！新质生产力是习近平经济思想的最新创新成果和理论飞跃，思想深邃、立意深远，回答了高质量发展面临的若干问题，为以中国式现代化全面推进强国建设、民族复兴提供了科学指引。

为了让读者对新质生产力的概念有一个提纲挈领的认识，从而更好地理解新质生产力发展现状以及如何进一步发展新质生产力等重要问题，本篇首先阐述新质生产力的理论创新、形成过程与未来展望，然后从中国式现代化、马克思主义生产力理论演进和共同富裕三大视角阐释其理论内涵。

本篇包括四章。第一章综述了新质生产力理论的创新之处和形成机理，并就新质生产力未来发展面临的理论局限、实践挑战与政策建议进行深度剖析。第二章阐述了中国式现代化背景下新质生产力发展的六大基本事实及与国家重大战略相对接的四项重点要求，进而分析了如何发展新质生产力以有效应对发展变革。第三章从马克思主义生产力理论出发，从经济史和经济思想史的视角厘清马克思主义生产力理论的生成逻辑，明晰马克思主义生产力理论的基本框架及其三重基本规定。第四章从共享发展理念出发，阐述新质生产力促进共同富裕的理论机制、挑战与政策路径。

第一章

新质生产力：
理论创新、形成机理与未来展望[*]

从 2023 年 9 月习近平总书记在黑龙江考察调研时原创性地提出
"新质生产力"这一经济学概念，到 2023 年 12 月在中央经济工作会
议上强调"发展新质生产力"，再到 2024 年 1 月在中共中央政治局
第十一次集体学习时提出新质生产力的内涵特征和发展重点，以及
2024 年全国两会强调"因地制宜发展新质生产力"，习近平总书记以
深邃的历史眼光、宽广的时代视野、前瞻的战略思维，就什么是新质
生产力，为什么要发展新质生产力，以及如何发展新质生产力作出重
要论述和战略部署。新质生产力总结了新时代新征程中国发展的实践
经验，是对人类发展规律的最新概括，为推动构建人类命运共同体指
明了前进方向，贡献了人类文明增量，也是建构中国经济学自主知识
体系的重要思想指导。在新发展阶段推动高质量发展，必须把握好生
产力与生产关系的矛盾运动规律，坚持全面深化改革，破除思想障碍
和制度藩篱，形成与新质生产力发展相适应的管理体制和运行机制，

---

* 本章内容主要来源于：张东刚. 新质生产力：理论创新、形成机理与未来展望. 应用经
济学评论，2024，4 (1).

让各类优质生产要素向发展新质生产力顺畅流动，以新质生产力发展新成效激发推进中国式现代化新动能。

一、新质生产力优在何处?

———

新质生产力坚持和发展了马克思主义生产力理论，是中国特色社会主义政治经济学的重要组成部分，为以高质量发展推进中国式现代化提供了思想指引。

(一) 开创了中国特色政治经济学新境界

新质生产力理论是对马克思主义生产力理论的创新和发展，改造了生产函数理论，开创了中国特色政治经济学的新境界。[①]

首先，新质生产力丰富、发展了马克思主义生产力理论。生产力理论是马克思主义政治经济学的重要基础和鲜明特色。[②] 马克思和恩格斯批判吸收了英法古典政治经济学的生产理论，发展了德国历史学派的生产力学说，总结人类社会发展历史规律，指出生产力决定生产关系，生产关系反作用于生产力，生产力与生产关系相互作用是人类社会的基本矛盾。新中国成立以来，特别是改革开放以来，我国逐步探索出一条独特的发展道路，形成和不断发展中国特色社会主义政治经济学，指出社会发展的根本任务是解放和发展生产力，为当代中国

———

[①] 刘伟. 科学认识与切实发展新质生产力. 经济研究，2024，59 (3).
[②] 张辉，唐琦. 新质生产力形成的条件、方向及着力点. 学习与探索，2024 (1).

创造"两个奇迹"提供了理论指引。

科技进步永无止境，生产力在不同时代具有不同的内涵和特征，需要立足实践进展及时进行理论创新。进入新时代新征程，解决我国发展不平衡不充分问题，以高质量发展推动中国式现代化，归根结底是要以发展作为解决一切问题的基础和关键，进一步解放和发展生产力。全球新一轮科技革命和产业变革方兴未艾，世界主要国家战略博弈激化，关键是抢占科技创新制高点，重塑国家产业竞争优势，提高产业链供应链韧性。

新质生产力坚持解放社会生产力这一马克思主义政治经济学的基本命题，同时紧扣我国新时代新征程社会主要矛盾的实质，总结了习近平新时代中国特色社会主义思想，特别是在习近平经济思想指引下，我国在现代化产业体系建设、科技创新、改革开放、安全发展、民生保障等方面取得的实践成就，科学把握了人工智能等颠覆性技术蕴藏的强大发展动能，为推动高质量发展提供了科学的理论支撑。

其次，新质生产力改造了生产函数理论和经济增长理论。生产函数表示在技术水平不变的情况下，生产中使用的生产要素与最大产量之间的函数关系，并将经济增长归因于生产要素投入贡献以及全要素生产率。在新一轮科技革命与产业变革背景下，新技术、新要素对经济增长的贡献明显增强。新质生产力锚定提升全要素生产率，既体现了经济增长的一般规律，又突出了新技术、新要素、新的组合方式等赋予生产函数和增长模型的全新内涵，为培育壮大新兴产业和未来产业，推动传统产业向高端化、智能化、绿色化转型升级提供了系统指导，符合我国加快建设教育强国、制造强国、科技强国、人才强国的战略需要，彰显了我国在全球经济新格局中的理论自觉和战略主动。

总的来看，新质生产力是习近平总书记立足中国现阶段基本国情、国际政治经济环境和科技发展新动向，提出的一个具有鲜明科学性、时代性、先进性和实践性的创新概念，是在坚持马克思主义政治经济学基本原理和吸收借鉴西方经济学有益成分，并且深刻总结新时代中国发展实践基础上作出的重要理论创新。

（二）为推动高质量发展和重塑国际竞争优势提供理论指引

首先，新质生产力为推动高质量发展提供了理论指引。2023 年 12 月，中央经济工作会议提出，"必须把坚持高质量发展作为新时代的硬道理"。当下，我国建设社会主义现代化强国还面临一系列挑战和困难。一是对颠覆式技术的基础理论研究仍存在短板弱项，同时科研成果的转化利用率仍有待提升，科技自立自强水平有待进一步提高。二是传统产业比较优势减弱，产业竞争力亟须重塑，需要解决产业大而不强的问题，防范产业链供应链风险。三是劳动生产率提升和居民收入增长趋缓，启动内需基础不稳固，供给与需求相互促进面临堵点。四是亟须转变高资源消耗和高碳排放的传统发展模式，减少对生态环境造成不可逆的破坏。新质生产力以创新为主要特征，以现代化产业体系建设为重点领域，以数字化、绿色化为新增投资主要方向，有助于促进劳动生产率提升，推动形成创新驱动发展格局，提高生产性投资的收益率，实现居民收入与经济增长同步，为中国式现代化提供坚实的物质技术基础。新质生产力理论还为提高各类政策取向的一致性指明了方向，财政、货币、就业、产业、区域、科技、环保都要围绕加快形成新质生产力统筹部署。

其次，新质生产力为塑造国际竞争新优势提供了理论指引。人类历史发展证明，科技革命带来产业变革，进而带来世界格局的调整。[①] 英国借助第一次工业革命的先发优势建立了"日不落帝国"；美国、德国、日本等国家利用第二次工业革命的契机实现了赶超，特别是美国成为世界头号工业强国；美国凭借第三次工业革命的主导权巩固了自己的霸权地位，一跃成为"超级大国"。当前，人工智能、云计算等新兴技术正引领新一轮科技革命和产业变革催生的第四次工业革命，将推动国际格局的重塑。在某种程度上，谁掌握了关键核心技术的先发优势，谁就掌握了国际竞争的主动权。新质生产力有助于中国把握世界百年未有之大变局的主动权。新质生产力抓住科技创新这个"牛鼻子"，突破关键核心技术的"卡脖子"问题，并且实现科技创新成果向现实生产力的有效转化。面对国际竞争对中国科技发展的挑战，新质生产力将进一步推动中国科技自立自强，打破西方国家的技术封锁。因此，形成新质生产力是在世界百年未有之大变局的背景下确保中国独立自主、赢得战略主动的现实需要。

（三）为推动构建人类命运共同体提供理论支撑

新质生产力升华了对人类经济发展规律的普适性认识，为推动构建人类命运共同体提供了理论支撑。

首先，新质生产力升华了对人类经济发展规律的普适性认识。纵观人类发展历史，前三次工业革命为人类的生产活动提供了机械化、

---

① 《求是》杂志评论员. 深刻认识和加快发展新质生产力. 求是，2024（5）.

标准化和自动化的技术条件，但是始终没有跳出规模经济这一传统路径。驱动新质生产力的新兴技术主要源于"第四次工业革命"中的颠覆性技术，它打破了原有的技术路径。第四次工业革命不再仅仅关注生产环节，而是引导了一场复合性的技术变革。新质生产力是对传统经济发展动能的接续与革新，是传统生产力和生产关系辩证发展量变积累的结果。进入新发展阶段，经济增长传统"三驾马车"的推力逐渐衰减，而脱胎于传统生产力的新质生产力可以依托新兴技术"基础创新"、"广泛渗透"和"多维赋能"的特点实现质态跃升，成为推动经济社会发展的变革性力量。

其次，新质生产力有助于推动构建人类命运共同体。思想是行动的指引，新质生产力的发展必然要求进一步完整、准确、全面地贯彻新发展理念，将"创新、协调、绿色、开放、共享"的发展理念扎扎实实地贯穿于实际工作中。通过强化理论指导、创新驱动、政策支持与系统构建，新质生产力为中国提供了向新发展范式转变的路径与方案，同时为全球提供了中国智慧和中国方案，将有力推动世界生产力的发展。

总之，新质生产力概念的提出，是习近平总书记对人类社会发展一般规律的深刻认识，也是对马克思主义唯物史观的继承和发展。人类文明新形态的到来，迫切要求社会生产力从低质向高质、从旧质向新质转型升级，归根结底要使社会生产力自身"实现质的有效提升"。① 习近平总书记关于新质生产力的重要论述作为习近平经济思想的又一重要内容，既是建立在马克思主义生产力理论基础之上，

---

① 顾海良. 新质生产力是新时代实践和理论创新的集成. 经济日报，2024-03-19.

更是基于历史之变、世界之变、时代之变的全球性理论创新。这一概念是中国提供的重要的全球公共知识产品，为人类哲学和社会科学的发展提供了中国话语、中国概念，是中国文化自信和文化自觉的生动体现。

二、新质生产力的形成机理与重点发展领域

———

历次重大生产力飞跃，都呈现出颠覆性技术创新、先导产业成长、核心要素成本下降、配套基础设施升级、产业组织方式变革等五个方面的协同效应，为认识新质生产力的形成机理提供了历史经验借鉴和理论指引。

（一）新质生产力的形成机理

近年来，以马克思主义生产力理论为指导，创新经济学综合了"创造性毁灭"理论，对工业革命以来的历次生产力飞跃形成了规律性认识，即每次重大生产力的飞跃均由"技术创新—先导产业—核心要素—基础设施—组织方式"形成协同创新：（1）颠覆性技术创新取得重大进展，率先在少数先导产业实现产业化；（2）先导产业发展所需的核心要素价格大幅下降，配套基础设施得以建成，新的企业组织建立起来，共同促进先导产业快速成长；（3）先导产业对传统产业形成示范效应，并加快改造提升传统产业，使得新技术、新要素、新的基础设施和新的组织方式被广泛采用，实现全要素生产率的大幅提升。一次完整的生产力

飞跃，通常要经历新产业体系的"导入期"和"拓展期"，需要 40～60 年的时间，表现为一次技术"长波"。

工业革命史和产业经济研究表明，自 18 世纪的工业革命以来，人类社会先后经历了五次生产力的重大飞跃：（1）工业水利机械化阶段，形成了"棉纺织业—棉、铁、煤—运河—工厂制"协同创新；（2）工业交通蒸汽机械化阶段，形成了"机床—铁、煤—铁路、电报—股份制"协同创新；（3）工业运输家庭电气化阶段，形成了"电气设备、重化工—钢、铜—钢轨、电话—泰勒制"协同创新；（4）交通、军民摩托化阶段，形成了"发动机—石油、天然气、合成材料—无线电、高速公路—福特制"协同创新；（5）国民经济计算机化阶段，形成了"软件、信息通信技术—芯片—信息高速公路—互联网"协同创新。[①] 按照 40～60 年的技术长波周期预计，第五次生产力飞跃大约在 21 世纪前 20 年结束，并迎来第六次生产力飞跃，表现为过去十余年来的新一轮科技革命与产业变革。

新质生产力是创新起主导作用，它的形成机理应符合创新的一般规律。新质生产力是新一轮科技革命和产业变革加速演进的必然结果，其形成机理突出表现为以下五方面：第一，在颠覆性技术创新方面，新一代信息技术、生命科学技术、先进制造技术、能源技术、空间和海洋技术加速突破应用。第二，在先导产业成长方面，数字化和绿色化成为开辟新赛道最重要的战略方向，智能制造、绿色制造将引领产业体系重构。第三，在核心要素价格下降方面，数据成为新型要素是新质生产力最突出的特征，它的价格下降将成为新兴产业和未来

---

① 方敏，杨虎涛. 政治经济学视域下的新质生产力及其形成发展. 经济研究，2024，59（3）.

产业成长，产业高端化、智能化、绿色化转型的关键因素。第四，在基础设施升级方面，数字基础设施建设和传统基础设施的数字化、绿色化改造，对现代化产业体系建设的支撑作用远超传统交通基础设施。第五，在产业组织方式变革方面，大规模生产转向大规模定制，平台型组织、社会化生产逐渐取代流水线生产。

（二）加快发展新质生产力的重点领域

对新质生产力形成机理的分析，为明确加快发展新质生产力的重点领域提供了理论指导。按照上述新质生产力形成机理的五个方面，加快发展新质生产力要分别从五个领域重点突破。

第一，发挥科技创新主导作用，形成高科技的生产力。紧密围绕颠覆性技术健全创新体系，加快科技创新成果向现实生产力转化。一是颠覆性创新具有高度的不确定性，要发挥市场在配置创新要素、分散创新风险中的优势，充分激发并保护企业家精神，强化企业创新主体地位，加强知识产权保护，引导各类型企业积极参与国家重大科技攻关。二是增强国有企业科技创新的动力，在考核机制上将科技投入和产出作为创新型国有企业的重要考核内容。三是在战略性、关键性、前瞻性领域建立开放协同的国家实验室和国家科研机构，解决科技创新领域的市场失灵，组织实施重大科技攻关，推动公共科研机构开放共享和组织创新。

第二，发力新赛道与推动产业转型升级，形成新质生产力的主导产业。重点围绕数字化和绿色化两个战略方向，加快主导产业的迭代升级。一是积极培育战略性新兴产业和未来产业，打造具有国际竞争力的数字产业集群，推动以电动载人汽车、锂电池和太阳能电池为代表的新能源产业高质量发展。二是利用新技术改造提升传统产业，应用数字化技术为其他领域提供转型升级的解决方案，推动产业加速向高端化、智能化、绿色化转型发展，提高产业链供应链韧性和现代化水平。三是要全面审视区位产业禀赋条件，因地制宜发展新质生产力。遵循产业发展和地区空间成长规律，通过分区域、分产业施策，因地制宜统筹各类产业发展。

第三，发挥数据要素放大、叠加、倍增作用，筑基新质生产力。加快数据要素化、资本化，建设数据要素市场，降低数据要素成本，发挥数据要素对其他要素的赋能作用。一是聚焦重点行业和领域，挖掘高价值数据要素的应用场景，培育数据商，繁荣数据产业生态，激励多方主体积极参与数据要素开发利用。二是完善多样化、可持续的数据要素价值释放机制，推动数据资源丰富、作用效益明显的领域率先突破，发挥示范引领作用。三是充分发挥市场机制作用，推动数据资源有效配置，强化企业在激活数据要素价值中的主体地位。加快构建全国一体化的数据交易市场体系，促进数据要素的充分有序流通和赋能传统要素。

第四，大力发展数字基础设施，筑牢发展新质生产力的关键底座。以云网融合为核心特征的数字基础设施加速演进，成为发展新质生产力的关键驱动力。一是构建全国一体化算力网，整合和优化全国范围内的算力资源。降低算力使用成本和使用门槛，助力我国在量子信息等前沿技术领域实现关键技术研究突破，赋能新兴产业和未来产业，推动新质生产力加快发展。二是加快推进行业工程数据库的建设，探索政府出资与市场化运营相结合的方式，带动企业间数据共享共用。建设低成本、高效快捷和安全可靠的工业互联网，针对各类企业的多样化需求制定可负担的工业互联网套餐。构建机器学习所需的工业大数据库，逐步形成自主标准体系，提高人工智能的安全性和稳定性。按照现代化产业体系建设要求，加快传统基础设施改造升级。

第五，加快产业政策和监管体系创新，适应新质生产力带来的组织方式变革。对新业态新模式采取包容审慎原则，鼓励企业探索更具效率的组织方式。一是优化企业发展环境，鼓励各方主体进入生产环节，促进工厂制造向社会化制造转变，从而向全社会疏散产能，有效防范产能的集中和过剩风险，帮助解决产能过剩问题，促进制造业转型升级。在培育新质生产力的过程中，防范和降低技术变革带来的负面影响。二是要加快监管体系建设和创新，加强全链条竞争监管执法，依法查处平台经济领域垄断和不正当竞争等行为，推动平台经济规范、健康地持续发展，强化反垄断和防止资本无序扩张。

三、发展新质生产力的挑战、政策措施与战略构想

当前，新质生产力的发展还存在一些挑战，需要通过切实可行的政策措施和引领性的战略构想明确新质生产力发展的重点方向。

(一) 新质生产力发展面临的挑战

首先，对现代化理论和新质生产力认知的挑战。人类现有的现代化主要包括西方现代化与中国式现代化两种模式。西方现代化是建立

在旧有的生产力和生产关系基础上的，因其思维惯性和制度刚性，以西方现代化为基础的现代化理论面临新质生产力带来的理论挑战。① 中国式现代化是对西方现代化实践的飞跃及理论的超越，但也面临如何将新质生产力转化为中国式现代化发展的强大动力和引擎的现实挑战。未来一段时间，全球都将面临新质生产力对现代化理论的冲击与反思。新质生产力尚处于快速发展、迭代甚至质变的过程中，尤其是人工智能、大语言模型、生物技术、脑机接口等颠覆性技术，对人类知识、伦理、情感、思维的冲击远超历史上蒸汽机、电力、互联网等技术所带来的影响。对新质生产力未来的发展，大多数国家尚缺乏足够的经验认知、理论构建、制度建设和政策准备。

其次，对中国式现代化实践的挑战。新质生产力最大的核心和特征是创新，而创新往往与稀缺的企业家精神、资本紧密相关。发展新质生产力离不开资本的投资，但也可能出现新兴产业的重复建设和产能过剩问题，同时使得传统产业转型升级失去必要的要素支撑，阻滞现代化产业体系的建设。新质生产力使劳动生产率大幅提升，将劳动者从简单重复的生产活动中解放出来，为人的全面发展创造条件，但也可能拉大社会群体间收入分配差距。部分不掌握新质生产力的社会群体将面临失业、财富缩水、精神贫困等问题，给扎实推进全体人民共同富裕的要求带来新挑战。新质生产力将带来全要素生产率大幅提升，也造成更多的资源能源消耗。在新质生产力不断发展的趋势下，满足人们对美好生活的追求需要更多的资源能源支撑。新质生产力还大幅提升了人类开发利用自然界的能力，对人与自然的和谐共生提出

---

① 黄群慧，李芳芳. 中国式现代化语境下推进新型工业化的逻辑与路径. 财贸经济，2024，45（1）.

了新的挑战。新质生产力还带来国家力量的深刻变化，加速全球竞争格局调整。全球科技创新和产业结构调整，将带来资源要素、产品服务、信息知识在更大范围内流通和配置，这将加剧全球治理赤字、信任赤字、和平赤字和发展赤字，对我国走和平发展的现代化道路构成威胁。

（二）新质生产力发展的政策举措

发展新质生产力，在前文所提到的从五个领域重点突破的基础上推动五个方面形成协同创新，关键点在于构建有利于新质生产力发展的体制机制与政策体系。

一是加快推动产业政策向创新政策转型。以新质生产力发展的重点领域作为产业政策制定的依据，以产业政策统领财政、货币、就业、区域、科技、环保等宏观调控政策的取向，加强宏观需求管理政策优先支持先导产业成长、新型基础设施建设、要素市场建设等重点领域发展，形成新质生产力的政策合力。

二是增强国家创新体系的战略支撑作用。按照主导产业和关键核心技术的特征，分产业完善新型举国体制优势的具体实现形式，鼓励各地区、各领域因地制宜、分级分类探索符合实际的新质生产力发展体系，建立促进适用技术推广的全国性技术转移平台，保持创新体系的全球开放性。

三是畅通教育、科技、人才的良性循环。建立新质生产力人才需求与培养调查制度，统筹产业基础人才培养与紧缺人才培养，实施面向新质生产力发展需要的科学、技术、工程和数学教育（STEM）人才项目，支持建立"社区职业大学""企业大学""园区大学""集群大学"，为海外产业人才在华工作提供具有国际竞争力和吸引力的环境条件。

四是发挥超大规模市场优势。健全收入分配制度，有效增加居民收入，真正发挥超大规模市场、丰富应用场景对新质生产力的拉动效应和消纳功能。加强需求政策与产业政策协同发力，以国家战略需求为导向，充分发挥用户规模巨大的网络效应，引领科技攻关，为新质生产力提供可持续的有效需求。通过政府采购、早期使用者补贴、示范项目等拉动需求，引导先导产业进入市场化商业化阶段。

五是深化要素市场化改革。推动要素市场一体化建设，健全要素参与收入分配机制，激发劳动、资本、知识、技术、管理和数据等生产要素活力，更好体现知识、技术、人力资本导向。加快形成数据要素基础制度，构建全国统一的数据要素登记与交易制度，探索数据权益分配方式，建立数据价格体系，实现数据要素充分流动。

(三) 新质生产力发展的战略构想

首先，发展新质生产力需要解放思想与理论创新。深入研究现代化国家生产力发展历史进程对西方现代化模式、理论、观念的形成机制，反思新质生产力对西方现代化的解构与重构，深化新质生产力推进中国式现代化的规律性认识，为人类现代化这一共同追求提供中国理论。加强对新质生产力实践进展、形成机制、演进规律、发展趋势等进行及时总结归纳，就颠覆性技术对物质文明和精神世界带来的多重冲击开展理论研究，通过提炼新事实、揭示新关系、估计新参数、提出新假说、构建新理论，为治理体系与治理能力现代化提供智力支持。

其次，发展新质生产力需要构建新型生产关系。人才是创新的第一要素和核心动力，要尊重和激发人民群众的首创精神，弘扬企业家精神，调动最广大人民参与新质生产力的发展。根据新质生产力形成不同阶段的风险特征，充分发挥有效市场、有为政府的作用，突出各地的资源禀赋、科研条件和潜在优势，因地制宜、加强统筹。更高素质的劳动者是新质生产力的第一要素，要以人的全面发展为中心。按照新质生产力的要求，加快教育体系现代化，构建终身学习型社会。完善三次分配体系，根据新质生产力发展，健全民生福祉保障。发展社会主义先进文化，提高全民数字素养，积极应对新质生产力带来的伦理挑战，丰富人民精神需求。新质生产力本身就是绿色生产力，坚持绿色发展理念，加快形成绿色生产与绿色生活方式，促进经济社会全面绿色转型。健全现代环境治理体系，完善绿色低碳政策体系，健全资源环境要素市场化配置体系，强化生态环境保护治理。积极参与和推动全球气候治理，促进人与自然和谐共生。践行人类命运共同体理念，落实"三大倡议"，积极参与人工智能、气候变化等全球治理议题的对话交流与规则制定，推动适应新质生产力发展的全球治理体系变革。加强新质生产力能力建设的国际合作，促进全球技术共享，努力弥合数字鸿沟，增进人类文明进步，提升人类共同福祉。

第二章

新质生产力与中国式现代化 *

党的十八大以来，在以习近平同志为核心的党中央的坚强领导下，中国式现代化不断取得新进展、新成就。加快形成新质生产力，有利于提升科技自立自强水平，推动增长动能转换，促进现代化产业体系建设，更好满足人民的美好生活需要，为全面推进中国式现代化强基赋能。

一、中国经济具有较强发展韧性

（一）经济增长成绩卓越，经济实力大幅跃升

在全球经济艰难复苏的形势下，中国国内生产总值从 2012 年的

---

* 本章内容主要来源于：郑新业. 加快形成新质生产力为中国式现代化强基赋能. 解放日报，2024 - 07 - 09.

51.9 万亿元增长到 2023 年的 126.1 万亿元，经济总量占世界经济比重持续上升，稳居世界第二位。2012—2021 年，中国对世界经济增长的平均贡献率达到 38.6%，超过 G7 国家贡献率的总和，是推动世界经济增长的第一动力。2023 年，中国人均国内生产总值 89 358 元，折合 1.27 万美元，赶上并超过全球平均水平。实践充分证明，中国经济长期向好的基本趋势没有改变。

(二) 完善宏观经济治理体系，有效防范经济波动

2012 年以来，中国经受住了国内外的风险挑战，国民经济实现年均增长 6% 以上，有效防范了经济大幅波动。特别是，实施就业优先战略和更加积极的就业政策，完善重点群体就业支持政策，全国平均就业人数达 7.5 亿人，调查失业率处于国际较低水平；保持物价水平总体稳定，有效抑制了超级通货膨胀和通货紧缩的情况；外汇储备长期保持在 3 万亿美元以上，在维护国家经济金融安全中发挥着重要的"稳定器"和"压舱石"作用。

(三) 创新发展取得重大突破，创新型国家地位更加凸显

党的十八大以来，科技创新事业坚持面向世界科技前沿，面向经济主战场，面向国家重大需求，面向人民生命健康，科技实力从量变向质变飞跃，加快实现高水平科技自立自强。

比如，企业创新主体地位进一步提高，"独角兽"企业数量位居世界前列；全社会研发经费支出居世界第二位，研发人员总量居世界首位，基础研究和原始创新不断加强，在量子科技、生命科学、物质科学、空间科学等基础前沿领域取得一批重大原创成果；集成电路、

人工智能等新兴产业蓬勃发展，6G 技术、北斗导航、国产大飞机、高铁、新能源汽车等新兴产业驱动引领高质量发展。

（四）共同富裕迈出坚实步伐，人民的获得感、幸福感、安全感更加充实

进入新时代，中国打赢脱贫攻坚战，如期全面建成小康社会，胜利完成第一个百年奋斗目标。2012—2022 年，还实现了居民收入增长与经济增长同步。其中，城镇和农村居民人均可支配收入分别增长 2.0 倍、2.4 倍。农村居民收入增长不仅快于城镇居民，还高于经济增长速度，城乡协调发展取得新进展。

同时，更好发挥社会主义制度优越性，区域之间的公共服务均等化、基础设施均等化水平明显提升，人均地方财政收入和支出、人均卫生机构床位等方面的公平性显著增强；覆盖全民的社会保障体系不断完善，找准改革的发力点和突破口，一批惠民生、暖民心、顺民意的实事扎实推进。

（五）建设美丽中国成效显著，生态文明建设发生历史性、转折性、全局性变化

在习近平生态文明思想指引下，"绿水青山就是金山银山"理念深入人心，推动经济社会发展全面绿色转型。2012—2022 年，单位国内生产总值能耗下降 42%；"十三五"时期，单位国内生产总值二氧化碳排放降低 18.8%；2022 年，非化石能源发电量占比达 36.2%，风电、太阳能、水电、在建核电装机规模保持世界第一，建成世界最大的清洁发电体系。

同时，空气质量和地表水水质持续提升，土壤环境风险得到有效管控，山水林田湖草沙一体化保护和系统治理统筹推进，绿色生产方式、生活方式加快形成。

（六）对外开放迈向更高水平，我国在全球经济版图中的地位不断上升

2023 年，中国出口占国际市场份额达 14.2%，较 2012 年增长 3.8 个百分点，连续 15 年保持世界第一；中国进口占国际市场份额达 10.6%，连续 15 年保持全球第二。

2023 年，电动载人汽车、锂电池和太阳能电池等产品合计出口首次突破万亿元大关，强有力地证明了依托产业链供应链配套集成优势和持续创新能力，中国制造日益成为优质产品的标签，受到国际市场欢迎。

此外，中国对外直接投资持续增长，占全球投资份额从 2012 年的 6.3% 增加至 2021 年的 10.5%，对外投资分布区域日益广泛，在"一带一路"共建国家投资快速增长。贸易和投资保持国际市场份额的总体稳定，显示中国经济具有较强的发展韧性。

二、新质生产力释放强大发展动能

———

生产力的发展是社会发展的根本动力。全面推进中国式现代化，需要加快形成新质生产力。

（一）加快形成新质生产力是实现高水平科技自立自强的内在要求

近年来，人工智能、量子技术、生物技术等前沿技术集中涌现，成为百年未有之大变局加速演进的重要驱动因素。世界主要经济体围绕新兴技术和未来产业的竞争与政策博弈加剧，高技术领域成为国际竞争的最前沿和主战场。加快形成新质生产力，就是要全面增强科技实力和创新能力，强化科技的战略先导地位，为高质量发展和高水平安全提供强大支撑，在全面推进中国式现代化中把握主动权。

（二）加快形成新质生产力是适应发展阶段转变的必然要求

理论上，经济发展是一个螺旋式上升的过程。面对传统发展模式下潜在增长率趋于下降的情况，应当通过技术革命性突破、生产要素创新性配置、产业深度转型升级等，打造经济增长新动能，提高经济潜在增长率，在质的大幅提升中实现量的有效增长。

（三）加快形成新质生产力是建设现代化产业体系的根本要求

技术革命性突破、生产要素创新性配置都需要通过产业活动的变革，才能释放出强大的发展动能。现代化产业体系是新质生产力的产业载体。加快形成新质生产力，既要坚持传统产业现代化、新兴科研产业化，也要避免只注重发展新兴产业、未来产业，而轻视传统产业，甚至把传统产业当成"低端产业"的倾向。

就传统产业现代化而言，一个重要趋势是加快传统基础设施更新，推动传统产业高端化、低碳化、数字化，推进传统服务业现代化。

就新兴科研产业化而言，有必要健全关键核心技术攻关的新型举国体制，更好发挥超大规模市场对产业创新的牵引优势，重点提升技术、产业、市场联动的系统竞争力，开辟低空经济、海洋经济、太空经济等新赛道和新领域。

但也要看到，各地区产业结构、资源禀赋有所不同，应当坚持因地制宜，避免一哄而上、低水平重复建设。

（四）加快形成新质生产力是更好满足人民美好生活需要的客观要求

进入新时代，以高质量发展不断满足人民对美好生活的向往，关键在于做好做大"蛋糕"、分好"蛋糕"。加快形成新质生产力，着力提高劳动生产率，创造更多的高质量就业，可以为满足人民对美好生活的需要创造更稳固、更可持续的收入条件。

同时，进一步提高产品和服务的供给质量，以更多样、更智能、更绿色的产品和服务满足人民群众的多样化、个性化需要；进一步提高基础设施均等化和公共服务均等化，为解决好就业、分配、教育、医疗、住房、养老、托幼等民生问题，特别是加快中西部地区、农村地区现代化提供新的解决方案，让现代化建设成果更多、更公平地惠及全体人民。

三、新质生产力有效应对发展变革

（一）加快形成系统竞争优势，使新质生产力的创新本色更为彰显

近年来，世界主要经济体不断加大研发创新投入，创新在全球竞

争格局演变中发挥出更为重要的作用。应该看到，科技发展既依赖于加强基础研究和自主创新能力，更需要科技、产业、市场、人才、金融等的深度融合。简单来说，不能就科技创新谈科技创新，而要注重提高科技创新和推广应用效率。

中国拥有世界上最完整的工业体系。下一步，有必要将科技创新与完备产业体系、超大规模市场、高标准基础设施、高水平制度型开放体系等综合优势深度融合，形成独特的系统竞争优势，以有效应对全球发展变革与需求变动。

(二) 加强人工智能赋能劳动者，使新质生产力的效率成色更为突出

人是生产力中最活跃的要素。加快形成新质生产力归根结底要促进人的全面发展，包括增加高技能劳动者的供给数量，使新质生产力发展与人的全面发展形成良性互动。

在观念上，应当主动适应科技和产业发展趋势，加快从劳动者与"机器"是竞争关系的旧思维转向人机协作的新思维；在体系上，应同步增加技改投资、教育投资，持续优化高等学校学科设置，系统调整职业教育体系，培养更多"AI增强型"劳动者；在制度上，应重点健全劳动生产率与工资收入协同增长的体制机制，提高劳动报酬在收入分配中的比重，为加快形成新质生产力积极扩大有效需求。

(三) 推动能源行业绿色转型，使新质生产力的绿色底色更加凸显

加快发展"电力新基建"，推动大数据、人工智能等技术与能源行业深入融合，发展智慧能源系统，构建能源互联网生态圈；大力构建氢能、可再生能源制氢、生物质能等绿色低碳发展技术标准，推动

绿色能源项目建设；放大新能源产供链体系、地方能源企业海外建厂等综合竞争优势，提升能源行业的国际竞争力。

在此基础上，深化应用智能监测和诊断技术、优化运行技术等，提高设备的运行效率，确保能源供应的稳定性和可靠性，推动传统能源服务现代化。

（四）加强文化赋能产业，使新质生产力的质优特色更为鲜明

进入高质量发展阶段，文化赋能对提升产业竞争力的重要性明显增强。可推进中华优秀传统文化资源的创造性转化、创新性发展，增强文化与科技融合在创新产品设计中的作用，助力产品从低成本竞争向文化溢价转变。

要重视培育文化产业新业态新模式，推动传统文化产业数字化、网络化、智能化发展，推动文化与旅游、体育、农业、金融等深度融合，助力产业提质增效。

（五）推进高水平对外开放，使新质生产力的共赢亮色更突出

要坚持开放合作造福人类，推动贸易和投资自由化、便利化，维护全球产业链供应链稳定；要把加快形成新质生产力与粮食安全、气候变化、绿色发展等结合起来，更新农产品标准、工业产品标准、能源标准等，以更高产量、更低价格、更好质量惠及全球民众。

与之相伴，还应坚持推动全球科技创新和专利跨国流动，为发展中国家提供创新动能，加大对全球发展合作的资源投入，促进人类发展进步。

第三章

马克思主义生产力理论的演进逻辑

马克思主义生产力理论是新质生产力的理论源起，厘清两者间的传承发展关系是做好新质生产力学理分析和总结概括的必要前提。既有文献对新质生产力开展了广泛研究，包括新质生产力的内涵外延、时代特征、出场逻辑、核心要素、形成路径、量化测度、原则规律、处理的矛盾关系等内容。但截至目前，针对新质生产力理论与马克思主义生产力理论两者关系的研究相对有限，主要是基于马克思的生产力要素相关理论、生产力自然与社会双重性质相关理论、劳动价值论及生产力对人类历史发展的决定性作用等理论，从特定视角展开的研究。现有研究虽然拓展了我们对马克思主义生产力理论与新质生产力理论两者关系的认识，但缺乏关于两者间传承发展关系的系统性、针对性研究。

为此，本章试图运用历史与逻辑、理论与现实相统一的分析框架，对马克思主义生产力理论的演进逻辑进行系统性、针对性研究。通过梳理马克思主义生产力理论的生成逻辑，结合现代系统理论构建起一个整体把握马克思主义生产力理论的三维度逻辑框架，实现对马克思主义生产力理论在我国演进过程的可操作性的整体性分析，进而基于这一逻辑框架回应"什么是马克思主义生产力理论""马克思主义生产力理论在中国经历了怎样的传承发展过程""新质生产力理论在哪些方面实现了马克思主义生产力理论的进一步创新发展"等问题。

一、马克思主义生产力理论的理论逻辑

要全面系统把握马克思主义生产力理论的核心要义和基本规定，我们需要明晰马克思主义生产力理论的生成逻辑，理解马克思主义的"生产力"的内涵本质，构建起解构马克思主义生产力理论的基本逻辑框架。

（一）马克思主义生产力理论的生成逻辑

马克思在批判继承前人生产力理论的基础上形成了自己的生产力理论。马克思主义生产力理论的形成发展大体经历了建构历史唯物主义和建构政治经济学理论两个阶段。在哲学领域，马克思基于生产力理论阐释了人类历史发展的内在逻辑，形成了历史唯物主义理论体系。在经济学领域，马克思深入解剖了资本主义生产方式下的生产力与生产关系相关问题，深刻阐释了资本主义灭亡的历史必然性，呼应了历史唯物主义的宏观结论。[①] 至此，形成了成熟的马克思主义生产

[①] 王欢，杨渝玲. 马克思生产力思想的逻辑进程及现实启示. 北京理工大学学报（社会科学版），2024（1）.

力理论。

法国重农学派的魁奈首提"生产力"，认为只有农业领域的生产活动才具有生产性质，土地是财富的唯一来源。魁奈的生产力实质是土地生产力。斯密则认为生产力是劳动生产力，来自劳动分工，指出劳动生产力的提高来自分工制的采用。萨伊认为在土地、劳动之外，资本也同样具有生产性，三者都是可以产生生产力的生产要素。李嘉图强调了生产工具的改进对提高生产力的重要作用，认为劳动者与机器等只是发展生产力的工具。李斯特首次提出了系统的生产力理论。他提出的"国家生产力"，是基于一国的历史、政治、资源等禀赋，从特殊性视角研究生产力。他认为国家可以从制度、政策、自然资源、科学技术等所有有利于经济发展的因素中获得生产力，宗教、教育、科学等领域的脑力劳动也具有生产性，个人的身心力量也是生产力的重要来源，并基于此提出了"精神生产力"。从魁奈的土地生产力到李斯特的国家生产力，生产力理论极大地加深了人们对生产力的认识。

马克思对既有生产力理论进行了批判性继承。一方面，他深刻批判了把劳动力视为创造财富的工具的观点。他认为人在生产力发展过程中居于主体地位，主张生产力发展旨在造福全人类。另一方面，既有生产力理论局限在资本主义生产方式的条件下研究生产力，马克思则在大历史观视角下研究生产力与人类社会的发展规律，跳出了阶级和时代局限。在哲学领域，马克思的历史唯物主义从生产力这个逻辑起点及其与交往形式的对应协同关系出发，从总体性的人类物质生产活动的宏观视角解构人类历史发展过程，勾勒出生产力推动人类历史发展的逻辑图。在《资本论》等经济学著作中，马克思考察生产力的视角从人类总体回归到现实中的微观个体。在马克思政治经济学理论中，生产力是劳动生产力，劳动者在生产力要素中居于首要位次。随着机器大工业的不断发展，愈发膨胀的资本主义生产力推动生产社会化程度不断提高，最终将埋葬资本主义生产关系，迎来"两个必然"。不难看出，马克思主义生产力理论虽然贯穿于哲学、经济学两个不同的学科领域，但其内在逻辑是一致的。

（二）马克思的"生产力"的内涵本质

马克思在哲学、经济学著作中大量使用过"生产力"这一术语，并衍生出"劳动生产力""社会生产力""自然生产力""个人生产力""资本的生产力"等一系列相关术语。历史唯物主义的术语体系较为抽象，而政治经济学的术语体系相对具体。当"生产力"这一术语贯穿于历史唯物主义与政治经济学两个不同的理论体系时，其含义不可避免地产生了变化。[①]

在《资本论》中，"生产力当然始终是有用的、具体的劳动的生产力，它事实上只决定有目的的生产活动在一定时间内的效率。"[②] 即生产力反映的是人类的具体劳动生产使用价值的效率。虽然马克思的生产力相关概念有着不同的含义，但它们有着共同的本质，即人类劳动的生产力。比如，马克思在阐释"协作"的含义时引出了"个人生产力"与"社会生产力"。"个人生产力"是单个劳动者的具体劳动生

---

① 王满林. 唯物史观和政治经济学视域下的生产力——马克思"生产力"思想的历史考察. 江汉论坛，2021（3）.

② 中共中央马克思恩格斯列宁斯大林著作编译局. 资本论（第一卷）. 北京：人民出版社，2004：59.

产使用价值的效率；"社会生产力"是许多劳动者通过结合劳动形式协作生产时，他们的具体劳动生产使用价值的效率，相对于他们作为单个劳动者独立分散劳动时所提升的那部分效率。协作新创造出的那部分生产力仍然是许多劳动者的具体劳动所产生的生产力，本质上仍然是人类劳动的生产力。同理，"自然生产力"指代的是瀑布等自然力引入生产后创造出新的生产力，使原有劳动的生产力得到提高，其本质也是劳动的生产力。① 协作、自然力等产生的"社会生产力""自然生产力"在资本主义生产方式下均表现为"资本的生产力"。资本的生产力只是一种表现形式，其本质仍是劳动者的劳动产生的生产力。不难看出，任何因素都必须在劳动者劳动的基础上才能产生马克思的"生产力"。②③

马克思在《资本论》中使用的生产力相关术语主要是指在资本主义生产方式下，劳动者个人以及农场、工场、工厂劳动者等微观群体的劳动的生产力，而马克思在历史唯物主义中使用的生产力则是指某个阶级、民族、国家乃至全人类等宏观群体的物质生产能力。它们是不同层次、不同规模的特定人群的劳动在特定情形下生产使用价值的效率，其本质均为人类劳动的生产力。概言之，生产力是人类劳动的生产力，反映的是人类劳动在生产使用价值时的效率，其属性是一个效率指标。

---

① 中共中央马克思恩格斯列宁斯大林著作编译局. 资本论（第三卷）. 北京：人民出版社，2004：726.

② 中共中央马克思恩格斯列宁斯大林著作编译局. 资本论（第一卷）. 北京：人民出版社，2004：387，388，417.

③ 中共中央马克思恩格斯列宁斯大林著作编译局. 资本论（第三卷）. 北京：人民出版社，2004：53，843.

（三）马克思主义生产力理论的三重基本规定

基于现代系统理论，本书尝试构建一个马克思主义生产力理论的三维度逻辑架构，从发展动力、条件保障、价值取向三个维度把握其基本规定。① 以人为本是马克思构建其生产力理论的逻辑出发点，价值取向维度在三个维度中居于主导地位。服务于人是生产力系统最根本的功能，而功能是系统与外部环境的连接点。循此逻辑，马克思主义生产力理论的逻辑架构如图 3-1 所示。

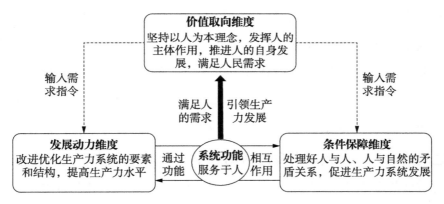

图 3-1　马克思主义生产力理论三维度逻辑架构图

第一，改进优化生产力系统的要素和结构是生产力发展的动力源泉。在《资本论》中，劳动生产力是由工人的平均熟练程度、科学的发展水平和它在工艺上应用的程度、生产过程的社会结合、生产资料

---

① 现代系统理论认为物质以系统的形式存在和发展，系统包含要素、结构、功能三因素，由此衍生出以下重要观点：第一，系统是由若干要素相互联系、作用、制约而组成的有机整体，要素间相互关系的总和即为系统的结构。系统的结构决定系统的功能，进而使一个系统区别于其他系统。第二，系统必定具有开放性，系统的存在离不开一定的外部环境条件保障。第三，系统功能是系统与外部环境的连接点，系统与外部环境通过功能相互作用。以上参考：乌杰. 系统辩证学. 北京：中国财政经济出版社，2005：49-53.

的规模和效能，以及自然条件等因素决定的。① 从系统论看，生产力要素间相互联系、影响、制约，形成一定的结构，构成生产力系统。要素和结构对系统分别起着基础性和决定性作用，系统的优化改进必然来自要素和结构的优化改进。因此，生产力要素本身质效的提升或者诸要素间联结形成的结构改进均可以改进生产力系统，提升生产效率。

第二，处理好人与人、人与自然的矛盾关系是生产力发展的条件保障。人类社会和自然是生产力系统所处外部环境中最主要的两个方面。一方面，处理好人与人的矛盾关系是生产力发展的社会条件保障，这集中体现为处理好生产关系与生产力、上层建筑与经济基础的矛盾关系。历史唯物主义既肯定生产力、经济基础的决定作用，也肯定生产关系、上层建筑在反方向的能动作用。另一方面，处理好人与自然的矛盾关系是生产力发展的自然条件保障。"劳动首先是人和自然之间的过程，是人以自身的活动来中介、调整和控制人和自然之间的物质变换的过程。"② 马克思主义生产力理论与自然有着紧密联系，突出了开发利用自然的重要作用，也隐含着与自然和谐共生这个前提条件。

第三，以人为本是马克思主义生产力理论的核心价值取向。劳动过程是人通过劳动资料作用于劳动对象使其发生预定的变化，也即劳

---

① 中共中央马克思恩格斯列宁斯大林著作编译局. 资本论（第一卷）. 北京：人民出版社，2004：53.

② 中共中央马克思恩格斯列宁斯大林著作编译局. 资本论（第一卷）. 北京：人民出版社，2004：207-208.

动对象化的过程，而人在这一过程中处于主体地位。① 马克思深刻批判了资本家对工人阶级的剥削、异化劳动对劳动者的统治和支配，揭示了资本主义生产力发展与大多数人利益之间的尖锐矛盾。《共产党宣言》阐释了历史唯物主义世界观，生产力的高度发达最终将消除人的异化状态，实现全人类的解放和自由发展。在马克思主义生产力理论中，人处于生产活动的两端，在起始端是生产活动的实施主体，在结果端是生产活动的最终受益者。发展生产力不是为了小部分利益群体的私利，而是要惠及社会集体，造福全人类。

二、马克思主义生产力理论在中国的时代发展

生产力是推动人类历史发展的决定性力量，不断推动生产力发展是共产党实现共产主义这一最高纲领目标的必由之路。从长期视角审视，共产党领导人民开展的革命、建设等事业，本质上都是在践行马克思主义生产力理论，通过发展生产力推动社会发展。中国共产党自成立以来，围绕不同阶段的基本纲领目标践行马克思主义生产力理论，在以生产力推动社会发展过程中不断更新发展观念，引领中国社会整体向前发展。

---

① 中共中央马克思恩格斯列宁斯大林著作编译局. 资本论（第一卷）. 北京：人民出版社，2004：208-211.

（一）新民主主义革命时期对马克思主义生产力理论的实践尝试

生产关系是新民主主义革命时期阻碍生产力发展的最主要障碍。中共二大提出了党在民主革命阶段的基本纲领是打倒军阀，建立国内和平；推翻国际帝国主义的压迫，达到中华民族的完全独立；统一中国为真正的民主共和国。换言之，通过消灭阻碍生产力发展的生产关系来满足生产力系统发展所需要的社会外部条件。因此，这一时期践行马克思主义生产力理论的侧重点在于条件保障维度。主要取得两方面成果：一是在理论上创立形成了新民主主义理论，指明了我国的民主革命道路；二是在实践上通过根据地的经济建设活动，在局部积累了发展生产力的经验。

在理论上，毛泽东指出中国必须经历新民主主义之后才能实现社会主义，唯有新民主主义才能救中国。[①] 通过新民主主义到达社会主义的逻辑进程是："无产阶级革命家要抓住机遇夺取革命的胜利，然后再在无产阶级政权下补生产力和其他文化条件的课。"[②] 新民主主义理论既包括革命理论，也包括建设理论。在革命理论方面，毛泽东指出我们搞政治、政府、军队的目的就是解放生产力，解放生产力就是要破坏阻碍生产力发展的旧政治、政府、军队，将革命矛头指向阻碍生产力发展的生产关系的代表者。[③] 在建设理论方面，新民主主义社会是革命胜利后向社会主义过渡时期的一种社会形态，生产资料的公有和私有将会并存，资本主义经济将得到相当程度的发展，并为社会

---

① 毛泽东. 毛泽东选集（第三卷）. 北京：人民出版社，2006：1060.
② 胡绳. 毛泽东的新民主主义论再评价. 中国社会科学，1999（3）.
③ 中共中央文献研究室. 毛泽东文集（第三卷）. 北京：人民出版社，1996：108.

主义的到来积累其所必需的物质基础。

在实践上，中国共产党在发展新民主主义的过程中积累了一定的发展生产力的经验，主要体现在三个方面：第一，调整生产关系为生产力系统创造良好的外部条件保障。"耕者有其田"等土地政策消除了阻碍农村生产力发展的封建地主经济，建立起新的农村生产关系，调动了广大农民的主动性、积极性，改变了佃户小块土地分散经营的低效模式，提高了根据地农业生产力。第二，通过改进劳动组织形式优化农业生产要素配置。中国共产党在根据地积极推广劳动互助社、耕田队等集体劳动互助组织，组织调配农业生产活动中的劳动力供给，加强协作配合和耕种技术知识的学习传播，强化了生产过程的社会结合，有效提高了农业生产力水平，这是从生产力系统内部挖掘生产力发展内在动力的有益尝试。第三，中国共产党在农村地区生产活动中取得的成功，很大程度上得益于调整生产关系激发了广大农民群体的积极性，有效发挥了人在劳动过程中的主体作用。

（二）社会主义革命和建设时期践行马克思主义生产力理论的探索

中国共产党通过新民主主义到达社会主义的逻辑进程是先夺取无产阶级政权，再补落下的发展生产力课程。新民主主义革命的胜利消除了旧中国阻碍生产力发展的生产关系，原本应当开启新中国在新的生产关系下快速发展生产力的征程，践行马克思主义生产力理论的侧重点应当转向发展动力维度，但受经验不足和"左"倾错误思想影响，党中央在这一时期践行马克思主义生产力理论的侧重点仍然停留在条件保障维度，生产力发展在曲折中前行。

新中国成立至 1952 年完成三年经济恢复，中国共产党仍然在沿着新民主主义路线行进。1953—1956 年迅速完成"三大改造"，基本建立起社会主义制度。《论十大关系》、党的八大以及《关于正确处理人民内部矛盾的问题》等客观分析了当时国内主要矛盾，握住了建立先进工业国以及满足人民对经济文化快速发展的需要这两个破题发展的关键抓手，肯定了社会主义社会的基本矛盾仍然是生产力与生产关系、经济基础与上层建筑间的矛盾，明确了彼时中国的根本任务是在新的生产关系下保护和发展生产力。这初步形成了这一时期的基本纲领，并在这一基本纲领目标的指引下着重在发展动力维度方面践行马克思主义生产力理论。由于"左"倾错误思想侵害等，中国共产党的工作重心发生转移，在新的生产关系下保护和发展生产力没能得到贯彻落实。

尽管如此，中国共产党在这一时期仍然在发展生产力方面积累了部分有益经验。党的八大提出的"三个主体，三个补充"思想对个体经营、自由生产、自由市场的补充作用给予了肯定，这正是开启改革开放初期解放思想和生产力的关键之举。此外，各地面对经济困难出现的包产包工包成本三包责任制、自留地、包产到户农业生产责任制等有益尝试，抓住了人这个生产力发展的主体，促进了生产力发展。再者，新中国成立初即成立中国科学院，组建科研体系，培养科技人员，1956 年发出"向科学进军"动员令，多次澄清知识分子相关问题，强调发挥科学和科学家作用，1964 年将科学技术列入"四个现代化"任务目标，到 1975 年全面整顿时肯定科学技术是生产力的重要观点，这一历程表明中国共产党始终高度重视科技进步对发展生产力的重要作用，这也是我国在当时建立起较为完整的工业体系的关键。

（三）改革开放和社会主义现代化建设新时期对马克思主义生产力理论的系统践行

邓小平在改革开放初期指出，社会主义的优越性在于能够创造出比资本主义更高的生产力，1956 年社会主义改造基本完成以来社会主要矛盾一直是人民日益增长的物质文化需要同落后社会生产力之间的矛盾。① 社会主义初级阶段的基本路线和纲领，明确指出发展生产力的历史阶段不可逾越，社会主义的根本任务是发展生产力。这一时期党和国家的工作重心转向经济建设，是对新民主主义承担的发展生产力、积累社会主义物质基础这一历史使命的复归，标志着中国共产党践行马克思主义生产力理论的侧重点转向发展动力维度，并在系统践行该理论过程中实现了对其的发展。

在这一时期，党中央对马克思主义生产力理论的系统践行体现在三个方面：一是在条件保障维度解放生产力，主要是通过改革制约生产力发展的僵化的经济体制形成了中国特色社会主义经济制度，为生产力系统的顺畅运行提供了社会条件保障。在生产资料所有制改革方面，确立了以公有制为主体、多种所有制经济共同发展的基本经济制度，不断完善公有制实现形式。在收入分配制度改革方面，坚持以按劳分配为主体，以按要素分配等其他分配方式为补充，充分调动各类生产要素的积极性。在资源配置机制改革方面，创新性提出社会主义市场经济命题，激发市场在资源配置过程中的基础性作用。二是在发展动力维度发展生产力。科学技术第一生产力地位的确立，教育体

---

① 李君如. 邓小平治国论. 北京：中国计划出版社，人民出版社，2016：138，245.

制、科技体制改革的同步推行，对外开放引进国外资本、技术、管理方式，一系列有利因素大幅提高了劳动者综合素质及生产资料的规模和效能，优化了行业企业的技术工艺、生产流程、管理模式。这使生产力要素结构与系统持续优化，生产效率飞速提升。三是在价值取向维度实现了中国人民的小康梦想。改革开放推动生产力飞速发展，使十几亿人口实现了总体小康并向着全体小康大踏步迈进。

这一时期中国共产党人推动马克思主义生产力理论在实践中实现了时代化发展。第一，社会主义本质理论的创立，为处理好社会主义生产关系条件下的生产力发展问题营造了理论和舆论共识。第二，邓小平确立了科学技术是第一生产力的地位，江泽民明确科学技术是先进生产力的集中体现和主要标志。① 这深化了中国共产党对先进生产力的认识。第三，从邓小平的"两个文明"到江泽民的"三个代表"，再到胡锦涛的"四位一体"总体布局和科学发展观，中国共产党不断深化对"何为发展""怎样发展""为谁发展"的认识。中国共产党对先进生产力认识的不断深化以及发展观念的不断更新，为新质生产力的提出奠定了理论基础。

三、新质生产力理论的承继与创新

进入新时代以来，国内外形势发生重大变化，中国共产党发展观

---

① 江泽民. 论"三个代表". 北京：中央文献出版社，2001：155-156.

念进一步更新，新质生产力应运而生。新质生产力理论更新了马克思主义生产力理论的基本规定，实现了马克思主义生产力理论的创新发展。

（一）新质生产力提出的深层次原因

新时代以来，我国社会主要矛盾发生变化，高质量发展成为新时代的硬道理。世界百年未有之大变局加速演进。国内外形势的变化使中国共产党的发展观念进一步更新，新发展理念应运而生。这也标志着中国共产党践行马克思主义生产力理论的侧重点转向价值取向维度。新理念的提出必然意味着对旧理念引导的发展事业进行扬弃升级，而具有决定性作用的生产力自然首当其冲，新质生产力应运而生。

从国内看，新质生产力的提出是为了适应当前阶段党的基本纲领目标要求。经济现代化是现代化强国建设的核心任务，现代化产业体系是经济现代化的主要内涵，而新质生产力以传统产业的深度转型升级和新兴产业为载体，故培育发展新质生产力是建立现代化产业体系的必然选择。产能相对于需求的结构性变化呈现出的相对过剩、供给与需求不匹配、高质量供给不足等一系列结构性差异与失衡的问题，是一段时期以来我国经济运行不畅的主要堵点。为此，中国共产党提出了新质生产力，旨在通过推动科技创新加速突破，引领推动产业结构加速转型升级，加快构建现代化产业体系，建成社会主义现代化强国。

从国际看，新质生产力的提出是为了适应国际竞争新格局的要求。近年来，我国发展面临的"断链""卡脖子"等外部打压风险持续升级，迫切需要实现高水平自立自强。我国当前外部环境可谓风险巨大、挑战重重，但也蕴藏着前所未有的战略机遇。一方面，生产力数十年来的飞速发展使我国摆脱了后发劣势，甚至在局部领域掌握了后发优势。另一方面，我国超大规模的市场、长期向好的经济基本面，特别是社会主义制度优势等有利因素，可以为我国集中力量推进创新、赢得科技竞争提供有力支持。我们只有应对好当前的风险挑战方可赢得此次战略机遇。[①] 为此，中国共产党提出了新质生产力，以期通过加快自主科技创新推动技术革命性突破，应对好风险挑战，在第四次工业革命中赢得国家发展战略机遇。

（二）新质生产力理论的三重基本规定

习近平总书记多次就新质生产力发表重要讲话和论述，为新质生产力构建起基本的理论框架。我们大体可以从以下三个方面把握新质生产力理论的基本规定。

在引领新质生产力发展方向的理念层面，"新质生产力是创新起主导作用，摆脱传统经济增长方式、生产力发展路径，具有高科技、高效能、高质量特征，符合新发展理念的先进生产力质态。"[②] 传统生产力的运行逻辑是生产函数逻辑，技术水平作为外生变量存在，形成的是线性增长效应。新质生产力以创新为主导，将推动技术加速取得革命性突破，实现技术变量的内生化转型，形成指数型增长效应。新

质生产力符合新发展理念的要求表明在高科技、高效能特征外，还要同步实现协调发展、绿色发展、开放发展和共享发展目标，体现出高质量特征。根据演化经济学的技术轨道理论，新发展理念界定了新质生产力的发展方向与轨迹，将发挥技术轨道理论中的"包容－排斥机制"作用，成为内化于生产力的价值理念，解决传统生产力发展带来的种种弊端。①

在新质生产力形成发展的现实机理层面，科技创新带来的技术革命性突破是形成新质生产力的源头起点。教育和管理等要素与新技术一道作用于劳动者、劳动资料、劳动对象，提升劳动者综合素质和生产资料质效，改进劳动者与生产资料的结合方式，推动生产要素实现创新性配置。新技术的广泛推广不仅形成了新的产业部门，而且向传统产业部门渗透推动其转型升级，进而实现对整体产业体系的重塑，催生了新质生产力。全要素生产率大幅提升是新质生产力形成的核心标志，生产力的发展关键在于"质"的变革，也即全要素生产率的大幅提升。②

在支撑新质生产力发展的条件保障层面，习近平总书记强调要通过全面深化改革为新质生产力匹配相适应的新型生产关系，还要坚持生态优先、绿色发展。依据佩蕾丝的技术－经济范式理论，我们推动制度变革，为新质生产力的发展动态匹配相适应的生产关系、上层建筑的能力，将在很大程度上决定新质生产力的培育发展水平。因此，习近平总书记强调的经济、科技等领域的深层次改革，建立高标准市场体系，畅通教育、科技、人才的良性循环，创新生产要素配置方

---

① 孟捷，韩文龙. 新质生产力论：一个历史唯物主义的阐释. 经济研究，2024（3）.
② 刘伟. 科学认识与切实发展新质生产力. 经济研究，2024（3）.

式，健全要素参与收入分配机制、激发要素活力，开展高水平对外开放，树牢绿色发展理念、构建绿色低碳循环经济体系等，这些决策部署的落地见效是广泛形成新的技术-经济范式、推动新质生产力发展的关键所在。

（三）新质生产力理论的时代创新

新质生产力理论对马克思主义生产力理论三维度内涵进行了时代创新。马克思主义生产力理论的三个维度相互独立，但新质生产力可在一定程度上自发地实现充分发展、协调发展、绿色发展。这有力推动了价值取向和条件保障两个维度内化于生产力发展范畴，将改变生产力系统与其外部环境条件之间的矛盾关系和矛盾运动轨迹，也将改变生产力恪守以人为本价值取向的逻辑路径。

第一，在价值取向维度，新质生产力理论拓展了先进生产力的内涵。马克思的"生产力"是效率指标。毛泽东对先进生产力内涵的界定集中体现为以工业化的机器生产提高全社会的生产效率和产出水平。邓小平充分肯定了科技对提高生产效率、实现经济增长的重要作用。江泽民提出先进生产力的集中体现和主要标志是科学技术。[①] 胡锦涛提出了科学发展观，在党的历史上首次将以人为本作为最高价值目标来规范引导社会发展。[②] 新质生产力作为一种符合新发展理念的先进生产力，除了具备生产效率的数量内涵以外，还有创新、协调、绿色、开放、共享等多重质量内涵。这使先进生产力的内涵突破了效

---

① 江泽民. 论"三个代表". 北京：中央文献出版社，2001：155 - 156.

② 赵剑英. 坚持生产力发展和人的自由而全面发展的辩证统一——论科学发展观的哲学蕴涵. 马克思主义研究，2006（4）.

率界限，实现了数量与质量的辩证统一。

第二，在发展动力维度，新质生产力理论在生产力发展逻辑、要素配置方式、生产率内涵等方面实现了理论创新。首先是关于生产力发展逻辑的创新。新质生产力理论强调加强自主创新推动技术创新加速突破，使生产函数"投入-产出"逻辑转变为创新生态的"输入-输出"逻辑，有望实现指数型发展、内涵式发展。其次是关于要素配置方式的创新。新质生产力理论强调整体性大幅提升要素禀赋，消除要素资源错配问题，使要素及其组合实现整体性跃升，进而完成生产要素的创新性配置，大幅改进生产力系统，提升生产效率。最后是关于生产率内涵的创新。马克思主义生产力理论注重的是单一要素生产率，新质生产力理论则将全要素生产率的大幅提升作为新质生产力的核心标志。此外，先进的数字科技可以有效降低多样化供给成本，多样化生产效率的大幅提升推动范围经济快速发展，是新质生产力发展的题中之义。

第三，在条件保障维度，新质生产力理论在生产力与生产关系矛盾关系理论、人与自然和谐共生理论上实现了时代创新。首先是进一步丰富了生产力与生产关系矛盾关系理论。马克思并未就既定生产关系条件下如何发展生产力这一问题进行深入研究阐释。新质生产力理论坚持运用解放生产力和发展生产力辩证统一的方法论在社会主义生产关系条件下发展生产力，进一步丰富了生产力与生产关系矛盾关系理论。在解放生产力方面，坚持全面深化改革，打造与新质生产力相适应的新型生产关系；在发展生产力方面，坚持通过创新驱动、创新性配置生产要素等途径改进生产力系统。其次是明晰了如何实现人与自然和谐共生。马克思主义生产力理论并未深入探究如何在实践中处理好发展生产力与保护自然两者间的关系。坚持习近平"两山"理念协同推进经济发展与环境保护，以及推广绿色科技创新、构建绿色低碳循环经济体系，分别为实现人与自然和谐共生提供了理论指导与实践路径。

四、结语

马克思主义生产力理论是指引人类社会发展前行的"灯塔"。共产党人的最高纲领与基本纲领辩证统一于以发展生产力推动社会发展的历史进程中。本质上，共产党领导人民开展的现代化建设事业都是对历史唯物主义与马克思主义生产力理论的实践。中国共产党在践行马克思主义生产力理论的一个多世纪里，侧重点从条件保障维度转向发展动力维度再转向价值取向维度，这是服务于不同阶段基本纲领目标的结果，也是生产力从低级水平向高级水平发展的必然规律，更是生产力发展的终极目标是实现人的自由全面发展的生动体现。

新时代以来，国内外形势的变化，以及中国共产党发展观念的进一步更新，共同促成了新质生产力的提出。新质生产力理论更新了马克思主义生产力理论的三维度内涵，改变了三维度间的相互关系，实现了马克思主义生产力理论的进一步创新发展，将指引新时代生产力发展更好地服务于高质量发展实践和社会主义现代化强国的建设目标。

第四章

新质生产力与共同富裕

一、新质生产力与共同富裕的内涵与理论联系

（一）新质生产力的内涵

中共中央政治局 2024 年 1 月 31 日下午就扎实推进高质量发展进行第十一次集体学习。习近平总书记在学习中强调，新质生产力是创新起主导作用，摆脱传统经济增长方式、生产力发展路径，具有高科技、高效能、高质量特征，符合新发展理念的先进生产力质态。它由技术革命性突破、生产要素创新性配置、产业深度转型升级而催生，以劳动者、劳动资料、劳动对象及其优化组合的跃升为基本内涵，以全要素生产率大幅提升为核心标志，特点是创新，关键在质优，本质是先进生产力。新质生产力是习近平总书记立足中国现阶段基本国

情、国际政治经济环境和科技发展新动向，提出的一个具有鲜明科学性、时代性、先进性和实践性的崭新概念，是在坚持马克思主义政治经济学基本原理和吸收借鉴西方经济学有益元素的基础上作出的重要理论创新，是中国特色社会主义政治经济学的重要组成部分。

（二）共同富裕的内涵

党的二十大对全面建设社会主义现代化国家作出战略安排，明确2035年基本实现社会主义现代化，并明确要求到2035年，全体人民共同富裕取得更为明显的实质性进展。这表明实现共同富裕与全面建设现代化国家是相统一的。实现全体人民共同富裕，是我们党、我们国家在中国式现代化征程上的重大发展目标。共同富裕有两层基本含义：一是"富裕"，即实现人民生活水平的全面提高，既包括物质富裕，也包括精神富裕；二是"共同"，即不平等程度缩小，全体人民更加均等地分享经济发展成果。在衡量标准方面，要紧紧抓住"富裕"和"共同"这两个关键词。在经济学意义上，共同富裕的衡量标准主要有四点：经济发展水平总体提高和人的全面发展这两个衡量标准对应的是"富裕"维度，多维度差距缩小和低收入群体生活水平提升对应的主要是"共同"维度。

（三）新质生产力促进共同富裕的理论逻辑

1. 新质生产力推动经济高质量发展

2021年8月17日，习近平总书记在中央财经委员会第十次会议上发表重要讲话，强调共同富裕是社会主义的本质要求，是中国式现代化的重要特征，要坚持以人民为中心的发展思想，在高质量发展中促进共同富裕。经济实现高质量发展是实现共同富裕的基础条件和关键指标。现阶段必须认识到我国还处在社会主义初级阶段，并没有跨越中等收入阶段，所以不能以牺牲"富裕"而追求"共同"，那将回到"共同贫穷"的老路。需要把共同富裕放在高质量发展的大逻辑大框架中去实现。

发展新质生产力是推动高质量发展的重要着力点和落脚点。科技创新是实现高质量发展的关键变量，只有实现高水平科技的自立自强，中国才能真正解决制造业大而不强的问题，实现"换道超车"。新质生产力通过强调高科技的作用，能够进一步从供给侧为中国经济增长注入新动能。随着中国经济结构调整的深化，新动能已经成为引领高质量发展的重要引擎，以战略性新兴产业为主的高技术产业保持快速增长。发展新质生产力将推动中国形成创新驱动发展的新局面，有助于建构现代化产业体系，最终实现经济持续健康发展。

2. 新质生产力本质是先进生产力，需要体现"共享"发展理念

习近平总书记强调，新质生产力是符合新发展理念的先进生产力质态。新质生产力的发展必然要求进一步全面、准确和完整地贯彻新发展理念。其中，"共享"发展理念要求发展成果更加均等化地惠及全体人民。大量国内外研究表明，新一轮技术革命在一定程度上会带来"机器替代劳动力"的问题，造成中低技能劳动者的就业机会减少，收入下降，产生替代效应、收入和就业极化等现象，拉大收入差距，这些现象在发达国家和发展中国家都不同程度地存在。新质生产力对这一现象提出了明确的改革方向，需要运用制度重构和政策推动等方式缓解由技术革命性变革带来的收入差距和失业问题，实现共享发展。

二、创造性破坏

——————

新质生产力以创新为基础，以颠覆性技术进步为主要特征。理论上，一般认为，技术进步特别是以人工智能技术为代表的新一轮产业革命将给劳动力市场带来创造性破坏（creative destruction），具体包括以下四类影响。

第一，替代效应。劳动力与自动化技术在不同的工作中具有各自的比较优势。当自动化技术相对于劳动力更具有比较优势时，劳动力就会被自动化技术取代，产生替代效应。替代效应会导致均衡中的劳动力需求和工资下降。机器人的使用有助于提高企业生产的自动化水平，在一些机器人相对于人力更具有比较优势的岗位上实现机器对人的替代，可以节约劳动力成本，提高生产效率。而在劳动力供给不变的情况下，劳动力需求下降会降低均衡的工资水平。此外，薪酬谈判中，当雇员的工作越容易被机器人替代时，其议价能力越低，为了获得工作更有可能接受一个较低的工资水平。因此在替代效应作用下，机器人应用可能会降低企业的劳动力需求和员工的平均工资水平。

第二，生产力效应。该效应的作用机制主要体现在以下三个方面：首先，自动化技术的应用有利于企业节约生产经营成本，使得受自动化技术影响的商品和服务的价格下降，并通过收入效应增加消费者对该商品或服务的消费需求。在均衡中，消费者需求增加会使企业进一步扩大生产经营规模，从而增加劳动力需求。其次，在收入效应影响下，消费者还会增加对其他行业产品的需求，进而导致相关行业的生产规模扩大，劳动力需求上升。最后，自动化技术的应用导致企业生产经营成本下降，企业自身会有主动扩大生产经营规模的激励，从而增加对非自动化岗位的劳动力需求。而随着机器人应用带来劳动生产率的普遍提高，也可能会进一步提高员工的工资水平。

第三，就业创造效应。自动化在取代一部分工作岗位的同时，也会创造出新的人力更具比较优势的工作岗位，均衡中自动化如何影响劳动力市场则取决于两种影响的净效应。有研究指出，就业创造效应可以部分解释美国 1980—2010 年的就业增长。[1] 而人工智能和机器人技术的广泛应用无疑会创造出更多的新业态、新模式和新的就业岗位。例如，机器人应用可能会使企业增加对机器人工程师、维修师等新工作岗位的需求。

第四，就业极化（job polarization）现象。即高技能和低技能劳动者的就业呈现出上升趋势，而中等技能劳动者的就业比例明显下降。[2] 理论解释是，中等技能劳动者往往从事的是程序化、常规性的工作，最容易被替代。相比较而言，高技能劳动者多从事非常规复杂劳动，而低技能劳动者多从事非常规简单劳动，被机器替代的可能性较小。[3] 对不同技能结构的劳动力需求而言，机器人在替代部分可自动化工作的同时，也会进一步提高企业对非自动化岗位、与机器人技

[1]　Acemoglu, D. , & Restrepo, P. （2018）. The race between man and machine: Implications of technology for growth, factor shares, and employment. *The American Economic Review*, 108 （6）.

[2]　Autor, D. , Katz, L. , & Kearney, M. （2006）. The polarization of the US labor market. *The American Economic Review*, 96 （2）.

[3]　Autor, D. H. , Levy, F. , & Murnane, R. J. （2003）. The skill content of recent technological change: An empirical exploration. *Quarterly Journal of Economics*, 118 （4）.

能互补岗位的劳动力需求。诸多研究表明，自动化技术对中等技能劳动者的替代性最强，而与高、低技能劳动者存在互补效应。因此，机器人应用可能会导致不同技能劳动者之间的就业极化。而在工资方面，机器人应用使得企业利润在不同部门、不同技能员工间重新分配，可能会进一步加剧高技术人才与低技能员工间工资收入的两极分化。

上述效应中，生产力效应和就业创造效应会促进就业，带来经济发展机遇，但替代效应和就业极化效应会威胁共同富裕的实现，带来就业下降、收入差距扩大的经济社会问题。从替代效应来看，不少文献都提供了实证论据。[①] Acemoglu and Restrepo（2020）利用 1990—2007 年间美国劳动力市场数据分析了自动化技术的影响，发现每千名工人中增加一个机器人将使当地劳动力市场减少 6.2 名工人的就业。[②] 在考虑了行业之间溢出效应以及市场之间的贸易后发现，每千名工人中增加一个机器人将减少 3.3 名工人的就业，即机器人使用对美国总就业产生负向影响。Aghion et al.（2019）使用相同的方法研究了法国 1994—2014 年间自动化对就业的影响，发现每千名工人中增加一个机器人将导致就业人口比率下降 0.686 个百分点，多安装一个机器人会减少 10.7 个就业岗位。他们进一步考察了机器人对不同受教育程度群体就业的异质性影响，结果表明，机器人对受教育程度低的群体负向影响显著更大。这种异质性影响强调了教育的关键作用和公共政策的必要性，为缓解数字技术进步对就业的不利影响，公共政策应以

---

① 王春超，聂雅丰. 数字经济对就业影响研究进展. 经济学动态，2023（4）.

② Acemoglu, D. , & Restrepo, P. （2020）. Robots and jobs: Evidence from US labor markets. *Journal of Political Economy*，128（6）.

提高教育水平和促进终身培训为目标。Chiacchio et al.（2018）考察了六个欧盟国家工业机器人的使用对就业的影响，发现就业替代效应占主导地位，每千名工人中增加一个机器人会使就业率降低 0.16～0.20 个百分点。[1] Giuntella et al.（2022）使用中国家庭追踪调查数据（CFPS）的研究也表明，机器人使用每增加一个标准差会导致中国劳动力参与率下降 1.0%，就业率减少 7.5%。[2]

此外，就业极化效应在以人工智能为代表的第四次产业革命中更为突出。世界经济论坛（World Economic Forum）2016 年的报告《工作的未来——第四次工业革命下的就业、技能和劳动力策略》指出，人工智能技术将对劳动力市场产生广泛而深刻的影响，岗位或技能的市场需求的更新速度在不断加快。技术进步往往是非中性的，不同技能水平的劳动者从中获益程度不同。技能有限的技术进步往往会加剧就业和收入不平等，新一轮更为剧烈的技术变革可能影响更为深远。

以美国为例，就业极化现象包括工资结构和岗位结构两个方面的极化。工资方面，美国就业市场的极化表现为实际工资增长变动由线性变为 U 形，两端劳动者的工资增长快于中部劳动者。岗位结构方面，美国就业市场的极化表现为同技能层次劳动者的就业份额变动，高技能劳动者就业份额增长最快，低技能劳动者次之，而中等技能劳动者增长最慢（见图 4-1）。

---

[1]　Chiacchio, F., Petropoulos, G., & Pichler, D.（2018）. The impact of industrial robots on EU employment and wages: A local labour market approach. Bruegel working paper.

[2]　Giuntella, O., Lu, Y., & Wang, T.（2022）. How do workers and households adjust to robots? Evidence from China. NBER working paper.

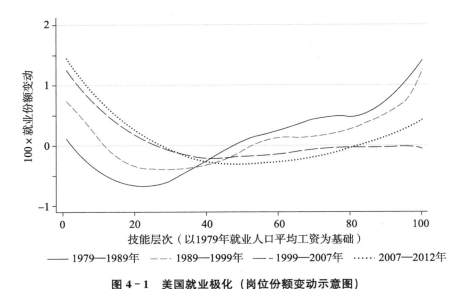

图 4-1 美国就业极化（岗位份额变动示意图）

注：横轴为技能层次百分比水平，纵轴为变化率（放大 100 倍），若某点高于 0 线，表明这段时期内该技能层次的就业岗位增加。可以明显看出，四个时期内低技能层次与高技能层次的工作均有所增加。

三、共同富裕的差距与不足

党的十九届五中全会首次把"全体人民共同富裕取得更为明显的实质性进展"作为远景目标提出。近年来，虽然我国在推进全体人民共同富裕事业上取得了较大进展，但是在"共同"和"富裕"两个维度上都还存在较大差距，距离 2035 年的战略目标还有明显短板。

（一）经济发展水平与中等发达国家仍存在较大差距

根据《中华人民共和国国民经济和社会发展第十四个五年规划和

2035 年远景目标纲要》，我国人均国内生产总值（GDP）计划在 2035 年达到中等发达国家水平，图 4 - 2 展示了我国人均 GDP 与主要中等发达国家的对比情况。① 1971—2019 年，我国人均 GDP 一直在稳步追赶中等发达国家。我国虽然未出现中等发达国家的经济收缩、波动现象，但人均 GDP 水平仍与其存在一定距离。

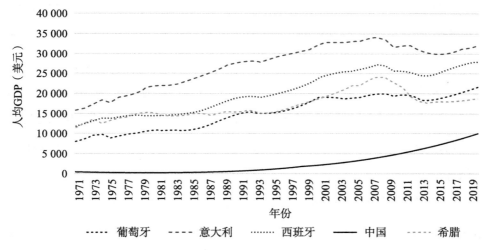

图 4 - 2 我国与中等发达国家人均 GDP 对比（以 2015 年不变价美元）

资料来源：世界银行 World Development Indicators 数据库。

（二）城乡差距、区域差距、收入差距等三大差距仍然处在高位

一是在城乡差距方面，虽然 2010—2020 年间我国城乡收入差距呈现逐渐下降趋势，但仍处于高度不平衡区间。2010 年我国城乡居民人均可支配收入分别为 18 779 元和 6 272 元，2020 年分别上涨至 43 834 元和 17 132 元。在这期间，城乡居民人均可支配收入比从 3∶1 下降

---

① 目前学界并未对中等发达国家的界定标准形成共识。这里采用了国际组织普遍认可的中等发达国家定义，将人均 GDP 处于 20 000～40 000 美元的国家界定为中等发达国家。

至 2.6∶1。2022 年城乡收入比降至 2.45∶1。但是，绝对收入差距却从 2010 年的 12 507 元上升至 2022 年的 29 150 元。这说明，城乡居民收入的相对差距略有缩小，但绝对差距仍在增大，而且近年增大趋势并未改变。

二是区域间发展差异依然较大。从人均 GDP 来看，2022 年北京以 19.01 万元排名第一，排位最后的三个省级行政区（以下简称省区）是广西（5.22 万元）、黑龙江（5.09 万元）和甘肃（4.5 万元）。从城镇化进程来看，2022 年人口城镇化率在 70% 以上的省区有 8 个，上海、北京接近 90%，广西、贵州、甘肃和云南的人口城镇化率只有 50%～54%。从人均可支配收入来看，上海居民人均可支配收入接近 8 万元，位列第一，同时 20 多个省区（多数在中西部）人均可支配收入低于 3 万元。

三是在收入差距方面，2000 年以来，我国居民收入的基尼系数始终在 0.4 以上，持续处于高位，当前仍然接近 0.47，这主要体现在劳动收入不平等水平较高、劳动收入份额占比较低。2013 年以来，中国收入前 20% 群体的平均收入是后 20% 群体的 10 倍以上，且无明显缩小态势。2022 年的数据显示，全国最高 20% 的收入户的人均可支配收入为 90 116 元，最低 20% 则为 8 601 元，差距达到 10.5 倍。中国收入分配的严重态势与国际形势基本一致。中国收入极化趋势与美国相当，略好于俄罗斯、印度等国家，比西欧国家严重。实现共同富裕，就必须缩小居民的收入差距，迈向橄榄形的收入分配格局。

四、新质生产力促进共同富裕的政策路径

————

（一）构建激发创新的新质生产力体制机制，促进经济高质量发展

共同富裕包含增长和分配两大要素，而"富裕"则是共同富裕的基础。党的十九大明确提出，我国经济已由高速增长阶段转向高质量发展阶段。高质量发展应当是当前和今后一个时期明确发展思路、制定经济政策、实施宏观调控的基本依据，也是实现共同富裕的前提基础和必然路径。生产力是推动经济发展的根本力量，发展新质生产力是推动经济高质量发展的根本动力。新一轮科技革命正在催生新的经济形态，科技创新从模仿性创新向原始创新突破，生产要素重组带来创造性破坏，产业革命蓄势待发，推动生产力向更高级、更先进的质态发展。

在高质量发展的进程中，要着力提升创新驱动能力，政策应当从举国体制与市场化创新两个方面入手。一方面要发挥我国的制度优势，集中优质资源进行核心技术攻关，建立和完善以举国体制为主的基础研发和重点研发体系。在涉及国家安全等国家重大利益的领域内，根据国家科技战略需求进行部署，制定主体创新责任制度；在投入大、周期长的基础科技创新领域，探索"集中力量办大事"的长效机制。

另一方面要发挥市场在资源配置中的决定性作用，发挥企业的创

新动能。企业作为创新的主体之一，其创新活力将成为创新驱动的核心要素，因此未来需要继续推进超大规模市场所孕育的市场化创新项目。在商业不确定性较高的竞争性领域，减少政府干预，提升开放程度，引入国际竞争，充分发挥市场机制在研发方向、技术路线等方面的决定性作用。明确市场准入标准，借助动态负面清单，彻底消除各类准入壁垒。完善知识产权保护制度，健全纠纷解决机制，加大侵权惩罚力度，通过重要案例树立司法权威。构建以市场为主体的可持续发展动力体系。向市场开放数字教育、数字医疗、数字政务、智慧城市等更多数字化应用场景。

(二) 实施适应新质生产力的人力资本战略

世界经济论坛 2016 年的报告指出，在前几轮工业革命中，一般需要花费几十年来建立适应新技能的培训体系和劳动力市场机制，这显然无法应对当下的第四轮产业革命。如果不能在短期转型的过程中培养适应未来技能需求的劳动者，政府将不得不应对逐渐加剧的失业和收入不平等，企业也将面对萎缩的消费者基础。美国白宫的《人工智能、自动化与经济报告》认为，政策制定者需要提高人民的基础数学能力，在数学、计算机科学等与人工智能密切相关的学科领域进行投资，从而提高教育质量。报告还建议提高儿童的早教水平，重视中学生的教育和高等教育培养方式朝技术型方向转化，以及提高培训和再培训的范围。世界银行在《2019 世界发展报告：工作性质的变革》中，也提议凝聚个人、企业、政府的力量，加大对人力资本的投资，尤其是儿童早期教育的人力资本投资。

诺贝尔经济学奖获得者赫克曼（Heckman）发表了具有里程碑意

义的研究报告《人力资本政策》，从几个方面对传统的提升人力资本的相关政策模式提出了挑战。该报告最重要的贡献在于提出了"赫克曼曲线"，具体参见图 4 - 3。其含义在于，在一个给定能力的个体生命周期中，假定每个年龄段实施同样的投资，那么在其他条件相同的情况下，早期人力资本投资的回报率高于晚期。赫克曼曲线彰显了学前教育的重要性。

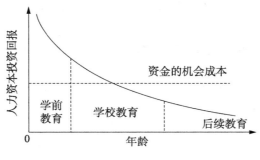

图 4 - 3 赫克曼曲线

然而，学前教育是我国目前整个教育体系中最薄弱的环节，学前教育的不平等程度远远高于义务教育的不平等程度。中国家庭追踪调查数据显示，城市地区儿童的幼儿园入学率比农村地区高 30 个百分点，高收入家庭儿童的幼儿园入学率比低收入家庭高 50 个百分点。在儿童早期教育上缩小差距可以使贫困家庭的儿童在以后的能力形成过程中摆脱弱势，这对缩小不同社会经济水平的儿童成年后的社会差距至关重要。因此，着力扩大普惠性学前教育资源，逐步推进学前教育纳入义务教育，促进学前教育机会的公平性，将极大程度地提升人的发展能力，从根本上降低人力资本不平等和收入差距，促进共同富裕。

同时，新质生产力要求重塑国民教育体系，建立全生命周期的终身教育体系，推动教育内容和方式更加适应技术进步的要求。如果说未来人工智能对劳动力的替代需要 10～20 年时间，那么受到最大冲击的一批劳动者今天还在校园里读书。无论是人工智能时代需要的技术知识，还是创新能力、人际交往能力等劳动者素质，都应当是今天教育的重点。与此同时，改造和提升现有劳动者刻不容缓。要大力发展职业教育，政府可通过财政补贴、税收减免等方式调动企业开展技能培训的积极性，让职业转换的过程更加平稳顺畅。

（三）织牢低收入群体的社会安全网，避免技术冲击使之返贫

如前所述，发展新质生产力有可能带来替代效应和就业极化效应，造成一部分群体利益受损，甚至有返贫风险。需要为低收入群体编织更为牢固的社会安全网，最大限度上降低技术冲击对部分人群的负面影响。社会救助体系是保障和提高低收入群体生活水平的兜底性、常态化制度安排。党的二十大报告进一步强调了"健全分层分类的社会救助体系"的重点任务。当前，我国已初步建立起"以基本生活救助为基础、以专项救助为支撑、以关爱帮扶为延伸、以社会力量参与为补充的救助保障体系"，对低收入家庭生活水平的提高起到了积极作用。

未来需要以低收入群体的需求为导向，构建分层次、有梯度的社会救助体系，补齐共同富裕的关键短板。根据低收入群体的困难程度和致贫原因，可以将整个低收入群体划分为三个主要圈层，其中最内圈是低保和特困群体，对应的救助项目是基本生活救助；向外一圈是低保边缘群体、易返贫致贫人口以及支出型贫困人口。医疗救助、教育救助、就业救助等专项救助制度应当对以上两个圈层进行无差别覆

盖，设置独立的门槛。最外圈是因为突发疾病、意外事件等陷入生活困境的普通群众，对应社会救助中的临时救助和灾害救助。不同救助项目的使用应当以低收入群体的生活困境和真实需求为导向，对不同圈层的群体进行分类救助。在发挥社会救助制度兜底保障作用的同时，应当为有劳动能力的低收入群体提供必要的就业帮扶，增加就业激励，实现从"受助"到"自助"的良性循环。

（四）加强与技术进步相关的制度和政策研究

为了应对技术进步可能造成的收入极化和收入分配的恶化，学术界提出了诸多建议，有的已经开始实践，建议结合我国的实际情况进行深入研究。如下建议在学界引起了广泛的讨论和争议，我国应对相关政策开展深入研究。

1. 实行全民基本收入政策

全民基本收入（Universal Basic Income，UBI）政策即让每位公民都能得到政府定期的无条件转移支付。政府利用负所得税代替现有的福利体系，对超过一定收入水平的家庭征税，同时补贴低于特定收入水平的家庭。此后，负所得税的提议逐渐发展成为全民基本收入政策。全民基本收入政策相比其他福利政策的一个显著优点是，不附带任何条件限制，给全部居民提供固定数额的转移支付，居民可以根据他们的需要来支配这笔支付。技术进步通过推动生产使社会作为一个整体创造巨大的财富和价值，而全民基本收入政策作为一种广泛的社会安全网，则可以保证每个人即使不就业，也可以达到体面的生活标准。全民基本收入的具体数额可设定为贫困线或是贫困线的一个比例。

2. 建立针对机器人或自动化的征税措施

有的学者认为机器人和劳动者的税收政策应该是"中立的"，机器人与劳动者应该同样被征税，而不应该对自动化的税收有所减免。机器资本的成本在逐渐降低，从而机器资本在生产中对劳动力进行了替代，这是自动化或者人工智能影响就业和工资的主要渠道。通过对机器人征税，将会减缓自动化技术的采用，给予劳动者时间去适应其他职业。这部分收入也可以用来补贴劳动者，作为劳动力培训和实行全民基本收入的资金来源。需要注意的是，对机器人征税并非在任何的情况下都是一个最优选择，对机器人征税可能会减少社会福利。由于机器人纳税会抑制机器人领域的技术创新，在对机器人征高额税收时，带来的生产力的损失可能比征收的税收更多。因此，针对机器人或自动化的税收额度需要控制在一个合理的范围内。上述政策会带来什么后果还不明确，学界尚未达成共识，亟须深入研究。

为了更好地培育和发展新质生产力，需要坚持一切从客观实际出发，正确认识我国新质生产力的发展现状。新质生产力以全要素生产率的大幅提升为核心标志，要全面展现我国新质生产力的特征事实，离不开对全要素生产率的精确测算。因此，本篇将从新质生产力的发展现状、新质生产力的空间布局、产业全要素生产率和城市全要素生产率四方面刻画我国新质生产力的鲜明特征，为培育发展新质生产力提供科学依据。

本篇包括四章。第五章基于新质生产力的理论内涵，利用丰富的数据，以全国 200 多个地级市为研究对象，构建了由 4 项一级指标、14 项二级指标、38 项三级指标组成的综合指标体系，对我国城市新质生产力的发展现状进行全方位评估。第六章研究新质生产力的空间分布规律，并基于产业视角考察新质生产力中的战略性新兴产业、未来产业和数字经济的空间布局，最后提出优化新质生产力布局的举措。第七章基于 KLEMS 增长核算框架和时序投入产出数据库，测算了我国产业层面的全要素生产率，尤其关注战略性新兴产业和数字化投入的影响，有利于明晰我国经济增长的动力来源，从而确定培育新质生产力的着力点。第八章基于可变要素产出弹性假定下的索洛余值法，对国内城市和国外主要城市的全要素生产率进行测度与比较，力求在全球视野下科学认识地区生产效率的差异。

第五章

新质生产力发展现状评估[*]

当前，世界百年未有之大变局加速演进，国际局势风云变幻，全球卷入一场"没有硝烟的战争"，科技竞争、产业竞争、贸易战逐渐成为主要武器。同时，我国经济进入新常态，经济增速放缓，经济结构面临转型压力，亟须跳出传统的粗放式增长路径，探索新的增长模式。正是在这样的发展转折点，自党的二十大以来，习近平总书记多次指出，高质量发展是全面建设社会主义现代化国家的首要任务，要加快发展新质生产力，推动经济实现质的有效提升和量的合理增长。2024 年 7 月，《中共中央关于进一步全面深化改革 推进中国式现代化的决定》将健全因地制宜发展新质生产力体制机制列为健全推动经济高质量发展体制机制的重要手段之一。

为了推动因地制宜发展新质生产力的体制机制建设，评估新质生产力发展现状是非常必要的。已有一些研究从新质生产力内涵特征出

---

　* 本章内容主要来源于：黄滢，杨玉浦，孙大千. 新质生产力的评估框架及其应用——基于新质生产力的内涵剖析. 应用经济学评论，2024，4（2）.

发，通过省级统计数据构建指标体系对新质生产力进行量化测度。然而，目前研究主要存在以下几方面不足：第一，指标体系缺乏对新质生产力的针对性。部分研究在构建指标评估体系时，选取的变量维度与文献中"创新能力""科技竞争力"等概念研究时选取的维度基本相同，且鲜有研究考虑新质生产力中体制创新的重要性，缺少对新质生产力内涵深度与广度、概念创新性与独特性的刻画。第二，支撑数据缺乏准确性。有关新质生产力内涵中技术突破、要素配置、产业转型等方面的数据仍面临很大的可得性问题，数据的局限性导致数据处理方法的不统一，研究结果存在一定程度的偏误。第三，研究对象缺乏精确性。目前的新质生产力测度研究大多使用省级数据进行测算，忽视了同一省区内省会城市、计划单列市等与老少边穷城市新质生产力的发展可能天差地别，对地方政府制定具体政策缺乏直接的指导意义，需要细化评估的颗粒度，为因地制宜地发展新质生产力提供更精确的政策建议。

为了弥补既有文献的研究不足，本章从新质生产力理论出发，基于新质生产力理论的方法论和新质生产力的内涵特征，结合调查数据、上市公司数据、官方文件等多维基础数据，以全国 279 个地级市为研究对象，构建一个由 4 项一级指标、14 项二级指标、38 项三级指标组成的综合指标评估体系，对我国城市新质生产力的发展现状进行全方位评估，并从总体和四个一级指标考察新质生产力的现状特征，为因地制宜发展新质生产力提供政策建议。

一、新质生产力概念体系

从新质生产力概念出发，"新质"与"旧质"对应，蕴含新事物取代旧事物的前进性、上升性态势。新质生产力是在科技革命和产业革命推动中不断由低级状态向高级状态转型，从低级生产力质态走向高级生产力质态的必然结果。一些研究架构出新质生产力"一轴二力三高四维"的内涵框架，并将新质生产力的科学内涵归纳为三大层面：（1）新一轮科技革命和新兴战略产业集群发展是新质生产力的核心内涵；（2）新质生产力是新时代实现高质量发展的生产力；（3）新质生产力为社会生产力的进一步解放和发展提供了物质基础。

从新质生产力构成要素出发，已有研究通常从技术突破、要素配置、产业转型、体制保障等方面剖析新质生产力。第一，技术突破方面。新质生产力理论将技术突破上升为更高层次上的关键性颠覆性技术，突出科技创新在生产力发展中的主导作用，体现为直接参与生产的新生产工具和间接参与生产的新型基础设施两大类。第二，要素配置方面。新质生产力需要更为先进的认识能力和实践能力的劳动者与新型生产工具相结合，作用于新材料、新能源、数字空间等新劳动对象，大幅提升资源配置效率和全要素生产率。第三，产业转型方面。承载新质生产力的有关产业必须融合新技术、新领域、新模式、新业态、新要求、新功能。第四，体制保障方面。体制协调性保障也是发展新质生产力的应有之义，协调保障新质生产力发展的体制机制主要包括新型举国体制和良好的营商环境等。

二、新质生产力评估指标体系

（一）已有研究

当前，学界多通过构建指标体系对新质生产力进行量化评估。现有文献构建指标体系的方法可分为两类：一是包括劳动者、劳动资料和劳动对象等的实体性要素指标体系；二是包括科技创新、产业结构和数据要素等的渗透性要素指标体系。

第一，实体性新质生产力指标体系。马克思主义政治经济学认为生产力具有三个基本要素：劳动者、劳动资料和劳动对象，而新质生产力则被认为由更高素质的劳动力、新介质的劳动资料和更宽范围的劳动对象构成。有研究根据劳动者、劳动资料和劳动对象三大维度建立了新质生产力衡量指标体系。一些研究在此基础上进一步完善了该体系指标的衡量方式，形成了包含 27 个指标的综合评价体系，采用熵值法测度了全国 31 个省区（不包括香港、澳门、台湾）的新质生产力水平以及农业新质生产力。另外有学者采取运用投影寻踪指标的测度方法，从三要素理论出发，构建了三大维度共 20 个子指标的指标评价体系，以评估地级市的新质生产力水平。部分研究基于生产力二要素理论，从生产力的劳动力和生产工具两大基本要素构建指标体系，估计了企业层面的新质生产力。

第二，渗透性新质生产力指标体系。科技创新、产业结构和数据要素等渗透性要素通过提升效率和优化配置等与实体性要素相结合，促进了生产效率的跃升，是新质生产力的重要部分。一些研究减少实体性指标在指标体系中的占比，从技术创新、产业创新升级、要素创新、新质人才资源、发展条件、生产方式等众多维度构建新质生产力综合评价指标体系，并分别采用熵权法、熵权－TOPSIS法、Critic-Topsis综合评价法等多种方法对新质生产力发展情况进行测算。

（二）指标体系与数据来源

本章聚焦城市层面新质生产力发展现状，涵盖 279 个地级及以上行政区（包含直辖市，不包括香港、澳门、台湾）的截面数据。具体而言，基于技术革命性突破、要素创新性配置、产业深度转型升级和体制协调性保障四大维度，我们构建了新质生产力发展现状指标体系。一级指标下共设 14 个二级指标、38 个三级指标，以对城市新质生产力的发展现状进行细致的量化测度。

技术革命性突破是发展新领域新赛道的关键抓手。为了全面地反映科技创新与应用的水平，我们选择以科研平台、科研人员和科研产出三大二级指标进行测度。具体而言，第一，科技创新要求高校和企业形成互联互通的研发模式。在科技创新的过程中，高校、企业、科创企业是科技创新的助推力，三者缺一不可，因此我们在科研平台维度综合考察高校平台、企业平台和科创企业数量，综合测度科研生态系统的先进性。第二，科研创新离不开高水平的人才队伍。在科技创新的过程中，顶尖人才与相关从业人员相辅相成，综合考察顶尖人才和从业人员数量才能完整反映科研人才队伍的完整性。第三，科技创新应该落实到应用层面，形成基础研究、应用研究相互促进的循环模式。在科技应用的过程中，除了传统的专利产出总量，我们用企业专利数量来体现企业的科创主体地位，用企业专利被引量来测度专利质量，以凸显对高水平创新的重视。

要素创新性配置是优化要素配置效率的重要引擎。为了全面反映传统要素质量提升和新兴要素渗透应用，我们选择以劳动力、资本、土地与资源、能源、数据五大二级指标进行测度。具体而言，第一，劳动力素质和创新性配置直接影响生产效率和产品质量。教育平台提供了劳动力技能培训和知识更新的场所，企业家精神衡量企业的创新意识，劳动力综合素质则体现了劳动者适应创新和应用创新的能力，而劳动力配置的优化则可以提高劳动力的利用效率。第二，资本是促进经济社会发展的重要工具。资本存量决定了一个地区的生产潜力，标杆性投资反映了资本投向具有战略意义的先进领域的能力，数字金融可以提高资本的配置效率、降低融资成本，资本配置的优化则有利于资本的顺畅流动，推动经济持续健康发展。第三，土地与资源是经济发展的重要物质基础。建设用地可以满足产业发展的空间需求，战略性矿产资源是保障国家重点产业供应安全的重要支撑。第四，能源是推动经济发展的引擎，能源稳定性、多样性、清洁性和灵活性是评估能源体系的重要指标。第五，数据是新时代的重要生产要素。数据要素应用可以提高生产过程中的信息传递和处理速度，基础设施覆盖为数据传输提供了基础条件，数据平台有助于整合各类数据资源、提高数据利用效率。

产业深度转型升级是催生新产业新模式新动能、推动现代化产业体系建设的核心步骤。为了全面反映传统产业转型升级和新兴产业培育壮大的水平，我们选择以高端化、绿色化、数字化、新兴化四大二级指标进行测度。具体而言，第一，传统产业高端化转型是迈向价值链中高端的关键，其中技术转化率反映了科研成果在技术市场向实际生产力转化的效率和能力，附加值比重衡量了产业在价值链中的位置及其发展潜力，前沿企业能够带动整个产业的创新和发展。第二，传统产业绿色化转型是贯彻新发展理念的集中体现，其中污染排放强度反映了企业的清洁生产能力，而工业能耗强度反映了产业在生产过程中的能源利用效率。第三，传统产业数字化转型是赋能产业发展的抓手，其中数字技术应用可以推动产业生产方式、组织模式和商业模式的深刻变革，而智能制造企业可以实现生产过程的智能化、自动化和精益化。第四，新兴产业培育壮大是产业转型升级的重要着力点，其中战略性新兴产业是引领国家未来发展的重要决定性力量，未来产业是我国提升国际竞争力的有力支撑，数字产业可以推动传统产业与数字产业的深度融合和协同发展。

体制协调性保障是保证新质生产力发展环境的机制保障。为了全面反映有效市场建设与有为政府能力的水平，我们选择以市场和政府两大二级指标进行测度。具体而言，一方面，我们选择以统一大市场的建设进程作为有效市场的测度，综合反映商品市场流通效率和要素市场配置效率。另一方面，我们选择以政府营商环境和政府财政能力作为有为政府的测度，综合考量政府纠正市场失灵和提供公共服务的能力。

新质生产力总体指标体系、赋权及数据来源如表 5-1 所示。各指标数据来源于科技部、工信部、自然资源部等政府部门公开信息，

《中国城市统计年鉴》、CNRDS（中国研究数据服务平台）、CSMAR 数据库（中国经济金融研究数据库）等最新年份数据，以及中国人民大学《氢能潜力评估报告》《中国城市产业发展报告》《中国城市政商关系评价报告 2022》等特色报告指数数据。

表 5－1　新质生产力指标体系

一级指标	二级指标	三级指标	选取指标	指标属性	数据来源	最新数据年份
A. 技术革命性突破（30%）	A1. 科研平台（9%）	高校平台（3%）	国家级重点实验室数量、国家创新中心数量	＋	科技部	2021
		企业平台（3%）	国家级科技企业孵化器数量	＋	科技部	2022
		科创企业（3%）	专精特新企业数量	＋	工信部	2022
	A2. 科研人员（6%）	顶尖人才（3%）	高被引科学家数量	＋	爱思唯尔	2023
		从业人数（3%）	R&D 人员	＋	《中国城市统计年鉴》	2019
	A3. 科研产出（15%）	产出总量（5%）	发明专利授权数量	＋	《中国城市统计年鉴》	2021
		企业专利数量（5%）	专精特新企业专利数量	＋	国家知识产权局	2024
		企业专利质量（5%）	专精特新企业专利被引量	＋	国家知识产权局	2024
B. 要素创新性配置（30%）	B1. 劳动力（8%）	领先教育平台（1.5%）	国家卓越工程师学院数量	＋	教育部	2022
		企业家精神（3%）	胡润百富榜上榜人数	＋	胡润百富榜	2023

续表

一级指标	二级指标	三级指标	选取指标	指标属性	数据来源	最新数据年份
B. 要素创新性配置（30%）	B1. 劳动力（8%）	劳动力综合素质（1.5%）	15～64 岁人口占比	＋	第七次人口普查	2020
			平均受教育年限	＋	第七次人口普查	2020
			大学专科、大学本科人口占比	＋	第七次人口普查	2020
		劳动力配置效率（2%）	劳动力市场分割指数	－	价格法测算	2022
	B2. 资本（8%）	资本存量（2%）	固定资本存量	＋	永续盘存法测算	2022
		标杆性投资（2%）	风险投资总额	＋	投资机构数据整理	2022
		数字金融（2%）	数字普惠金融指数	＋	北大国发院《数字普惠金融指数报告》	2022
		资本配置（2%）	资本市场分割指数	－	价格法测算	2019
	B3. 土地与资源（2%）	建设用地（1%）	城市建设用地（市辖区）	＋	《中国城市统计年鉴》	2021
		战略性矿产储量（1%）	锂	＋	自然资源部	2022
			稀土	＋	中国稀土协会	2023
	B4. 能源（4%）	稳定性（1%）	平均供电可靠性	＋	国家能源局	2022
		多样性（1%）	新能源发电占比	＋	国家能源局	2023
		清洁性（1%）	电力二氧化碳排放因子	－	国家统计局	2021
		灵活性（1%）	氢能潜力评估报告二级指标（供给）	＋	中国人民大学《氢能潜力评估报告》	2018

续表

一级指标	二级指标	三级指标	选取指标	指标属性	数据来源	最新数据年份
B. 要素创新性配置（30%）	B5. 数据（8%）	数据要素应用（4%）	中国数据要素应用指标	＋	中国人民大学《中国城市产业发展报告》	2021
		基础设施覆盖（2%）	使用每万人互联网站数量、互联网接入、互联网普及率等综合测算	＋	CNRDS 数据库，各地市统计年鉴	2019
		数据平台渗漏（2%）	网上销售额占社会零售总额比例	＋	各省统计公报	2022
C. 产业深度转型升级（30%）	C1. 高端化（6%）	技术转化（2%）	技术市场成交额/R&D经费支出	＋	《中国统计年鉴》	2021
		附加值占比（2%）	规上工业企业利润率	＋	《中国城市统计年鉴》	2016
		前沿企业（2%）	制造业企业200强数量	＋	中国制造业协会	2022
	C2. 绿色化（6%）	污染排放强度（3%）	单位工业产值 SO₂ 排放（预测）	－	《中国城市统计年鉴》	2019
			单位工业产值 NOx（氮氧化物）排放（预测）	－	《中国城市统计年鉴》	2019
		工业能耗强度（3%）	单位用电量工业产值	＋	《中国城市统计年鉴》	2016
	C3. 数字化（6%）	数字技术应用（3%）	中国产业数字化指标	＋	中国人民大学《中国城市产业发展报告》	2021
		智能制造前沿（3%）	工信部智能制造示范工厂数量	＋	工信部	2023

续表

一级指标	二级指标	三级指标	选取指标	指标属性	数据来源	最新数据年份
C. 产业深度转型升级（30%）	C4. 新兴化（12%）	战略性新兴产业（6%）	各市十四五规划对战新产业提及频率	＋	各市政府官网、十四五规划	2021
			战新产业上市公司营业收入	＋	CSMAR 数据库整理	2022
		未来产业（3%）	各省十四五规划对未来产业提及频率	＋	各省政府官网、十四五规划	2021
		数字产业（3%）	中国数字产业化指标	＋	中国人民大学《中国城市产业发展报告》	2021
D. 体制协调性保障（10%）	D1. 市场（5%）	统一大市场（5%）	樊纲市场化指数	＋	中国分省份市场化指数数据库	2019
	D2. 政府（5%）	政府营商环境（2.5%）	政商关系健康指数	＋	中国人民大学《中国城市政商关系评价报告2022》	2022
		政府能力（2.5%）	地方财政一般预算内收入/GDP	＋	《中国城市统计年鉴》	2021

（三）标准化方法

为了进行指数计算，需要对数据进行标准化处理，我们使用最大最小值法将数据标准化为 0～100 的数值。具体步骤如下。

第一步，原始数据处理。

线性变换。对于无异常值的原始数据（例如新能源发电占比等），使用线性变换的方法使其标准化，具体公式为：

$$K = \frac{x - \min}{\max - \min} \times 100 \tag{5.1}$$

对数函数变换。对存在极端异常值的原始数据（例如高校数量等），使用对数函数变换的方法规避极端值的影响，具体公式为：

$$K = \frac{\ln x - \ln \min}{\ln \max - \ln \min} \times 100 \tag{5.2}$$

对原始数据中存在 0 值而无法取对数的特殊情况，加 1 后取对数。对负向指标（市场分割），将其标准化结果取相反数后再加 100。

第二步，计算城市新质生产力发展现状指数。

经过上述处理，所有原始数据都转换为 0～100 区间内的指数，再根据各指标赋权后的权重计算新质生产力总指数。总指数及一级指标指数数值越大则排名越高，表明新质生产力发展现状表现越良好。

三、新质生产力评估结果

（一）新质生产力发展指数

从新质生产力发展总指数来看，我国新质生产力的"高地"大多为直辖市或省会城市，北京、上海、深圳、广州、杭州等城市领跑全国（见表 5-2），而固原、伊春、乌兰察布、七台河、庆阳等西部和东北地区城市靠后，成为新质生产力发展的"洼地"。从省区的角度来看，除了四大直辖市之外，广东省、江苏省、浙江省有大量城市具备良好的新质生产力发展条件，而新质生产力发展现状较差的城市主要集中于宁夏回族自治区、甘肃省、黑龙江省等。如何针对这些老少边穷地区形成因地制宜发展新质生产力的政策将成为区域协调发展的重要抓手。

表 5 - 2　我国 279 个城市新质生产力发展指数十强

城市	总指数	排名	子指数			
			技术革命性突破指数	要素创新性配置指数	产业深度转型升级指数	体制协调性保障指数
北京市	85.077	1	93.955	81.145	83.128	76.082
上海市	80.404	2	86.298	73.021	77.055	94.916
深圳市	79.812	3	83.369	74.189	78.931	88.655
广州市	75.810	4	81.590	69.727	75.590	77.380
杭州市	75.483	5	82.322	77.808	63.761	83.153
武汉市	69.575	6	80.778	63.309	65.159	68.019
南京市	69.385	7	79.127	65.972	59.960	78.676
成都市	67.863	8	75.567	67.231	62.693	62.160
苏州市	67.751	9	79.663	61.909	57.533	80.194
宁波市	67.456	10	68.625	67.301	61.588	82.015

分区域考察，我国的新质生产力发展呈现出明显的区域不平衡态势。参照国家统计局的分类标准，我们将各区域内城市的新质生产力取平均值来反映本地区的新质生产力平均水平。① 可以看到东部地区新质生产力水平远高于其他三大经济区域，而中部地区又略高于西部和东北地区。具体而言，东部地区技术指数领跑全国，中部地区紧随其后，东北地区和西部地区的技术指数落后较严重；东部地区要素指数全面领先，中部地区和西部地区要素指数较为接近，东北地区要素指数有待提升；东部地区产业指数较为领先，中部地区快速追赶，而

---

① 统计中所涉及东部、中部、西部和东北地区的具体划分为：东部十省区包括北京、天津、河北、上海、江苏、浙江、福建、山东、广东和海南；中部六省区包括山西、安徽、江西、河南、湖北和湖南；西部十二省区包括内蒙古、广西、重庆、四川、贵州、云南、西藏、陕西、甘肃、青海、宁夏和新疆；东北三省包括辽宁、吉林和黑龙江。

西部和东北地区差距较大；东部地区保障指数遥遥领先，中部和东北地区落后较多，西部地区表现不佳（见表5-3）。

表5-3 我国四大经济区域新质生产力发展指数

区域	总指数	技术指数	要素指数	产业指数	保障指数
东部	48.769	48.718	43.969	48.550	63.981
中部	39.384	41.383	32.541	42.711	43.931
西部	31.711	29.934	31.568	32.961	33.721
东北	30.423	31.219	25.828	30.642	41.164

（二）技术革命性突破指数

从技术革命性突破指数来看，表现较好的城市集中于京津冀、长江流域、长三角、山东半岛、珠三角以及部分强工业省会，北京、上海、深圳、杭州、广州等城市领跑全国（见表5-4），东北地区部分传统工业省份在技术指数上表现较好。而乌兰察布、伊春、七台河、临沧等西部和东北地区城市技术指数严重落后，具体表现在高校和企业科研平台严重缺失，科研人员与科研产出投入转化渠道不畅，需要加大西部和东北地区的科教投入以扶持其发展。

表5-4 我国279个城市新质生产力技术革命性突破指数十强

城市	技术指数	排名	三级指标得分		
			科研平台	科研人员	科研产出
北京市	93.955	1	80.952	100.000	99.339
上海市	86.298	2	66.280	90.673	96.560
深圳市	83.369	3	60.070	80.881	98.342
杭州市	82.322	4	66.195	83.586	91.492
广州市	81.590	5	68.364	81.837	89.426

续表

城市	技术指数	排名	三级指标得分		
			科研平台	科研人员	科研产出
武汉市	80.778	6	68.743	80.266	88.203
苏州市	79.663	7	68.176	70.324	90.291
南京市	79.127	8	63.116	81.121	87.936
合肥市	78.437	9	67.367	75.414	86.289
西安市	76.260	10	62.633	78.509	83.537

分区域考察，我国的新质生产力技术革命性突破指数呈现出明显的区域不平衡态势：东部遥遥领先，中部快速追赶，东北地区和西部地区显著落后。从三级指标得分来看，东部地区科研平台、科研人员、科研产出方面优势较大，而中部地区、东北地区和西部则呈现追赶态势（见表5-5）。

表5-5 我国四大经济区域技术革命性突破指数

区域	技术指数	科研平台	科研人员	科研产出
东部	48.718	23.425	43.023	66.172
中部	41.383	17.893	33.208	58.748
西部	29.934	10.576	27.197	42.643
东北	31.219	11.976	26.765	44.546

（三）要素创新性配置指数

从要素创新性配置指数来看，表现较好的城市集中于京津冀、长三角和珠三角区域，北京、杭州、深圳、上海、广州等城市领跑全国（见表5-6），除直辖市和省会城市以外，广东省、浙江省内有大量城市表现突出。而固原、陇南、铁岭、双鸭山、鹤岗等西部和东北地区城市的要素指数严重落后，劳动力、土地与资源、能源、数据等维度表现均不佳，有待以要素质量提升、配置方式转型等方式提高新质生产力要素供给。

表 5-6　我国 279 个城市新质生产力要素创新性配置指数十强

城市	要素指数	排名	三级指标得分				
			劳动力	资本	土地与资源	能源	数据
北京市	81.145	1	84.491	89.751	47.566	53.737	91.292
杭州市	77.808	2	73.818	85.462	42.312	62.457	90.695
深圳市	74.189	3	76.646	70.466	56.099	65.374	84.385
上海市	73.021	4	80.002	77.167	44.480	57.752	76.664
广州市	69.727	5	68.805	67.275	53.720	63.975	79.978
宁波市	67.301	6	57.086	76.598	35.143	62.576	78.621
成都市	67.231	7	55.220	69.267	83.954	80.689	66.298
南京市	65.972	8	66.584	65.237	50.000	56.756	74.696
武汉市	63.309	9	48.773	73.221	42.219	76.666	66.526
嘉兴市	62.008	10	48.791	73.627	24.597	59.890	74.018

分区域考察，我国的新质生产力要素创新性配置指数呈现出明显的区域不平衡态势：东部遥遥领先，中部和西部齐头并进，东北地区略有落后。从三级指标得分来看，东部地区劳动力、资本、土地与资源、能源与数据要素维度均处于领先水平，而东北地区相应维度仍存在禀赋差距。值得注意的是，西部地区在土地与资源、能源方面与东部差距较小，处于优势地位（见表 5-7）。

表 5-7　我国四大经济区域新质生产力要素创新性配置指数

区域	要素指数	劳动力	资本	土地与资源	能源	数据
东部	43.969	30.381	49.028	33.900	49.477	52.261
中部	32.541	18.865	42.357	29.083	37.731	34.669

续表

区域	要素指数	劳动力	资本	土地与资源	能源	数据
西部	31.568	20.120	36.337	32.675	49.360	29.075
东北	25.828	15.061	32.088	21.052	33.954	27.465

（四）产业深度转型升级指数

从产业深度转型升级指数来看，表现较好的城市集中于京津冀、山东半岛、长江经济带、珠三角区域，北京、深圳、上海、广州、长沙等城市领跑全国（见表5-8），除省会城市与直辖市外，广东省、浙江省、江苏省、安徽省内也有大量城市表现突出。而固原、伊春、七台河、乌兰察布、吴忠市等西部和东北地区城市的产业指数严重落后，主要表现在产业数字化和新兴化程度严重不足，有待进一步推动产业转型升级。

表5-8 我国279个城市新质生产力产业深度转型升级指数十强

城市	产业指数	排名	三级指标得分			
			高端化	绿色化	数字化	新兴化
北京市	83.128	1	76.082	79.966	89.155	85.220
深圳市	78.931	2	59.698	81.690	76.933	88.167
上海市	77.055	3	61.483	73.499	99.591	75.352
广州市	75.590	4	50.732	75.172	81.602	85.222
长沙市	73.409	5	50.354	85.755	85.455	72.742
合肥市	69.679	6	47.991	63.393	83.802	76.604
青岛市	65.682	7	48.173	69.125	84.622	63.245
珠海市	65.514	8	38.605	75.604	66.720	73.321
武汉市	65.159	9	52.269	64.042	90.162	59.660
天津市	64.587	10	59.063	70.438	80.081	56.676

分区域考察，我国的新质生产力产业指数存在明显的区域不平衡态势，呈现出东部地区领跑全国，中部地区略有落后，西部和东北地区显著不足的局面（见表 5-9）。从三级指标得分来看，东部地区、中部地区产业高端化趋势明显，产业绿色化转型较为成功，产业数字化脚步领先，产业新兴化快速布局，而西部地区与东北地区在产业高端化、绿色化、新兴化均处于落后地位，产业数字化仍在起步阶段。

表 5-9　我国四大经济区域新质生产力产业深度转型升级指数

区域	产业指数	高端化	绿色化	数字化	新兴化
东部	48.550	36.246	58.967	43.693	51.921
中部	42.711	34.367	55.210	33.311	45.333
西部	32.961	32.296	45.385	25.452	30.835
东北	30.642	27.133	37.882	21.096	33.549

（五）体制协调性保障指数

从体制协调性保障指数来看，表现较好的城市集中于京津冀、山东半岛、长三角和珠三角区域，上海、深圳、杭州、无锡、宁波、苏州、珠海等城市领跑全国（见表 5-10）。由于数据原因，市场分割使用省级数据计算，导致保障指数表现优秀的城市集中于广东省、山东省、江苏省、浙江省等区域。而海东市、西宁市、石嘴山市、乌兰察布市、固原市等西部城市由于市场制度建设滞后、政府支持能力有限，新质生产力发展的体制保障不足。

表 5-10　我国 279 个城市新质生产力体制协调性保障指数十强

城市	保障指数	排名	三级指标得分	
			市场	政府
上海市	94.916	1	94.214	95.619
深圳市	88.655	2	97.774	79.536
杭州市	83.153	3	90.208	76.098
无锡市	82.035	4	100.000	64.070
宁波市	82.015	5	90.208	73.823
苏州市	80.194	6	100.000	60.387
珠海市	80.046	7	97.774	62.318
南京市	78.676	8	100.000	57.353
广州市	77.380	9	97.774	56.986
青岛市	76.117	10	79.377	72.856

分区域考察，体制协调性保障指数呈现出明显的区域不平衡态势：东部遥遥领先，中部和东北齐头并进，西部地区略有落后（见表 5-11）。从三级指标得分来看，东部地区市场建设相较中部、西部、东北遥遥领先；东部地区政府环境与能力相对占优，其余三大地区政府环境与能力较为落后。

表 5-11　我国四大经济区域新质生产力体制协调性保障指数

区域	保障指数	市场	政府
东部	63.981	83.912	44.050
中部	43.931	58.279	29.583
西部	33.721	40.107	27.336
东北	41.164	50.232	32.095

四、启示与建议

从新质生产力的内涵出发，本章建立了从技术革命性突破、要素创新性配置、产业深度转型升级、体制协调性保障四大维度评估新质生产力发展现状的指标体系，并对我国 279 个地级市新质生产力发展现状进行了全方位评估。

评估结果显示，新质生产力发展现状较好的城市主要集中于京津冀、长三角、珠三角、山东半岛四大区域，以北京、上海、深圳、杭州、广州为首的一线城市领跑全国。从四个一级指标的维度来看，新质生产力技术革命性突破表现较好的城市集中于京津冀、长三角以及部分强工业省会，北京、上海、深圳、杭州、广州等城市领跑全国，东北等传统工业省份在该维度上表现较好；新质生产力要素创新性配置表现较好的城市集中于京津冀、长三角和珠三角区域，北京、上海、深圳、杭州、广州、宁波、成都等城市领跑全国，除省会城市以外，浙江省、广东省内也有大量城市表现突出；新质生产力产业深度转型升级表现较好的城市集中于京津冀、长江经济带、珠三角区域，北京、深圳、上海、广州、合肥、长沙、佛山等城市领跑全国，安徽省、广东省内也有大量城市表现突出；新质生产力体制协调性保障表现较好的城市集中于京津冀、山东半岛、长三角和珠三角区域，上海、深圳、杭州、无锡、宁波、苏州、珠海等城市领跑全国。

从四个一级指标的维度来看，新质生产力的发展要求多维度共同推进，但部分城市在新质生产力的发展过程中仍然存在某些短板。具体来看，建议短板为技术指标的城市针对性地搭建科研平台，吸引和培养科研人员；短板为要素指标的城市提高劳动力综合素质，优化劳动力配置，挖掘数据要素应用方式；短板为产业指标的城市致力于提高科技转换率，挖掘新兴产业和未来产业的比较优势；短板为保障指标的城市着力于提高政府服务水平，建设更融洽的政商关系。整体上，建议各城市筑长板补短板、因地制宜地发展新质生产力，共同实现高质量发展。

第六章

新质生产力的空间布局与优化举措

一、新质生产力的布局指向

(一) 生产力布局指向的类型

生产力布局是指各种生产要素、生产活动以及生产组织为实现特定目的而进行的空间配置,反映了各个生产部门在一个国家的空间分布、组合形式以及区域间的经济联系。[①] 在各种因素和机制的作用下,生产力往往倾向于布局于某一类型的地区。这些地区发展生产力的条件比较优越,要素充裕,资源集中,因而对特定的产业存在吸引效应。常见的生产力布局指向通常有以下几种类型。

---

① 孙久文,肖春梅. 21 世纪中国生产力总体布局研究. 北京:中国人民大学出版社,2014:17 - 18.

（1）能源指向。在这类部门中，燃料、动力的耗费在生产成本中占有很高的比重，一般为35％～60％。能源的供应量、价格和潜在的保证程度是决定布局的重要因素。

（2）原料地指向。原料指数大于1的部门，通常是原料用量大或可运性小的部门。原料地指向型产业大多是物耗高的产业部门，一般要考虑资源的数量、质量和开采的年限，还要考虑运输的能力等。

（3）市场指向。原料指数小于1的部门，产品本身的特性、产品就近销售的比重以及消费地所能够提供的产业间的协作规模等是这类产业布局时考虑的重点问题。

（4）劳动力指向。在这类部门中，劳动力费用的支出在产品成本构成中占比高，超过其他费用项目的支出。劳动密集型产业的布局往往考虑地区劳动力的供应情况。

（5）技术指向。高新技术产业要求科技成果先进、研发能力强、设备先进、劳动力素质高，多布局在科研单位和大学聚集区附近。

新质生产力的发展催化了产业布局指向的新变化。传统的产业布局主要考虑通过优化物质产品生产的空间分布实现成本最低或利益最大化，而新质生产力的布局强调知识产品生产的空间优化，其布局指向发生了很大变化，主要表现在灵活布局（footloose）产业增多和聚集型产业指向的出现。所谓灵活布局，是指产业布局的指向不明确。由于距离因素对区位选择的影响减弱，新材料和新能源广泛使用，许多高新技术产业的原料是广布原料，产品在全世界销售，劳动力也具备流动性，因此传统的指向性减弱。信息技术革命将整个世界连接为一个网络，信息高速公路使区位间的时空收缩甚至导致"距离死亡"，计算机和网络技术正以惊人的速度改变着经济活动的空间分布。

（二）新质生产力布局的技术指向性

从新质生产力的概念内涵来看，新质生产力的核心是科技创新，因此其布局主要是技术指向。科技条件对区域发展的影响是通过技术进步促进产业结构的提升来体现的。科技对产业发展的影响包括：（1）技术的进步改变了自然资源的经济意义，扩展了产业分布的地域范围，改善了各类矿物资源的平衡状况及其地理分布，从而改变了产业布局的自由度。（2）技术进步改善了产业本身的分布状况。生产工艺、运输技术和输电技术等的进步，降低了生产成本，扩展了时空范围，从而改善了产业分布的面貌。（3）技术进步改变了产业内部的结构，新的工业部门不断涌现，老的工业部门在新技术武装下被赋予新内涵，它们所消耗的能源、原材料也发生了很大变化，因此在产业区位选择上也出现了有别于以前的情况。

一般而言，生产力布局考虑的技术条件包括三个方面：第一，技术开发能力。包括地区和区域科技人员的数量、专业构成以及研究与开发资金的投入。区域的技术开发能力强弱与科技经费的投入有直接关系。中国东部地区科技经费支出量大，区域实力强，发展速度快，区域发展的质量高；中西部地区科技经费投入少，直接影响到区域经济的发展。第二，适用技术选择。对于区域发展来讲，根据区域的经济发展水平和发展特点选择适用技术十分重要。真正能够为发展带来机遇的是那些适用的技术，是与地区和区域发展阶段及发展能力相适应的技术。第三，技术的地域转移规律。技术的地域转移也是区域经济发展必须考虑的重要因素。

（三）布局新质生产力的最优区位条件

布局新质生产力的地区需要具备一些区位条件，主要包括：第一，高素质人才的高度集聚与高水平的科技实力。发展新质生产力需要大量的高素质人才和大规模的研发投入以提升科技水平。第二，教育制度完善，劳动力的受教育程度普遍较高。教育是知识传递的过程，也是知识迭代更新的重要途径。受教育程度较高的劳动力为技术的应用和产业的升级提供了发展土壤。第三，创新机制比较完备，产学研实现融合发展。发展新质生产力所需要的实质创新和关键创新离不开企业与科研机构的配合。产品和技术在实验室被创造出来后，需要企业进行应用化、产业化和规模化。第四，新型基础设施比较发达。科技创新高度依赖信息的传递、人与人的沟通和比较高效的生产体系，因此需要地区具备良好的信息、交通等基础设施条件。第五，众星拱月式的创业氛围。创新活动具备较大的不确定性，需要民众、企业和政府均具备研发的热情、意愿与能力。

二、新质生产力的区位条件

（一）测算各地区的全要素生产率的方法

全要素生产率既是评价发展新质生产力效果的关键指标，也是判断地区是否具有发展新质生产力区位条件的客观标准，具体指生产活动在一定时间内以单位总投入与所得总产出衡量出的生产效率，来源于技术进步、规模效应和效率改善，是实证研究中的一个关键变量。本章采用索洛余值法来测算全要素生产率。假定社会生产函数满足柯布-道格拉斯形式，即

$$Y_i = A_i K_i^{\alpha} H_i^{1-\alpha} \tag{6.1}$$

式中，Y 表示经济总产出；A 为全要素生产率；K 为物质资本存量；H 为人力资本增强型劳动力。

相应的全要素生产率则是在一定时期内按照现有的技术条件和产业结构比例，测算出的最终产出与全部生产要素之比：

$$A_{it} = \frac{Y_{it}}{K_{it}^{\alpha} L_{it}^{1-\alpha}} \tag{6.2}$$

式中，i 和 t 分别表示省区和年份；Y 表示经济总产出；K 和 L 分别表示物质资本存量和劳动资本存量。

具体数据来源和估算说明如下：

采用中国 31 个省区（不包括香港、澳门和台湾）层面的 1990—2022 年面板数据。相关原始数据来源于国家统计局和《中国人口与就业统计年鉴》《中国教育统计年鉴》等。其中，省区层面的实际 GDP 数据使用名义值用各省区 GDP 平减指数折算后的 1990 年不变价格计算。省区层面的实际资本存量使用常用的永续盘存法进行计算，并假定期初资本存量为初始固定资产投资额的 10%。同时参考张军等（2004）的研究成果，将固定资产折旧率设定为 9.6%。① α 为资本产

---

① 张军，吴桂英，张吉鹏. 中国省际物质资本存量估算：1952—2000. 经济研究，2004（10）.

出弹性，假定规模报酬不变，且考虑中国的实际情况并借鉴彭国华（2005）的研究，设定 $\alpha=0.4$。劳动投入选取单位从业人员期末的人数与私营和个体企业的从业人数之和进行表示。[①]

（二）各地区全要素生产率的地区差异

从各省区的横向比较来看，上海、江苏、广东和北京等发达地区的全要素生产率一直处于全国领先水平，远远高于其他省区，组成了全国生产效率最高的第一梯队。第二梯队是东部其他沿海地区，例如辽宁、浙江、福建、山东等省区，其 2022 年的全要素生产率普遍在 2.5～3.0 的较高区间。第三梯队的省区主要分布在中部地区，例如河南、江西、山西、安徽等省区，其全要素生产率普遍在 1.5～2.0 的中等区间。第四梯队的省区主要分布在西部地区，例如新疆、宁夏、青海、西藏、云南和内蒙古，这六个省区的全要素生产率大幅落后于其他省区，均低于 1.0，最低的内蒙古只有约 0.5。虽然从静态来看，各省区间全要素生产率水平相差较大，但从增速对比来看，各省区的全要素生产率增速则较为接近，且保持较为一致的趋势。1990—2022 年，31 个省区的全要素生产率的年复合增速普遍为 4.0%～5.5%，其中青海由于受到基数较低的影响，增速竟然最高，达到 5.5%，第一梯队的上海、江苏、广东和北京四省区的增速居中，都为 4.5%～4.7%。但云南和内蒙古两地在基数不大的前提下，全要素生产率的年均增速依然掉队，分别只有 3.5% 和 3.2%，体现出两地在发展新质生产力和实现全要素生产率跃升方面还存在较大挑战（见图 6-1）。

[①]　彭国华. 中国地区收入差距、全要素生产率及其收敛分析. 经济研究，2005（9）.

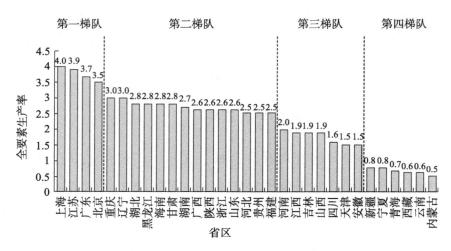

图 6 - 1 　2022 年中国 31 个省区全要素生产率排名

　　总的来看，各省区之间全要素生产率绝对差距和相对差距都在扩大，导致区域间发展差距拉大。使用 GDP 除以就业人口（包括城镇单位就业和私营企业、个体从业人员）得到的指标作为不同省区的劳动生产率的代理变量，结果显示，各省区劳动生产率的相对差距扩大趋势出现于 2008 年全球金融危机后，省级层面最高值与最低值之比由 2008 年的 1.9 倍扩大到 2019 年的 2.6 倍（见图 6 - 2）。相对落后地区的劳动生产率在 2008—2019 年期间的增长幅度非常小，增速远低于人均 GDP 的增长率。与此同时，地区贫富差距也有所扩大。省级层面的人均 GDP 和地区之间人均可支配收入最大最小值的绝对差距在 2008—2022 年分别扩大了 2.4 和 2.8 倍。最低省区大约相当于最高省区的 25%。

　　这一现象表明发展新质生产力也会给区域经济协调发展带来新挑战。也就是说，科教水平、人才存量、创新能力、数字技术与战略性新兴产业发展水平等方面的区域新质生产力差距比区域发展水平差距

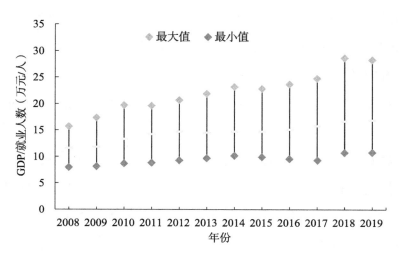

图 6 - 2　省级层面劳动生产率差距的演变（2008—2019 年）

更大，这无疑会在一定程度上为区域经济协调发展增添新的困难。中央与地方政府在规划新质生产力发展与布局时必然要面对这一新挑战。如何既发展新质生产力又不扩大区域差距，通过优化新质生产力布局促进区域经济协调发展，是亟须回答的重要现实问题。①

三、基于产业视角的新质生产力空间布局

（一）九大新质生产力重点产业的空间分布

为更直观地展现代表新质生产力的新兴产业的空间分布，根据

---

① 张可云. 通过优化新质生产力布局促进区域经济协调发展. 光明日报，2024 - 03 - 26.

《中华人民共和国国民经济和社会发展第十四个五年规划和 2035 年远景目标纲要》中提及的九大新兴产业，本书划定了九大代表新质生产力发展方向的重点产业①，并根据 2024 年政府工作报告的内容逐一识别了提及九大重点产业的省区，整理出新质生产力重点产业的空间分布表。

如表 6-1 所示，九大战略性新兴产业呈现两种分布规律：其一是以新一代信息技术、生物技术和新能源等产业为代表的遍地式分布。上述三大行业除了少数省区的政府工作报告未曾涉及，大部分地区均将其列入发展新质生产力的重点产业。其二是以新能源汽车、绿色环保和海洋装备等产业为代表的分散式分布。将上述三个行业列入发展新质生产力的重点产业的省区仅有 3～7 个，数量相对较少。从九大产业整体来看，各省区在发展新兴产业的过程中并未很好地实现错位分布和优化布局，一味扎堆某几个行业，而同时又有部分产业无人问津，这将加剧地区间竞争和区域冲突，不利于发挥统一大市场的规模经济效应。一个更优的全局解决方案需满足以下三个条件：第一，选择发展每一个新兴产业的省区数量大体保持均衡，例如每一个产业都有十余个省区将其列为重点产业；第二，每一个区域内部确保有 1～2 个省区发展该产业，以保证区域内的产品供应和减少运输损耗；第三，每个产业在全国范围内形成 1～2 个集聚区，以充分发挥集聚效应，促进产业的良性扩张。

---

① 《中华人民共和国国民经济和社会发展第十四个五年规划和 2035 年远景目标纲要》中提及的九大战略性新兴产业分别为新一代信息技术、生物技术、新能源、新材料、高端装备、新能源汽车、绿色环保、航空航天和海洋装备。

表6-1 各省区政府工作报告中提及新质生产力重点产业的情况

重点产业	政府工作报告中提及该产业的省区
新一代信息技术	天津、河北、山西、内蒙古、辽宁、吉林、上海、江苏、安徽、福建、江西、山东、河南、湖北、湖南、广东、广西、重庆、四川、贵州、云南、陕西、甘肃、新疆
生物技术	北京、天津、河北、内蒙古、辽宁、吉林、黑龙江、上海、江苏、安徽、福建、江西、山东、河南、湖北、湖南、广东、广西、海南、重庆、四川、云南、陕西、甘肃、新疆
新能源	北京、山西、内蒙古、辽宁、吉林、黑龙江、江苏、安徽、福建、江西、山东、河南、湖北、湖南、广东、四川、云南、陕西、甘肃、新疆
新材料	北京、山西、内蒙古、辽宁、吉林、黑龙江、上海、安徽、福建、江西、山东、湖北、湖南、广东、广西、重庆、云南、宁夏
高端装备	河北、山西、内蒙古、辽宁、黑龙江、上海、安徽、江西、山东、湖北、湖南、广东、重庆、云南、陕西、甘肃、宁夏
新能源汽车	辽宁、上海、山东、湖北、广西、重庆、四川
绿色环保	内蒙古、山东、海南
航空航天	北京、天津、内蒙古、辽宁、吉林、黑龙江、上海、江苏、安徽、江西、山东、河南、湖北、湖南、广东、海南、四川、贵州、云南、新疆
海洋装备	天津、辽宁、黑龙江、江苏、山东、湖南、海南

（二）战略性新兴产业和未来产业空间分布

以培育壮大战略性新兴产业和未来产业为重点，拓展劳动对象的种类和形态，能够不断开辟生产活动的新领域新赛道，夯实发展新质生产力的产业基础。2022年，我国战略性新兴产业增加值占GDP的比重超过13%，经济增长新动能作用不断增强，在全国东、中、西、东北四大区域多点开花，特色产业集聚区不断涌现，空间分布格局逐步显现。

截至2023年9月，战略性新兴产业企业总数已突破200万家。其中，生物技术产业、相关服务业和新一代信息技术产业企业占比最多，分别为 25%、19% 和 17%。利用国家发改委公布的第一批 66 个国家级战略性新兴产业集群名单，我们整理出第一批国家级战略性新兴产业集群在各省区的分布。排名位居前 10 的省区分别是山东、广东、北京、上海、安徽、福建、河南、湖北、湖南和江苏，前 10 省区中国家级战略性新兴产业集群数量达到 44 个，占名单总数的 2/3。上述省区在发展新质生产力的产业基础方面已经占据先发优势。

根据国家统计局《战略性新兴产业分类（2018）》目录，位居九大战略性新兴产业之首的新一代信息技术产业，是国民经济的战略性、基础性和先导性产业，对战略性新兴产业起到支柱作用。经过十余年的快速发展，虽然新一代信息技术企业遍及全国，但多数企业明显聚集于特定区域。据工信部 2022 年公布的 45 个国家先进制造业集群的名单，新一代信息技术产业先进制造业集群集中在南部沿海经济区、东部沿海经济区，特色产业集群在山东、安徽、四川等省区也有分布（见表 6-2）。据国家发改委公布的第一批 66 个国家级战略性新兴产业集群名单，信息技术产业集群主要分布于北部沿海经济区、东部沿海经济区、长江中游经济区、黄河中游经济区，其中人工智能、集成电路等高端电子科技产业集群主要集中于北京、上海、合肥、武汉、西安等地，信息技术服务产业集群在全国分布最广，各经济区均有涉及，而网络安全产业集群仅分布在天津（见表 6-3）。

表 6-2　国家先进制造业集群——新一代信息技术产业区域分布

区域	新一代信息技术产业先进制造业集群
南部沿海经济区	广东省深圳市新一代信息通信集群
	广东省广佛惠超高清视频和智能家电集群
	广东省东莞市智能移动终端集群

续表

区域	新一代信息技术产业先进制造业集群
东部沿海经济区	江苏省无锡市物联网集群
	上海市集成电路集群
	江苏省南京市软件和信息服务集群
	浙江省杭州市数字安防集群
长江中游经济区	安徽省合肥市智能语音集群
北部沿海经济区	山东省青岛市智能家电集群
西南经济区	四川省成都市软件和信息服务集群

表 6-3 第一批国家级战略新兴产业集群——新一代信息技术产业区域分布

区域	新一代信息技术产业国家级战略性新兴产业集群	细分产业
东北经济区	辽宁省大连市信息技术服务产业集群	信息技术服务
北部沿海经济区	山东省济南市信息技术服务产业集群	信息技术服务
	天津市网络信息安全和产品服务产业集群	网络安全
	北京市海淀区人工智能产业集群	人工智能
	北京市经开区集成电路产业集群	集成电路
南部沿海经济区	海南省澄迈县信息技术服务产业集群	信息技术服务
	深圳市人工智能产业集群	人工智能
东部沿海经济区	浙江省杭州市信息技术服务产业集群	信息技术服务
	上海市杨浦区信息服务产业集群	信息技术服务
	上海市徐汇区人工智能产业集群	人工智能
	上海市浦东区集成电路产业集群	集成电路
长江中游经济区	江西省鹰潭市下一代信息网络产业集群	下一代信息网络
	湖北省武汉市下一代信息网络产业集群	下一代信息网络
	湖北省武汉市集成电路产业集群	集成电路
	安徽省合肥市人工智能产业集群	人工智能
	安徽省合肥市集成电路产业集群	集成电路

续表

区域	新一代信息技术产业国家级战略性新兴产业集群	细分产业
黄河中游经济区	河南省郑州市信息服务产业集群	信息技术服务
	河南省郑州市下一代信息网络产业集群	下一代信息网络
	陕西省西安市集成电路产业集群	集成电路
西南经济区	贵州省贵阳市信息技术服务产业集群	信息技术服务

除战略性新兴产业外，发展未来产业也是拓展劳动对象的种类形态以及夯实发展新质生产力产业基础的重点。根据 2024 年工信部等七部门发布的《关于推动未来产业创新发展的实施意见》，未来产业是新质生产力的战略选择，由前沿技术驱动，尚处于孕育萌发阶段或产业化初期，是具有显著战略性、引领性、颠覆性和不确定性的前瞻性新兴产业。近年来，全国各地均已有序布局未来产业。截至 2024 年 3 月，全国已有 26 个省区相继在各自 2024 年政府工作报告中对未来产业做出规划，其中至少有 12 个省区发布了专门政策文件。

从时间顺序来看，国内首个省级层面的"十四五"未来产业规划来自山西。2021 年 5 月，《山西省"十四五"未来产业发展规划》从主导性、先导性、颠覆性、前瞻性四方面选定了 25 个细分产业。紧随其后，2022 年，上海发布未来产业集群行动方案；2023 年以来，江西、浙江、广东等地接力，相继制定了有关发展规划、实施方案或指导意见。从所属四大地理分区来看，这 12 个省区中有 7 个属于东部地区，有 4 个属于中部地区，只有 1 个属于西部地区（见表 6 - 4）。可见，当前我国的未来产业规划主要布局在东部沿海地区，且广东有望继续引领未来产业发展。从各省区制定的路线图来看，广东是全国率先针对不同未来产业分门别类制定行动计划，同时也是最舍得"砸"

钱做科技研发的省区。从政策的延续性、独特性来看，广东有望在新一轮产业格局调整中继续保持差异化竞争优势和核心引领地位。

表6-4　中国已发布未来产业规划专门政策文件的12个省区

所属区域	省区
东部	北京、河北、山东、江苏、上海、浙江、广东
中部	山西、江西、安徽、湖南
西部	重庆

（三）数字经济空间分布

与传统生产力不同，数字经济时代的新质生产力是以数字化、网络化、智能化的新技术为支撑，以科技创新为核心驱动力，以深化高技术应用为主要特征，具有广泛的渗透性和融合性的生产力形态。当前各地逐渐加深对新质生产力的认识与重视程度，并将发展数字经济放到布局未来的重要位置，将其作为给经济高质量发展"续航"的重要抓手。① 据中国信息通信研究院发布的《中国数字经济发展研究报告》，2022年，中国数字经济规模首次突破50万亿元，达到50.2万亿元，同比增加4.68万亿元，占GDP比重也进一步提升，超过四成，达到41.5%。

2022年中国有17个省区数字经济规模突破1万亿元（见图6-3）。其中广东、江苏、浙江、山东、福建、湖北、上海、四川的数字经济规模已超过2万亿元。尤其是广东，其数字经济规模继2021年达到5.9万亿元后，2022年突破6万亿元上升至6.41万亿元，增长8.6%，占地区GDP的比重也由2021年的47.5%扩大到2022年的

---

① 孙冰. 激活数字新动能，追求新质生产力. 中国经济周刊，2024（2）.

49.7％，总体规模连续 6 年居全国第一。此外，2022 年广西的数字经济规模已达到 0.93 万亿元，即将迈过万亿门槛，而天津 2022 年的数字经济规模约为 0.87 万亿元，虽然尚未进入万亿俱乐部，但 GDP 占比高达 50％以上，成为拉动地区经济发展的主导力量。

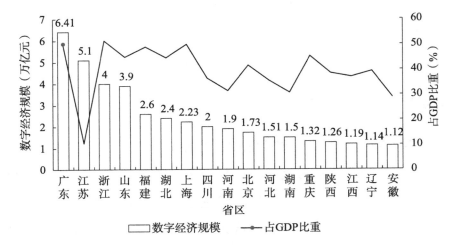

图 6-3　2022 年中国数字经济规模超过 1 万亿元的省区

注：上海和安徽 2022 年数据缺失，使用 2020 年公布数据，二者均已超过 1 万亿元。
资料来源：根据公开资料整理。

工信部发布的《中国数字经济发展指数 2023》显示，中国数字经济呈现梯次发展格局，多省市数字经济发展指数分值集中在 40～100 区间，呈现三个梯队（见表 6-5）。第一梯队包括北京、上海、广东、江苏、浙江等 10 个地区，第二梯队包括河南、重庆、河北、贵州等 12 个地区，其余地区处于第三梯队。其中，全国数字经济发展指数分值最高的三个地区分别是北京（95.6）、广东（94.8）和上海（85.8）。从区域间的总指数和分指数来看，东部地区大多处于第一梯队，无论是总指数还是分指数均高于全国平均值，数字经济整体发展较为全面；中部地区大多处于第二梯队，总指数、分指数处于全国平均值附近，内部发展较为均衡；西部地区在三个梯队中均有分布，川渝地区总指数相对领先；东北地区整体较其他地区有一定的差距。

表6－5　2022年中国数字经济呈现梯次发展格局

所属梯队	省区
第一梯队	北京、广东、上海、江苏、浙江、山东、四川、天津、福建、湖北
第二梯队	河南、重庆、河北、贵州、江西、安徽、湖南、辽宁、山西、广西、云南、陕西
第三梯队	内蒙古、新疆、黑龙江、吉林、甘肃、海南、青海、宁夏、西藏

资料来源：工业和信息化部电子第五研究所。

四、基于新型劳动者的新质生产力空间布局

劳动者是全部生产力构成要素中最重要的决定性因素，高素质劳动者是形成新质生产力的最本质要求。院士作为中国科技人才金字塔的尖端，无疑是新型劳动者中的"领头羊"。本节利用中国科学院官网、院士工作单位官方网站和互联网个人信息介绍，整理得到了2009年和2021年已当选的中国科学院院士在当选时工作地区的地理分布，并按省区排名。总体来看，院士工作地的地理分布相当不平衡，两极分化严重，可能存在优势累积叠加和劣势累积叠加的马太效应。[①]

[①]　陈仕伟，徐飞.中国科学院院士增选中的马太效应——以2001—2009年院士增选为例.科学研究，2011（1）.

2009—2021 年，院士工作地分布的集中度虽有所缓解，但仍处在较高水平，主要集中分布在北京和上海。2009 年，排名位居前 10 的省区院士数量达到 419 人，占全体中国科学院院士的 93.11%。2021 年，排名位居前 10 的省区院士数量达到 766 人，占全体中国科学院院士的 87.94%。其中值得关注的是，在北京和上海工作的院士远远多于其他省区。2009 年，在北京工作的院士超过半数，占全体中国科学院院士的 57.33%，京沪二者之和占比高达 72.44%。2021 年，在两市工作的院士人数均突破了两位数，分别占全体中国科学院院士的 50.98% 和 12.40%。排名最末的西藏、内蒙古、青海、宁夏、新疆、海南等地，中国科学院院士人数均为个位数。

参照过往相关研究，本节运用洛伦兹曲线（Lorenz curve）揭示中国科学院院士在各省区间分布的不平衡性。考虑到院士在北京和上海的高集中度，这里用上述 2009 年和 2021 年的数据，分别绘制了包含和剔除北京与上海的洛伦兹曲线，并对应计算了基尼系数。从整体来看，中国科学院院士分布的基尼系数 2009 年为 0.717，2021 年为 0.631，两者都超过了 0.6，说明从中国科学院院士的角度，中国各省区间新型劳动者的分布数量悬殊，存在严重不平衡的情况，但这种分布不均在过去十余年中有所缓解。在 2009 年和 2021 年的不平衡分布下，分别对比包含和剔除北京与上海的洛伦兹曲线（见图 6－4），可见洛伦兹曲线的包围面积明显缩小，表明这种不平衡分布绝大部分是由院士在北京和上海集中工作所带来的，其中北京和上海的高集中度使得这种分布的不平衡程度提升了 32.9%。

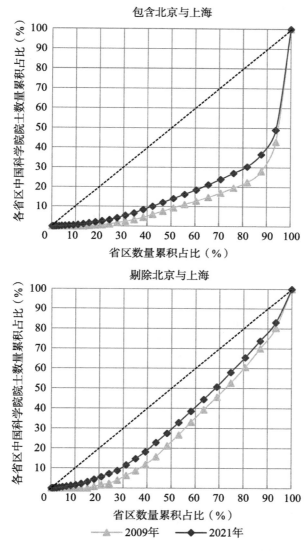

图 6-4　2009 年与 2021 年中国科学院院士工作地分布的洛伦兹曲线

除院士外，作为院士后备人选的 R&D 人员可以说是新型劳动者的"主力军"。R&D 人员是指单位内部从事基础研究、应用研究和试验发展三类活动的人员。2021 年我国 R&D 人员总量为 572 万人，是

2012 年的 1.8 倍，稳居世界第一位。利用 2010 年和 2022 年的《中国科技统计年鉴》数据，我们分别对 2009 年和 2021 年 R&D 人员的地理分布按省区进行排名，并绘制了洛伦兹曲线（见图 6-5），对应计算

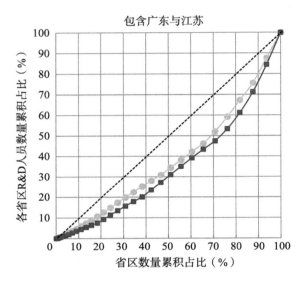

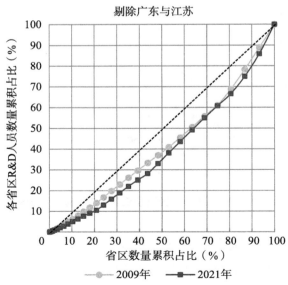

图 6-5　2009 年与 2021 年中国 R&D 人员分布的洛伦兹曲线

了基尼系数。与中国科学院院士分布相似，R&D人员也密集分布在东部沿海经济发达地区和部分中部地区，如北京、天津、上海、江苏、浙江、福建、广东等，我国70%～80%的R&D人员集中在这12%～13%的国土面积上；而R&D人员稀疏地区主要分布在西部地区和部分东北地区，如青海、西藏、新疆、宁夏、内蒙古、黑龙江等，这些地区占据我国65%～70%的土地面积，却仅拥有全国6%～7%的R&D人员。因此R&D人员在各省区间的地理分布也存在区域间不平衡、两极分化的现象，且在胡焕庸线两侧呈现明显差异。

从基尼系数的角度来看，2009年R&D人员分布的基尼系数为0.234，表示比较平衡。这是因为基尼系数是以省级行政区为衡量单位，而不考虑国土面积，所以呈现的R&D人员分布的不平衡程度较低。但值得注意的是，2021年R&D人员分布的基尼系数不降反升（0.303），表示在过去十余年间，该不平衡分布不但没有缓解反而进一步加剧。

将中国科学院院士工作地分布的洛伦兹曲线、R&D人员分布的洛伦兹曲线与用各省区GDP绘制的洛伦兹曲线按年份放在一起（见图6-6），比较可得2009年和2021年中国科学院院士工作地和R&D人员在各省区间分布的不平衡程度均超过了GDP，意味着新型劳动力要素的空间分布不平衡现象比区域发展不平衡现象更为严重。在这种不平衡分布的情况下，落后省区应更加注重中国科学院院士和R&D人员等新型劳动者的引进工作，从而优化新型劳动者这一生产要素的布局，为发展新质生产力注入人才动能。

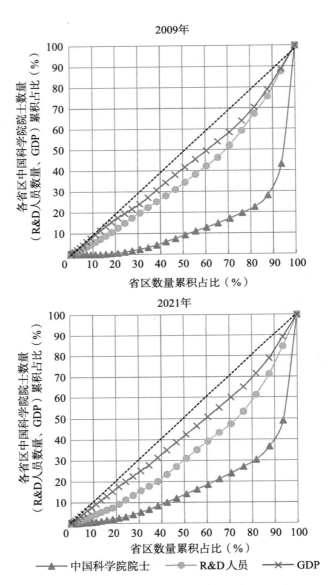

图 6-6 2009 年与 2021 年中国科学院院士工作地分布、
R&D 人员分布及 GDP 的洛伦兹曲线

五、新质生产力空间布局的举措

由前面分析不难发现，各省区间的要素差距正在逐渐扩大，呈现明显的"东高西低"分布。除少数发达地区和欠发达地区的区域增长极具备发展新质生产力的新型要素外，多数地区尚缺乏发展新质生产力的有利条件，极易在发展新质生产力的"创新竞赛"中掉队。发展新质生产力为提升区域经济协调发展的层次提供了新机遇，但也可能增大区域发展的不平衡程度。因此，必须统筹相关政策举措，在加快发展新质生产力的同时促进区域经济协调发展。具体举措如下：

（1）以建设全国统一大市场为契机，做好优化新质生产力布局的顶层设计。发展新质生产力是中国式现代化和高质量发展的必然要求，社会各界已形成高度共识。正因如此，应警惕并预防热情冲动下的一哄而上与重复建设，引导地方因地制宜且有序发展新质生产力，畅通新质生产力在地区间的流动渠道，避免地区间新质生产力重复建设以及由此产生的区域冲突。在有序引导发达地区追踪或引领全球技术创新潮流的同时，重点支持欠发达地区与老工业基地的新质生产力培育。

（2）以实施科教兴国战略为契机，优化科技与教育资源的空间分布。科技与教育是形成与发展新质生产力的重要决定性因素，但目前我国科技与教育资源的空间分布并不平衡。协调推进各区域新质生产力的形成，需要进一步优化科技与教育资源的空间分布。除了进一步实施完善已经被证明行之有效的对口支援与对口合作政策外，在科教兴国战略的总体框架下，中央政府在分配科教资源时应向发展不充分的区域（主要包括欠发达地区与老工业基地）适度倾斜。

（3）以实施人才强国战略为契机，优化人才培养与引进的区域格局。人才是提升国家与区域核心竞争力和综合实力的第一资源，也是发展新质生产力的根本。当前各区域的人才密度相差较大。优化新质生产力布局需要在推动建设高水平人才高地以吸引集聚高质量人才的同时，促进人才在不同区域间布局更为合理并实现协调发展，尤其是应加快提升欠发达地区、农村地区的人才培养能力和吸引能力。

（4）以实施创新驱动发展战略为契机，优化区域间的产业分工与合作。创新是引领发展的第一动力，是发展新质生产力的核心要素。各个区域均有改造提升传统产业、培育壮大新兴产业、布局建设未来产业的需求。在推动各区域实现创新驱动发展的过程中，应进一步提升区域之间的分工协作水平和层次，推动不同地区、不同行业的企业围绕颠覆性技术和前沿技术进行更为科学的分工与合作。人工智能、大数据、云计算、物联网、生物科技、新材料、可再生能源等领域的新兴产业发展前景广阔，是各个区域在培育核心竞争力时应重点关注的对象，需要加强统筹布局和投资引导。

（5）以推动高质量发展为契机，优化不同类型主体功能区间的联动。在四类主体功能区中，优化开发区域和重点开发区域主要为发达地区，而限制开发区域和禁止开发区域主要为欠发达地区。欠发达地区主要承担提供农产品与生态产品的职能，而发达地区的主体功能是提供工业品和服务产品。限制开发区域和禁止开发区域在高质量发展中扮演着不可或缺的角色，其提供的生态产品会产生惠及其他相关区域的外溢效应，但其提供产品的附加值相对较低或难以由市场定价。为此，应根据新质生产力的发展方向在这些区域间布局产业链，建立整合发达地区与欠发达地区资源的利益共同体，提升区域经济一体化水平；建立上下游地区间、地理毗邻的发达地区与欠发达地区间的高质量发展联动机制，科学制定规范的区域间横向利益补偿机制，以协调不同主体功能区间的利益关系。

第七章

产业全要素生产率比较：
基本事实与时空演化[*]

全要素生产率（TFP）是指经济增长中扣除资本、劳动等要素投入以后的余值，即其他因素对经济增长的贡献，通常表现为技术进步，但也包含要素配置优化、体制改革等多方面因素。新质生产力的内涵不仅仅局限于科技进步，还涵盖了生产资料及其优化组合。从新质生产力视角测度 TFP 水平，能够揭示新质生产力的现状和发展潜力，对于推动中国经济实现质的有效提升和量的合理增长具有重要意义。而产业是发展新质生产力的载体，对 TFP 的测度与分析不应止步于经济总体，更应该关注不同产业 TFP 的结构性差异，分析各产业、各要素在推进 TFP 提升中所起的不同作用，为准确把握培育新质生产力的关键着力点提供参考依据。

习近平总书记指出，"科技创新能够催生新产业、新模式、新动能，是发展新质生产力的核心要素"，"要及时将科技创新成果应用到具体产业和产业链上，改造提升传统产业，培育壮大新兴产业，布局

---

　　* 本章内容主要来源于：张红霞，王力博，邓滢. 中国产业全要素生产率的动态演变——基于 KLEMS 框架和时序投入产出数据库. 应用经济学评论，2024，4（2）.

建设未来产业，完善现代化产业体系"。① 不同产业类别具有不同的特征，在培育新质生产力、完善现代化产业体系中起到的作用不尽相同，因此有必要对各产业 TFP 的现状和动态变化进行比较，特别是传统产业与新兴产业之间的差异。此外，从要素角度看，数据要素伴随着数字经济的发展和数字技术的广泛渗透而出现，通过分析数字化投入对 TFP 的影响，可以深入探讨数字化要素的增长动能。

在上述背景下，本章聚焦产业层面的 TFP，利用增长核算测度不同产业的 TFP 及对整体经济 TFP 的贡献，分析其演化特征，并将数字化投入从固定资本存量和中间投入中分离出来，将战略性新兴产业从投入产出部门分类中拆分出来，以分析数字化投入和战略性新兴产业对 TFP 和产出增长的影响。

一、理论模型

（一）全要素生产率的测算方法概述

TFP 的测算通常是指 TFP 的增长率，最早也是应用最广泛的测算方法是索洛余值法（Solow Residual Accounting，SRA），其核心思想是，从产出增长率中扣除所有投入要素增长率后得到"残差"或

---

① 习近平. 发展新质生产力是推动高质量发展的内在要求和重要着力点. 求是，2024（11）.

"余值"，即为 TFP 增长率。张军和施少华（2003）、郭庆旺和贾俊雪（2005）、赵志耘和杨朝峰（2011）都采用 SRA 测算了中国经济整体的 TFP。①②③ 后续学者提出的 OP 法、LP 法都是对 SRA 的改进，也都属于参数方法。非参数方法的代表有随机前沿分析（Stochastic Frontier Analysis，SFA）和数据包络分析（Data Envelopment Analysis，DEA），在国内都有不少的应用。

此处重点介绍 Jorgenson and Nishimizu（1978）提出的 KLEMS 方法，这是一种增长核算方法，K、L、E、M 和 S 分别指代资本、劳动、能源、中间投入和服务。④ 该方法假定条件相对较少，最明显的特点在于将要素收入在产出中所占比重的两期平均值作为权重。这样处理的优点在于不需要估计参数，也就避开了计量误差。KLEMS 法不仅可以计算基于增加值的 TFP，而且可以将中间投入纳入考虑从而计算基于总产出的 TFP。KLEMS 法的最大制约在于，若想完整测量基于总产出的 TFP，至少需要包括长期且价格可比的分产业产出、资本、劳动和中间投入在内的大量数据支持，因此应用较少。

从研究对象来看，现有文献大多在企业微观层面开展研究。因为在企业层面，无论是产出和投入使用量数据，还是对数字化程度的衡量，都相对容易获得，且 OP、LP、SFA、DEA 等测算方法也比较成熟。产业层面的研究较少且主要集中在工业或制造业。不可否认，工

---

① 张军，施少华. 中国经济全要素生产率变动：1952—1998. 世界经济文汇，2003（2）.

② 郭庆旺，贾俊雪. 中国全要素生产率的估算：1979—2004. 经济研究，2005（6）.

③ 赵志耘，杨朝峰. 中国全要素生产率的测算与解释：1979—2009 年. 财经问题研究，2011（9）.

④ Jorgenson, D. W. , & Nishimizu, M. （1978）. U. S. and Japanese economic growth, 1952—1974：An international comparison. *The Economic Journal*, 88（352）.

业或制造业对生产力发展有重要作用，但是随着经济结构转型，应当增强对服务业特别是生产性服务业的关注。而上述四种方法在产业层面都不适用，最适用的是 KLEMS 方法，但它对数据条件要求高。

（二）基于 KLEMS 增长核算的产业全要素生产率测算方法

本章基于 KLEMS 框架对国民经济各个产业的 TFP 进行测度和比较，假设部门的生产函数为超越对数形式，规模报酬不变且有希克斯中性的技术进步：

$$Y_i = F_i(A_i, K_i, L_i, M_i) \tag{7.1}$$

式中，Y_i 是部门 i 的总产出；F_i 为生产函数；A_i、K_i、L_i 和 M_i 分别是技术、资本、劳动力和中间投入。为了分析数字化的影响，将资本分为数字化资本（DK_i）和非数字化资本（NK_i），将中间投入分为数字化中间投入（DM_i）和非数字化中间投入（NM_i），部门 TFP 增长率即技术（A_i）的变化率可用下式表示：

$$TFP_i = \Delta \ln Y_i - \overline{v}_{DK_i} \Delta \ln DK_i - \overline{v}_{NK_i} \Delta \ln NK_i - \overline{v}_{L_i} \Delta \ln L_i$$
$$- \overline{v}_{DM_i} \Delta \ln DM_i - \overline{v}_{NM_i} \Delta \ln NM_i \tag{7.2}$$

式中，$\Delta \ln Y_i$ 表示两期不变价总产出取对数后的差值，近似等于总产出增长率。$\overline{v}_{DK_i} = \dfrac{1}{2}(v_{DK_{i,t}} + v_{DK_{i,t-1}}) = \dfrac{1}{2}\left[\dfrac{P_{DK_{i,t}} DK_{i,t}}{P_{Y_{i,t}} Y_{i,t}} + \dfrac{P_{DK_{i,t-1}} DK_{i,t-1}}{P_{Y_{i,t-1}} Y_{i,t-1}}\right]$，表示部门数字化资本投入占总产出份额的两期平均值，$P_{DK_{i,t}}$ 和 $P_{Y_{i,t}}$ 为 t 期部门 i 数字化资本和产出的价格，其余差分符号和份额符号的含义同理。

上述方法在测算部门 TFP 时隐含了一个假设，即部门内各生产单位的生产函数相同。在测算总体 TFP 时，就会面临部门间生产函数差

异、要素流动等问题，共有三种方法可供选择：总生产函数法
（APF）、总生产可能性边界法（APPF）和跨行业直接加总法。三种
方法分别作出不同的假设，许宪春等（2020）对三种方法做了详细的
比较，本章沿用其框架。[①]

在 APF 框架下，总体 TFP 增长率表示为：

$$TFP_{APF} = \Delta \ln Y - \sum_{IP} \overline{v}_{IP} \Delta \ln IP \tag{7.3}$$
$$IP = DK, NK, L, DM, NM$$

式中，Y 是总体总产出；IP 是总体各项投入，由各部门简单加总得
到；$\overline{v}_{IP}$ 是各项投入份额的两期平均。而在 APPF 框架下，总体总产
出的增长率被定义为各部门总产出增长率的加权平均，则总体 TFP 增
长率可表示为：

$$TFP_{APPF} = \sum_i \overline{w}_i \Delta \ln Y_i - \sum_{IP} \overline{v}_{IP} \Delta \ln IP$$
$$= \sum_i \overline{w}_i TFP_i + \sum_{IP} \Big(\sum_i \overline{w}_i \overline{v}_{IP_i} \Delta \ln IP_i$$
$$- \overline{v}_{IP} \Delta \ln IP \Big) \tag{7.4}$$

式中，$\overline{w}_i$ 为部门 i 总产出占总体总产出份额的两期平均。经过改写
后，式（7.4）右端第一部分是各部门 TFP 增长率的加权平均，也就
是直接加总法的结果；第二部分是各项投入的再配置效率。通过比较
不同框架的测算结果，便可反映产出和各项投入的再配置效率对总体
TFP 的贡献。

---

① 许宪春，张钟文，常子豪，雷泽坤. 中国分行业全要素生产率估计与经济增长动能
分析. 世界经济，2020（2）.

二、数据基础与特征事实

—————

本章采用的基础数据来源于中国人民大学应用经济学院构建的中国时间序列投入产出数据库，该数据包括 37 个部门分类，时间跨度为 1981—2018 年。在基础数据之上还需进行一系列处理，以区分数字化投入并测度 TFP，综合各项数据可得性后，研究期间确定为 2000—2018 年。

（一）时间序列投入产出数据库

产业 TFP 测算所需要的数据包括可比价序列投入产出表、分产业固定资本存量和分产业劳动力。

（1）可比价序列投入产出表。张红霞等（2021）构建了中国长时期一致可比的时间序列投入产出表（1981—2018），但是该表采用的价格是当年价，为了开展生产率分析必须去掉价格因素。[①] 本章对同一部门的中间使用、资本形成和总产出使用同一价格指数进行缩减，对最终消费和进出口部分采用消费者价格指数（CPI）及进出口商品价格指数进行缩减。将缩减后的总投入减去中间投入作为增加值的初步估计值，然后根据官方不变价 GDP 数据，对增加值和最终使用象限利用数学规划法做调整，使两个象限和不变价 GDP 数据保持一致

———————

① 张红霞，夏明，苏汝劼，林晨. 中国时间序列投入产出表的编制：1981—2018. 统计研究，2021（11）.

性。最后通过双比例调整法（RAS 法）调整第一象限，得到上年价格的可比价投入产出表。

（2）分产业固定资本存量。本章构建了细分至产业和资产类型的基期资本存量、投资流量、折旧率和投资价格指数，使用永续盘存法测算出以 1981 年不变价计算的我国 1981—2018 年 37 个产业部门的固定资本存量，分住宅、非住宅建筑、设备和其他四种资产类型。

（3）分产业劳动力。本章综合利用调查推算法和统计合成法，以人口普查年公布的行业就业人数为始末，以国家统计局公布的全国就业人员总数为控制数，估计两次普查年份的中间年份就业，并利用第五次全国人口普查资料和《中国统计年鉴》提供的 2000—2018 年的城镇就业人员调查周平均工作时间，将就业人数×工作时长作为最终的劳动投入。

（二）数字化投入的分解

数字化投入包括两部分——数字化资本和数字化中间投入，需要分别从资本存量和中间投入中拆分出来。参考 Guo et al.（2023）的做法，以国家统计局提供的 1997 年投资矩阵为基础，通过 RAS 法得到每一年的投资矩阵，其中的行和约束为序列投入产出表中的固定资本形成列，列和约束为固定资产投资额。[①] 然后将通信设备、计算机和其他电子设备（ICT 制造）与信息传输、软件和信息技术服务（ICT 服务）两个部门作为数字部门，根据投资矩阵确定各年各部门对这两个部门的投资比例，即数字化投资比例，再根据数字化投资比

[①] Guo，X.，Xu，D.，& Zhu，K.（2023）. Measuring digitalization effects in China：A global value chain perspective. *China Economic Review*，81.

例估计总资本存量中的数字化资本存量，最后从非住宅建筑和设备中扣除数字化资本存量，得到非数字化资本存量。

数字化中间投入为投入产出表中各部门对两个数字部门的中间使用。

（三）战新产业的拆分

本章采用国家统计局 2023 年发布的《工业战略性新兴产业分类（2023）》，将战略性新兴产业分为以下九大类：（1）新一代信息技术产业；（2）高端装备制造产业；（3）新材料产业；（4）生物产业；（5）新能源汽车产业；（6）新能源产业；（7）节能环保产业；（8）航空航天产业；（9）海洋装备产业。本章所指"战新产业"仅含国民经济行业分类下制造业和电力、热力、水的生产和供应业中属于战新产业活动的部分，"传统产业"为工业中扣除战新产业活动后的部分。

由于《工业战略性新兴产业分类（2023）》和《国民经济行业分类（2017）》有交叉关系，战新产业分类与国民经济行业分类的对应关系可分为三种，需做不同的处理。第一种，如果体量较小或无数据支持，便不再拆分；第二种，如果行业中的大部分生产活动属于战新产业，便将该行业全部算作战新产业；第三种，行业中的生产活动分属于不同类别的战新产业以及传统产业，这是需要拆分的重点部门。

本章根据第二次经济普查（2008）和《中国工业统计年鉴（2013—2017）》的数据，采用国民经济行业小类的工业销售产值、固定资产原价、平均用工人数、主营业务税金及附加和应交增值税、累计折旧、营业利润分别作为总产出、资本存量、劳动者报酬、生产税净额、固定资产折旧、营业盈余的代理指标，并假设同一部门内工人工资和中间投入结构相同，以小类行业代理指标在整个大类行业中所占的份额，拆分各项投入和产出。这样便将原投入产出表中的产品部门分为了传统产业和战新产业两部分。

（四）特征事实：产业结构发展趋势

本章将经济总体分为农业、工业传统产业、工业战新产业、建筑业和服务业五大类，图7-1、图7-2分别反映了各类产业的增加值结构和就业结构。随着中国产业结构的调整，增加值结构最明显的特点是第一、第二产业占比下降，第三产业占比上升；第二产业中以工业传统产业的下降为主，工业战新产业基本保持稳定。就业结构方面，农业就业人数大幅下降，第二、第三产业就业人数比例上升，第三产业上升幅度最大。

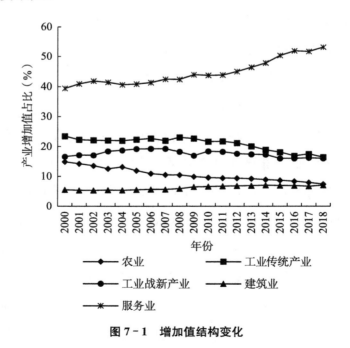

图7-1 增加值结构变化

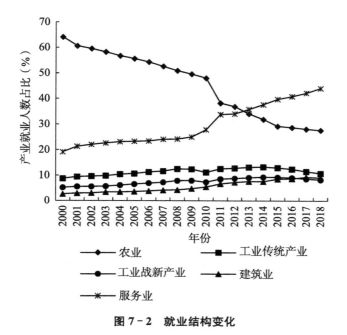

图 7-2　就业结构变化

针对工业内部的产出规模，图 7-3、图 7-4 展示了总产出和增加值的变化趋势。2000—2003 年，战新产业的总产出规模小于传统产业，

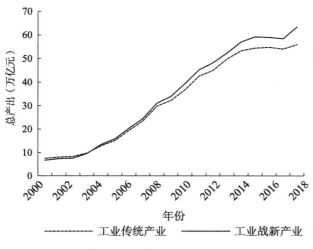

图 7-3　战新产业和传统产业的总产出

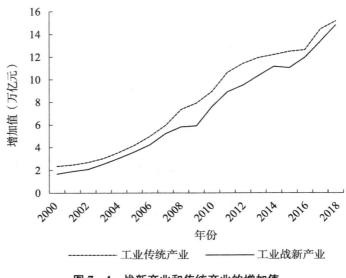

图 7 - 4　战新产业和传统产业的增加值

但是增长速度更快，从 2004 年开始超过了传统产业，且差距有继续扩大的趋势。战新产业的增加值规模虽小于传统产业，但近年来的增长速度高于传统产业。

从要素来看，本章重点关注资本存量与劳动人数的比例，即资本深化程度，如图 7 - 5 所示。工业和服务业的资本深化程度持续提升，其中战新产业的增长速度更快，且近期水平远高于其他产业。农业和建筑业的资本深化程度很低，且没有明显增长。这表明战新产业具有资本密集的特点，对劳动力数量的需求相对较低，而对劳动力技能或质量要求更高。

在资本投入中，服务业的数字化资本存量规模最大，增长也最快，农业和建筑业的数字化资本存量则非常少。在工业中，战新产业的数字化资本存量比传统产业更多，且增长更快，如图 7 - 6 所示。深入产业内部可以发现，无论是工业战新产业还是服务业，其数字化资

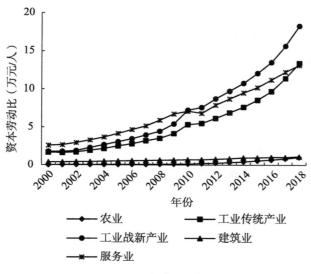

图 7 - 5　各产业的资本劳动比

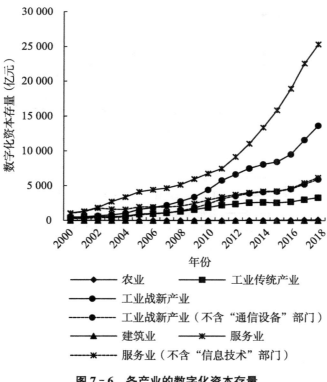

图 7 - 6　各产业的数字化资本存量

本存量的高增长主要来自信息通信技术（ICT）产业，战新产业主要集中于 ICT 制造，服务业主要集中于 ICT 服务。如果去掉这两个部门，其他服务业以及其他战新产业的数字化资本存量会大幅下降，增速也有所降低，但仍然高于传统产业。

战新产业的数字化资本存量占总资本存量的比例整体呈现出上升趋势，传统产业的数字化资本存量占比则略有下降，如图 7-7 所示。这进一步说明战新产业更倾向于用数字化资本替代非数字化资本。

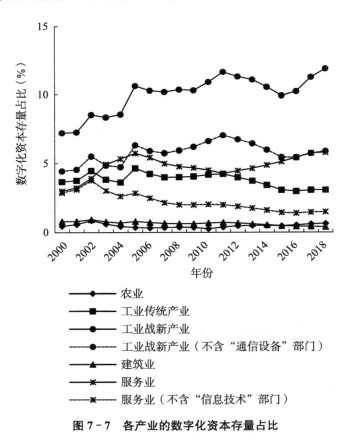

图 7-7　各产业的数字化资本存量占比

三、主要发现

（一）新兴产业与传统产业 TFP 的变化趋势比较分析

本章基于总产出测算了部门 TFP，然后加总得到各类产业的 TFP。结果发现，农业的 TFP 表现最好，平均增长率超过 4%，这一结果甚至要优于大多数工业部门。其次是工业和建筑业，在大多数年份也为正向增长。服务业的 TFP 增长率最低，在相当多年份为负增长，技术进步最为缓慢。

图 7–8 展示了工业部门的 TFP 增长率情况，战新产业与传统产

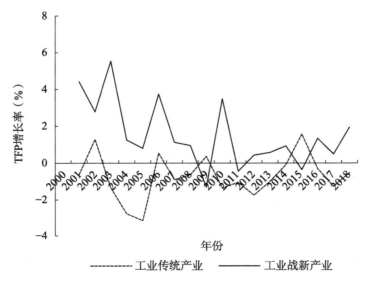

图 7-8　战新产业和传统产业的 TFP 增长率比较

业差异显著。战新产业的 TFP 在大多数时候为正向增长，而传统产业的 TFP 长时间在 0 附近徘徊，在个别年份甚至明显为负向。这说明传统产业还没有完全摆脱简单粗放的增长模式，其增长主要来自要素投入，而以 TFP 为代表的技术进步在其中起的作用很小。另外，工业的 TFP 增长主要得益于战新产业的拉动，传统产业的贡献较小，甚至会拖累工业 TFP 的增长。单独看战新产业，其 TFP 增长率呈现先放缓后平稳的趋势，2012—2018 年的增长率基本在 2% 以内，说明战新产业的 TFP 水平目前呈现指数型增长趋势。

（二）产业间要素配置对经济总体 TFP 的影响

为了更深入地探究资源配置对经济增长动能的影响，本部分基于部门层级的测算结果，在 APF、APPF 和直接加总法三种框架下，分别计算了总体 TFP 及各项投入的增长，分析了不同产业对总产出增长的贡献、不同投入对总产出增长的贡献、产业间投入再配置以及不同类别的产业对 TFP 的影响。

第一，关于不同产业对总产出增长的贡献，表 7‑1 展示了 APPF 框架下不同阶段我国经济总产出的增长情况。2000—2018 年，中国经济实现了年均 9.86% 的产出增长速度。对产出增长贡献最大的是战新产业，平均贡献度达到 34.71%，再次说明了战新产业的重要地位。其次是服务业和传统产业，两者的平均贡献比较接近。最后，由于农业和建筑业的产出量相对较小，对总产出增长的贡献不大。从时间维度来看，2005—2018 年，在总产出增速放慢的同时，农业、传统产业、战新产业和建筑业的贡献逐渐减小。而服务业的贡献度是上升趋势，最后一个阶段总产出的增长几乎全部来自服务业。

表 7-1　APPF 框架下总产出增长及其来源分解（%）

年份	2000—2005	2005—2010	2010—2015	2015—2018	2000—2018
总产出增长	11.232	13.404	9.160	2.850	9.863
农业贡献	0.303	0.215	0.189	0.160	0.223
传统产业贡献	3.094	4.208	2.278	−0.419	2.591
战新产业贡献	4.382	5.185	2.769	−0.018	3.424
建筑业贡献	0.875	1.181	1.077	0.394	0.936
服务业贡献	2.578	2.615	2.847	2.732	2.689

第二，关于不同投入和 TFP 对经济总产出的贡献，表 7-2 同时给出了投入增长、三个框架下加总得到的总产出增长和经济总体的 TFP 增长。平均而言，产出的增长很大程度上来源于非数字化中间投入和非数字化资本，数字化中间投入和数字化资本次之，劳动投入的增长贡献最低。TFP 的贡献略低于数字化中间投入，高于数字化资本和劳动。从要素角度来说，中国经济的产出增长仍然主要靠资本驱动，特别是非数字化资本，数字化投入、劳动和 TFP 还有较大的提升空间。此外，表 7-2 显示，APF 框架度量的总体总产出增长率更高，这也说明了如果采用 APF 框架计算 TFP，可能存在高估的问题，而直接加总法的结果比其他两个框架所得结果的波动更大。

表 7-2　三种框架下的总 TFP 结果（%）

年份	2000—2005	2005—2010	2010—2015	2015—2018	2000—2018
非数字化资本增长	2.509	2.784	2.282	1.711	2.389
数字化资本增长	0.226	0.136	0.132	0.149	0.162
劳动增长	0.020	0.015	−0.046	0.091	0.012
非数字化中间投入增长	6.966	9.203	6.202	−0.225	6.177
数字化中间投入增长	0.861	0.582	0.446	0.462	0.602
总产出增长-APF	11.315	13.501	9.193	2.897	9.930

续表

年份	2000—2005	2005—2010	2010—2015	2015—2018	2000—2018
TFP-APF	0.732	0.781	0.177	0.709	0.588
总产出增长- APPF	11.232	13.404	9.160	2.850	9.863
TFP-APPF	0.650	0.684	0.145	0.661	0.521
产出再配置效率	0.082	0.096	0.032	0.048	0.067
TFP -直接加总	0.538	1.016	—0.025	0.871	0.570

第三，关于产业间投入再配置对 TFP 的影响，表 7－3 将产业 TFP 直接加总的结果与 APPF 框架的结果做了详细的比较。在 2000—2005 年和 2010—2015 年两个阶段，TFP-APPF 大于 TFP -直接加总，说明投入再配置提高了生产效率；反之，在 2005—2010 年和 2015—2018 年两个阶段，投入再配置拉低了生产效率。分项来看，非数字化资本和非数字化中间投入的再配置效率均有波动。数字化中间投入的再配置效率始终为负，说明各产业对数字化中间产品和服务的利用还未达到有效的结构。而数字化资本和劳动的再配置效率一直为正，提高了总体的生产效率。平均来讲，各部门 TFP 增长是总体 TFP 增长最重要的动力，投入再配置效率略微拖累了总体 TFP。

第四，表 7－3 给出了五大类产业在 TFP 加权结果中的贡献。可以发现，总体 TFP 的增长主要来自战新产业，战新产业在总量增长和生产效率上都起着最大的驱动作用。另外，农业虽然体量较小，但 TFP 增长很快，所以同样有较大的拉升作用。建筑业对总体 TFP 有微弱的正向贡献，服务业在平均意义上几乎没有明显贡献，传统产业则是唯一拉低总体 TFP 的产业。

表 7-3　投入再配置效率和产业 TFP 贡献（%）

年份	2000—2005	2005—2010	2010—2015	2015—2018	2000—2018
TFP-APPF	0.650	0.684	0.145	0.661	0.521
TFP-直接加总	0.538	1.016	−0.025	0.871	0.570
RAE-NK	−0.029	0.204	0.109	−0.249	0.037
RAE-DK	0.500	0.115	0.116	0.056	0.213
RAE-L	0.532	0.198	0.460	0.094	0.346
RAE-NM	−0.321	−0.554	−0.202	0.195	−0.266
RAE-DM	−0.570	−0.295	−0.313	−0.306	−0.378
TFP-直接加总	0.538	1.016	−0.025	0.871	0.570
农业 TFP 贡献	0.256	0.273	0.454	0.140	0.296
传统产业 TFP 贡献	−0.362	−0.118	−0.137	−0.170	−0.200
战新产业 TFP 贡献	0.755	0.490	0.065	0.333	0.420
建筑业 TFP 贡献	0.006	0.139	−0.002	0.086	0.054
服务业 TFP 贡献	−0.117	0.233	−0.405	0.481	0.000

注：RAE-NK、RAE-DK、RAE-L、RAE-NM、RAE-DM 分别为非数字化资本、数字化资本、劳动、非数字化中间投入、数字化中间投入的再配置效率。

（三）产业 TFP 的影响因素

1. 数字化投入的影响

进一步比较战新产业和传统产业中数字化投入对其总产出增长率的贡献，如图 7-9 和图 7-10 所示。可以看出，战新产业的数字化投入增长速度较快，对产出增长多数情况下为正向拉升作用。相比之下，传统产业的数字化投入增长不足战新产业的 1/10，对产出增长的贡献度也长期处在仅略高于 0 的水平。结合图 7-8，可以认为传统产业的主要增长动力既不是 TFP，也不是数字化投入，而是非数字化投入和劳动要素。

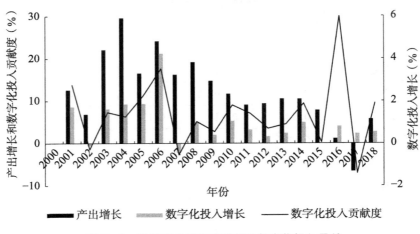

图 7-9 战新产业的产出增长及数字化投入贡献

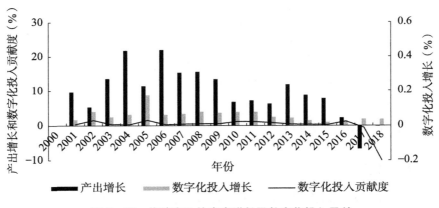

图 7-10 传统产业的产出增长及数字化投入贡献

注：战新产业 2016 年数字化投入贡献度实际为 70%，传统产业 2018 年数字化投入贡献度实际为－25%，均是由于当年产出增长绝对值较小，为不影响视图整体效果，将两处贡献度设定为坐标轴范围最值。

对于作为数字技术载体的数字化资本，本部分对比分析了其在战新产业和传统产业中与 TFP 的关系，如图 7-11 所示。其中，将 2000 年 TFP 水平设定为 100。图 7-11 显示，战新产业的数字化资本存量与 TFP 水平表现出较为明显的正相关关系，意味着战新产业增加数字化资本可能有效提升其 TFP。而在传统产业，两者却呈负相关关系。传统产业的数字化投入虽然在增长，但与战新产业相比低很多，且增长率低于战新产业，其数字化转型尚处于起步阶段，还未能促进其 TFP 的提高，展现出索洛悖论的特点。

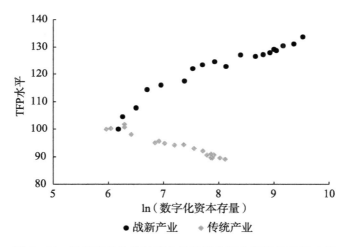

图 7-11　战新产业和传统产业的数字化资本存量与 TFP 水平

2. 研发活动的影响

接下来分析研发投入与产业 TFP 之间的关系。本章收集了《中国统计年鉴》中按行业分类的工业企业研究与试验发展（R&D）经费，与部门 TFP 匹配，得到 20 个部门 2011—2018 年的数据，并以部门 R&D 经费与总产出之比作为研发投入强度。总的来说，中国工业部门的 R&D 经费和强度都在上升。大部分工业部门的 R&D 经费年均增速为 10%～20%，平均增速为 10.7%，几乎所有部门的 R&D 强度都有所上升，平均 R&D 强度从 0.65% 上升到 0.98%。但 R&D 强度超过 1% 的仅有通用设备，专用设备，电气机械和器材、通信设备，计算机和其他电子设备四个部门。图 7 – 12 和图 7 – 13 分别展示了 R&D 经费和 R&D 强度与 TFP 水平之间的关系。结果显示，从产业层面来看，无论是研发活动规模还是研发活动强度，与 TFP 之间都呈现出显著的正相关关系，表明产业层面的研发活动有助于 TFP 水平的提升。

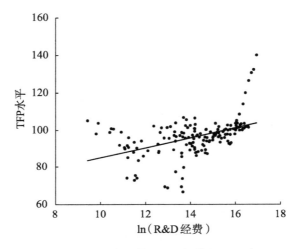

图 7 – 12　工业部门的 R&D 经费和 TFP 水平

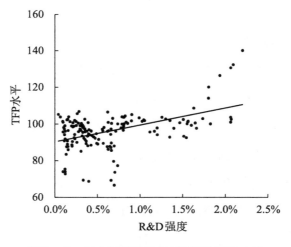

图 7 – 13　工业部门的 R&D 强度和 TFP 水平

　　R&D在促进产业本身技术进步的同时，也可能通过产业间投入产出关系形成溢出效应。本章基于投入产出表计算了Leontief逆矩阵和Ghosh逆矩阵，剔除对角线元素，再以Leontief逆矩阵每一列乘以所有产业R&D经费，作为上游产业R&D影响，以Ghosh逆矩阵每一行乘以所有产业R&D经费，作为下游产业R&D影响，绘制与产业本身TFP水平的关系，如图7‐14所示。R&D活动对TFP的溢出效应呈现明显的非对称性，上游产业R&D与下游产业TFP有正相关关系，但下游产业R&D与上游产业TFP却有负相关关系。这与王秀婷和赵玉林（2020）的研究结论相同。下游溢出效应为负的原因可能在于，上游产业为了满足下游需求而加快技术进步，但这样会拉大产业内技术差距，另外也可能存在"门槛效应"，上游产业因为人力资本不足而未能吸收下游产业技术进步的外部性。①

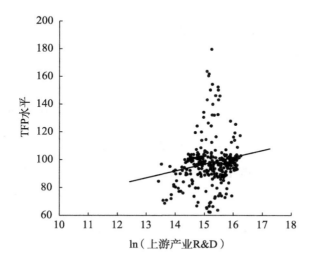

　　① 王秀婷，赵玉林. 产业间R&D溢出、人力资本与制造业全要素生产率. 科学研究，2020（2）.

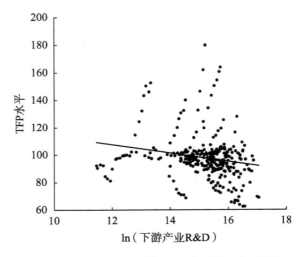

图 7 - 14   上下游产业的 R&D 经费和 TFP 水平

（四）不同类别细分产业的 TFP 动态演变趋势

1. 分类别传统产业 TFP 变化趋势

传统产业可分为采矿业、制造业和公用事业三个大类，以工业总体作为参照，三类传统产业 TFP 水平如图 7 - 15 所示。三类传统产业的 TFP 水平全部长期低于工业平均水平。其中，传统采矿业的 TFP 表现最为堪忧，2003—2013 年持续大幅下降，2014 年后止住了下降趋势，但仍没有明显改善。传统制造业在整个时期表现出缓慢的下降，而且截至 2018 年，并没有出现 TFP 将会上升的迹象。传统公用事业的 TFP 波动较大，呈现反复下降上升的循环，长期来看略低于期初的 TFP 水平。三类传统产业 TFP 的变化趋势再次说明，传统产业存在普遍的技术退步现象，这一点应引起重视并着力改变。

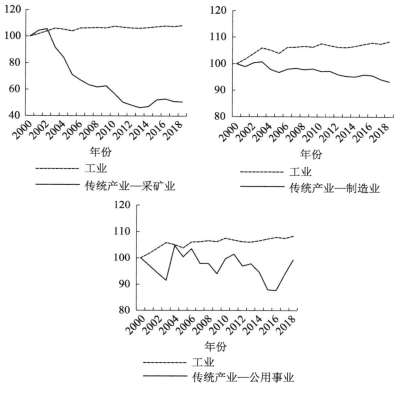

图 7 - 15　分类别传统产业 TFP 水平

2. 分类别战新产业 TFP 变化及产出增长分析

对战新产业内部细分的九大类产业，本节也进一步进行比较分析，主要关注 TFP 变化趋势、TFP 增长以及数字化投入对产出增长的贡献。

（1）TFP 变化趋势（见图 7 - 16）。新一代信息技术产业 TFP 增长最快，不仅远超工业平均水平，也超过其他战新产业。其次是航空航天、新能源汽车和海洋装备产业，TFP 保持温和上涨，快于工业平均水平。再次是高端装备产业和节能环保产业，在 2008 年以前都有一段快速增长期，但在 2008 年到达顶峰以后，前者几乎不再增长，后者反而开始下滑。最后，新材料、生物和新能源产业的 TFP 几乎始终低于工业平均水平。处于产业链上游的基础材料和设备产业 TFP 提升难度更大。

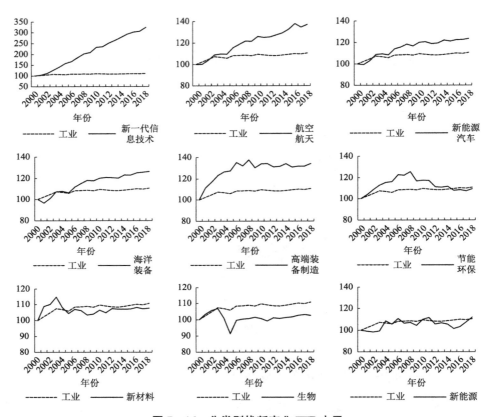

图 7-16　分类别战新产业 TFP 水平

（2）TFP 增长对产出增长的贡献。对九大类战新产业做增长分解，图 7-17 展示了 TFP 增长在其中的贡献。在多数情况下，战新产业的 TFP 正向增长，能够对产出起到积极的正向拉升作用。其中，新一代信息技术产业的 TFP 贡献度最高，长期高于 40%。其次是航空航天、新能源汽车和海洋装备等产业，对产出增长也始终有较为显著的正向作用。而高端装备制造、节能环保、新材料、生物和新能源五类产业的 TFP 增长率比较低，对产出增长贡献度较低。另外，几乎所有产业的 TFP 增长率都处于一种下降的状态，后期的增长速度不如前期，这造成了战新产业总体 TFP 波动下降的结果。

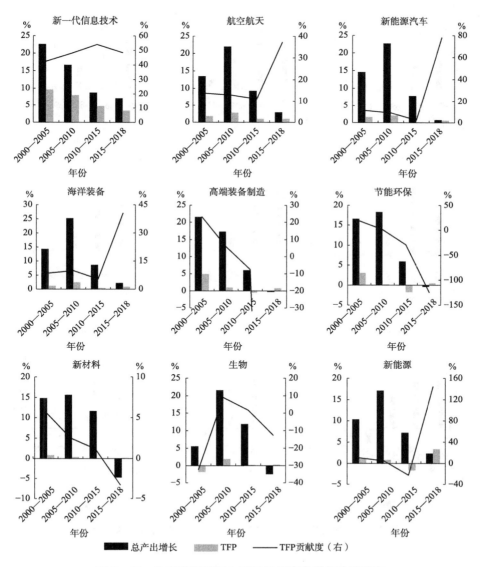

图 7-17 分类别战新产业 TFP 对总产出增长的贡献度

（3）数字化投入对产出增长的贡献。分类别来看数字化投入的贡献，如图 7-18 所示。新一代信息技术的增长仍然最高，增长速度数倍于其他战新产业，对产出增长的贡献也超过 30％。其他战新产业的

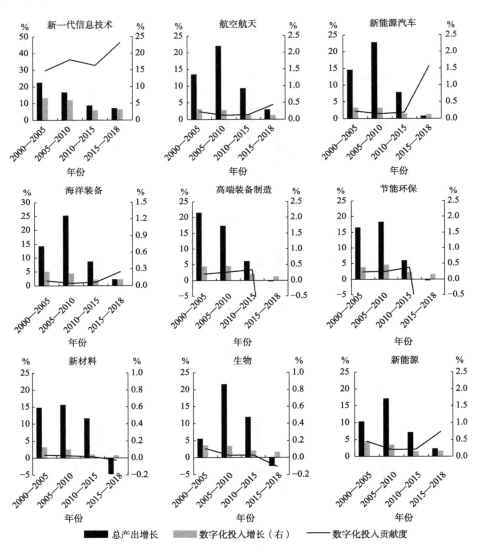

图 7-18　分类别战新产业数字化投入对总产出增长的贡献度

数字化投入增长相对较低，增速均在 1% 以内，对产出增长的贡献普遍在 5% 以内，但是对产出增长始终有积极的提升作用。纵向来看，数字化投入显现出与 TFP 同样的趋势，九大类战新产业的增速几乎都有不同程度的下降。

四、启示与建议

本章基于自主构建的时序投入产出数据库，结合官方统计数据，拆分了数字化投入和战略性新兴产业，并对各类产业的产出和 TFP 增长情况做了测算和分解，形成以下主要结论：

第一，战新产业的产出规模超过传统产业，同时有着较高的资本劳动比、数字化资本存量和 TFP 增长率，表明其技术进步可能更快。在战新产业内部，九大类产业的表现有所差异。新一代信息技术产业的 TFP 增长最快，TFP 和数字化投入对产出的贡献度也最高。其次是航空航天、新能源汽车和海洋装备产业，虽然 TFP 增速低于新一代信息技术产业，但整体上也呈现正向增长和较高贡献度。

第二，战新产业的数字化投入增长比较可观，对产出增长有显著正向贡献，其数字资本存量规模与 TFP 呈现正相关关系；传统产业的数字化投入增长缓慢，其数字资本存量规模与 TFP 呈现负相关关系。

第三，对总体 TFP 的测算和分解结果表明，总体 TFP 的提升主要来自各部门 TFP 的提升，其中战新产业是总体 TFP 提升的主导力量，传统产业的贡献不大。从产业间要素配置效率来看，数字化资本和劳动力的再配置效率对 TFP 的贡献为正，而中间投入的再配置效率对 TFP 的贡献为负。

根据以上研究结果，本章认为可从以下几条路径出发提升 TFP：

第一，加大研发投入。从 R&D 支出与 TFP 的关系来看，产业本身 R&D 支出与 TFP 有正相关关系，上游产业 R&D 支出也能促进下游产业 TFP，但下游产业 R&D 对上游产业却没有正向影响。目前，中国大多数工业部门的 R&D 支出强度较低，应当进一步增加研发投入，促进产业技术更新。要着重培育高技术产业和产业链中偏上游产业的技术进步，强化对下游行业的溢出。另外，产业内部要加强协同性，提高人力资本的技能水平和质量，争取跨越"门槛"，吸收下游产业 R&D 支出的作用并转化为自身的技术进步。

第二，推进数字化转型。从数字化资本与 TFP 的关系来看，可以认为数字化资本和数字技术的使用能够提高 TFP，以大数据、人工智能等为代表的新一代信息技术，属于通用目的技术，具备提升其他产业生产率的潜力。因此，今后要加大对关键硬件、软件等核心领域的支持力度，有效推进技术转移和自主研发，继续提高数字产业化和产业数字化程度。特别是对于个别战新产业以及传统产业，数字化转型尚处于初级阶段，对 TFP 的作用远没有发挥出来，更值得重视。

第三，改善要素配置。现阶段，劳动和数字化资本两个要素对总TFP 起到了提升作用，但要意识到，劳动力尚且存在进一步自由流动和更有效配置的空间。科学研发和技术进步都需要优秀人才作支撑，所以要加强教育，培养符合国家需要和市场需求的人才，确保充足的高质量人力资本。至于非数字化资本和中间投入的配置，应当引起更大的注意，需要完善区域间、产业间要素流动机制，提高配置效率，加快建设全国统一大市场，从产业结构上助力新质生产力的发展。

　　第四，推动产业融合发展。发展新质生产力不是忽视、放弃传统产业，推动传统产业与战新产业的融合、改造升级传统产业也能带来新质生产力。要充分发挥战新产业在整个产业体系中的技术溢出效应。提高传统产业产品的技术含量和竞争力，完成传统产业转型。传统产业在嵌入战新产业的过程中，可以为战新产业提供市场基础和研发资金支持，战新产业的技术优势和高附加值又可以反哺传统产业，两者协同发展、相辅相成。

第八章

全球视野下城市全要素
生产率测算与比较 *

　　我国已由高速增长阶段步入高质量发展阶段，正处于转换增长动能、优化产业结构的攻关期，提升经济增长的质量和效益迫在眉睫。党的二十大报告要求着力提高全要素生产率，明确指出要打造"宜居城市""韧性城市""智慧城市"。城市始终是我国推进社会主义现代化建设的重要载体，是实现高质量发展目标的基本实践单位。从发展成果来看，我国城市在产业结构优化、基础设施建设、人民生活保障等方面已取得瞩目成就。住建部公布的数据显示，截至 2022 年底，我国城市道路已突破 55 万公里，在建和建成的城市轨道交通已达 1.44 万公里，供水普及率、燃气普及率、污水处理率均超 98％。依据第七次全国人口普查数据，城市家庭人均住房建筑面积达到 36.52 平方米，我国基本上实现了"人有所居"。

　　我国幅员辽阔且地形多样，城市发展道路各具特色。具体来看，东部城市依托沿海地理优势成为改革开放的先行区，改革红利快速释

　　* 本章内容主要来源于：吕一飞，王珊，周亦. 全球视野下城市全要素生产率测算与比较. 应用经济学评论，2024，4（2）.

放，基础设施、技术水平和经济发展水平迅速提高，成为我国的经济高地。中西部城市以资源密集型为重要特征，但创新动能释放不足，经济发展模式仍停留在较为初级和粗放的阶段。整体来看，我国城市发展水平在地理分布上呈现出自东向西阶梯分布格局。近年来，我国深入实施区域协调战略，缓解区域发展不均衡、不充分问题，取得了一定成效。伴随城市经济发展质量提升，城市高质量发展的格局有所变动，"多点开花"正逐步取代"梯度格局"。[①]

习近平总书记在参加十四届全国人大二次会议江苏代表团审议时作出"因地制宜发展新质生产力"的重要论述。全要素生产率是考察城市高质量发展的重要指标，也是探求城市经济增长源泉的重要工具。要推动城市因地制宜发展新质生产力，需要正确认识城市经济发展质量现状，因此有必要对城市全要素生产率进行科学测算，以正确认识城市生产力的发展规律与未来演变趋势。

一、测算方法与数据

（一）文献梳理

自 20 世纪 90 年代起，全要素生产率测算对于认识经济增长问题的重要性在国内日趋凸显，相关文献快速发展。经过长时间的发展与

---

① 伏润得，杨振山. 中国城市区域高质量发展时空分异及影响因素. 地理学报，2024 (4).

积累，已经形成了一套系统、完整的 TFP 测算方法体系，大致可以分为增长核算法、非参数估计方法和参数估计方法三个类别。

1. 增长核算法

增长核算法立足于新古典经济学的增长框架，起源于索洛提出的索洛余值。索洛余值法以产出增长率扣除资本和劳动要素增长率后的残差表示 TFP 的增长率。在规模收益不变和希克斯中性技术假设下，TFP 增长率等同于技术进步率。作为新古典增长理论下研究经济增长问题的重要方法，索洛余值法具有计算简便、容易理解的突出优点，开创了经济增长分析的先河，是目前应用最广泛的 TFP 测算方法。我国国家统计局与经济合作与发展组织（OECD）均使用该方法对 TFP 进行估算。

2. 非参数估计方法

数据包络分析方法（DEA）是目前测算 TFP 的典型非参数估计方法，应用广泛。DEA 方法采用线性规划方法，结合决策单位的投入产出指标数据，对生产前沿面可比的同类型决策单位进行相对有效性比较。DEA 方法具有诸多优点，它无须设定具体的函数形式，从而可以避免因为误设函数形式带来的结构偏差，不受主观因素影响，同时允许多种投入和多种产出的存在，应用场景丰富。然而，DEA 方法存在一定的应用限制，需要决策单元的生产前沿面具备可比性，如果差异太大，则计算出的生产前沿面无法披露太多有效信息。同时，DEA 方法测算出的结果为相对效率评估，且无法应用于产出为负的情形。

3. 参数估计方法

参数估计方法主要包括三类：第一，OP 法和 LP 法。OP 法使用企业的投资水平作为生产率的代理变量，采用两步法估计以克服内生性问题，但增加滞后项的做法会引致样本损失问题。LP 法在此基础上进行了改进，采用中间品投入而非投资水平作为生产率的代理变量，缓解了样本量损失问题，并且能够较好解决内生性问题。需要注意的是，这两种方法均应用于企业微观层面的 TFP 计算。第二，OLS、FE、GMM 等计量估计方法，以产出总量和资源投入总量的比值来代表 TFP，主要适用于企业微观层面。第三，随机前沿分析方法（SFA）是一种常见的效率分析方法，主要采用超越对数生产函数形式，将 TFP 拆分为技术进步变化和技术效率变化，将生产函数分为前沿生产函数部分与非效率部分，对于随机因素的影响有较好的处理。但是，随机误差项和技术无效项的分布形式难以确定，对于系统内部的差异也没有很好的办法处理，将 SFA 应用于地区 TFP 分析可能会令结果不够稳健。

（二）本章使用方法

目前尚无某种测算方法形成统治性优势，各种方法均存在优势与不足。考虑到本章全要素生产率的测算涉及多个国家多种类型的城市，生产前沿面差异较大，既要兼顾国内外城市的可比性，又要保证测算结果的稳定性，增长核算框架下的索洛余值法是最适宜的测算方法。因此，本章采用经典的柯布-道格拉斯生产函数形式：

$$Y = AK^{1-\beta}L^{\beta} \tag{8.1}$$

在此基础上，可以将 TFP 增长率表示为：

$$g_{TFP} = g_Y - (1-\beta)g_K - \beta g_L \tag{8.2}$$

式中，Y 是城市总产出；A 是全要素生产率；K 是资本存量；L 是劳动力；β 是劳动产出弹性。g_{TFP}，g_Y，g_K，g_L 分别表示 TFP、产出、资本和劳动的增长率。

需要注意的是，劳动产出弹性 β 是测算 TFP 的关键参数，如何处理增长模型下的 β，很大程度上关系到 TFP 测算结果的可靠性。目前经常采用回归法对 β 进行估计，然而估计出的 β 是一段时期内的平均值，无法反映研究对象在不同时期产出弹性的变化特征。[①②] 实际上，我国城市不仅在时间维度上表现出产出弹性的变迁，从空间维度看，不同城市由于产业结构、发展模式、政策冲击等因素也存在明显的产出弹性异质性。采用一个固定不变的劳动产出弹性 β 远远无法刻画真实情况，因此本章采用可变弹性模型进行估计，即选取随地区和年份变化的劳动产出弹性 β。对于国内城市，本章允许 β 随省区和年份变化，数据来源于张琼（2023）。[③] 对于国外城市，本章允许 β 随国家和年份变化，数据来源于联合国 National Accounts Official Country Data。

(三) 数据说明

结合数据可得性，本章最终测算了国内 284 个城市 2000—2022 年的 TFP 增长率，以及其他 9 个发达国家 17 个主要城市 2005—2020 年的 TFP 增长率。

1. 国内城市

国内城市的数据主要来自各类统计年鉴。其中，国内的城市总产出以地区生产总值衡量，采用 GDP 平减指数进行折算，数据来源于《中国城市统计年鉴》和各省区统计年鉴。劳动力以就业人员数衡量，

---

① 徐瑛，陈秀山，刘凤良. 中国技术进步贡献率的度量与分解. 经济研究，2006（8）.
② 曹吉云. 我国总量生产函数与技术进步贡献率. 数量经济技术经济研究，2007（11）.
③ 张琼. 人口大逆转下的中国经济：挑战与应对. 北京：中国人民大学出版社，2023：336－348.

数据来源于《中国区域经济统计年鉴》和各省区统计年鉴。我国并没有直接可使用的城市资本存量数据，本章采用永续盘存法自行计算，数据主要来源于《中国国内生产总值核算历史资料 1952—1995》、《中国统计年鉴》、《中国城市统计年鉴》、各省区统计年鉴、张军等（2004），具体计算方法如下①：

$$K_{i,1985} = K_{1985} \times \frac{Y_{i,1985}}{Y_{1985}} \tag{8.3}$$

$$K_{it} = I_{it} + (1-\delta)K_{it-1} \tag{8.4}$$

式（8.3）用于估计基期资本存量。$K_{i,1985}$ 代表 i 城市 1985 年的待估资本存量，$Y_{i,1985}$ 代表 i 城市 1985 年的 GDP，K_{1985} 代表全省在 1985 年的资本存量，Y_{1985} 代表全省在 1985 年的 GDP 总和。式（8.4）为永续盘存法的具体公式。K_{it} 代表 i 城市 t 年的资本存量，I_{it} 代表 i 城市 t 年的新增投资额，δ 代表折旧率。利用永续盘存法估算城市层面资本存量时需要解决三个问题：第一，基期资本存量的估计。本章以 1985 年为基期，利用省级资本存量数据，根据各城市占全省 GDP 比重得到 1985 年各城市的初始资本存量。第二，折旧率的选取。本章计算过程中采用张军等（2004）的折旧率 9.6％。第三，I_{it} 的估计。I_{it} 是真实变量，需要利用固定资产投资价格指数对名义投资进行平减。自 2018 年起，各省区固定资产投资统计对外只发布增速数据，故 2017 年及以后固定资产投资以增速推算得出。因缺少城市级固定资产投资价格指数，以城市所在省区的固定资产投资价格指数代替。1995 年以

---

① 张军，吴桂英，张吉鹏. 中国省际物质资本存量估算：1952—2000. 经济研究，2004（10）.

前的价格指数根据张军等（2004）的算法由《中国国内生产总值核算历史资料1952—1995》推算得出。

2. 国外城市

本章选取发达国家经济发展程度较高的城市作为国内城市的参照对象。国外城市的数据均来源于OECD官方数据库，其在线统计数据库包含了成员国的相关统计信息，覆盖了GDP、劳动力、教育等多类经济指标。国外城市的总产出由地区生产总值衡量，劳动力采用就业人员数衡量。国外城市资本存量数据也无法直接获得，因此本章借鉴Garofalo and Yamarik（2002）的方法，采用式（8.5）进行计算。[①]

$$K_{it} = \sum_s K_{st} \times \frac{Y_{ist}}{Y_{st}} \tag{8.5}$$

式中，Y_{ist} 代表 i 城市 s 行业 t 年的总产出；Y_{st} 代表 s 行业 t 年的全国增加值；K_{st} 代表 s 行业 t 年的全国资本存量。

二、特征事实

为更好地描述国内外城市的发展特征，本章计算了资本产出比及资本深化程度两个指标。综合来看，我国资本产出比和资本深化程度在2000—2022年间均呈现显著上升趋势。该时期内，我国城市主要采

---

① Garofalo, G. A. , & Yamarik, S. (2002). Regional convergence: Evidence from a new state-by-state capital stock series. *The Review of Economics and Statistics*, 84 (2).

取以投资驱动经济增长的发展模式，大力推动城市基础设施建设，资本在城市层面快速累积。而国外主要城市的两个指标都相对稳定，基本上没有出现大幅变动。发达国家主要城市发展时间早，资本积累历史悠久，社会投资存量大，但边际增速趋缓。

　　资本产出比以资本存量和城市总产出的比值来表示，衡量了一座城市的投资效率。图 8-1 显示，我国城市的资本产出比起始值较低，

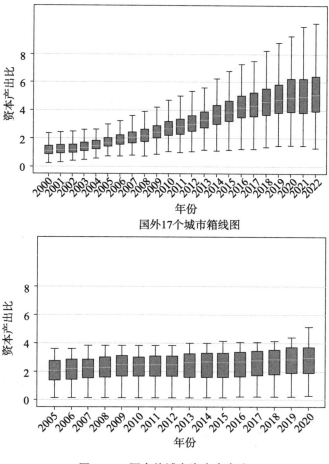

图 8-1　国内外城市资本产出比

但增长迅速，近年来已超过国外发达城市，资本快速形成。改革开放初期，我国经济的发展基础薄弱，主要依靠投资驱动经济发展，基础设施建设、公共服务、房地产事业是固定资本快速形成的三大核心领域，推动我国资本产出比快速提升。在投资驱动的发展模式下，我国缔造了 GDP 年均增长 10％的"中国奇迹"。然而，单一依赖投资实现经济发展的模式并不可取，直接导致投资效率低下、产能过剩严重、环境破坏加剧以及地方债务风险等诸多弊病。目前，我国正大力推动经济发展方式转变，进入经济发展新常态，从"要素驱动"向"创新驱动"转变，努力实现消费、投资、出口协调拉动经济增长。从图 8-1 可见，近年来我国的资本产出比的增长速度已明显放缓。

资本深化程度以劳均资本（每个劳动力拥有的资本）来衡量，能够反映城市的投入要素结构。从图 8-2 来看，中国城市的资本深化程度增长速度较快。资本深化是我国工业化快速发展的必经阶段，伴随着大规模的固定资产投资，我国经历了持续的快速资本深化过

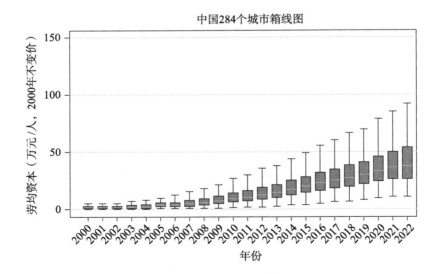

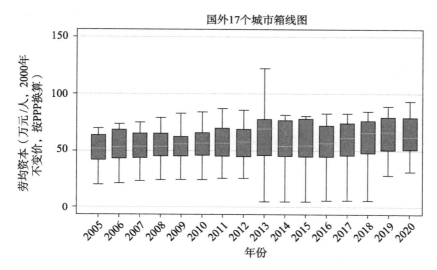

图 8-2 国内外城市资本深化程度

程。①② 尤其是 2008 年之后，受大规模经济刺激计划的影响，以资本劳动比衡量的资本深化程度显著上升，但总体来看依然低于国外发达城市，和国外发达城市相比我国城市的投入结构更多依赖劳动力而非资本。

三、主要发现

（一）国内外城市 TFP 增长率比较

本章运用可变要素产出弹性下的索洛余值法测算了我国 284 个城市

---

① 黄茂兴，李军军. 技术选择、产业结构升级与经济增长. 经济研究，2009（7）.
② 毛丰付，潘加顺. 资本深化、产业结构与中国城市劳动生产率. 中国工业经济，2012（10）.

及国外 17 个城市的 TFP 增长率，图 8 - 3 展示了测算结果。结果显示，我国城市 TFP 增长率的中位数在大多数年份都保持为正。与之形成鲜明对比的是，国外发达城市近十几年来遭遇了经济增长瓶颈，TFP 增长率在绝大多数年份都为负值，且 2020 年的负增长趋势十分明显。

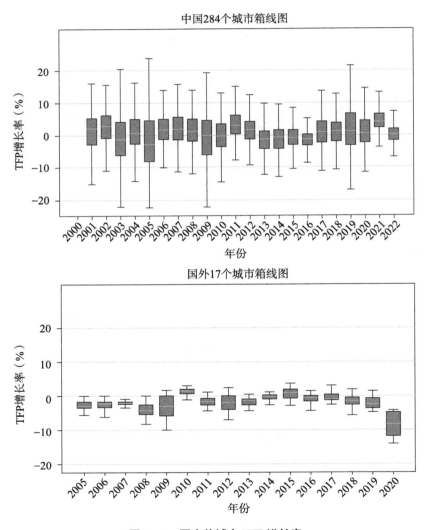

图 8 - 3　国内外城市 TFP 增长率

耐人寻味的是，发达国家城市的经济发展水平更高，技术也相对成熟，但在 TFP 增长率上的表现却不尽如人意，产生了"广义技术进步 TFP 增长放缓之谜"。目前学界的解释主要可以分为技术制约、产业结构变迁和需求收缩三种。第一，技术制约，即缺乏突破性的技术革命和新兴产业出现。当前，许多创新成果仍旧处于萌芽期和导入期，对生产率的带动力有限。而且新技术主要体现为替代效应，进一步拉低对生产率的促进作用。第二，产业结构变迁，即伴随低生产率的服务业在产业结构中的比重上升，经济增速趋缓。世界银行公布的数据显示，进入 21 世纪后，美英法等发达国家的服务业比重快速增加，均已突破 70%，实现了向服务型社会的转变。尽管服务业能够更好地满足公众日益增长的服务消费需求，但其规模化、集中化和标准化生产的可能性很小，生产率相对于工业更低。第三，需求收缩，即需求不足、产能过剩引致的要素利用率下降。在通货膨胀和增长乏力等多重因素制约下，西方发达国家的主要城市需求萎缩，产能利用率不足，资本、人力等要素的利用率明显下降，导致发达国家主要城市的 TFP 增长动力不足，经济发展停滞。

与发达国家主要城市相比，我国城市在新一轮产业革命中具有独特优势。一方面，我国城市提升对外开放程度，不断引入发达国家的资金、技术等要素，缓解了国内产业转型升级的要素制约。另一方面，我国经济发展起步较晚，技术基础薄弱，通过对发达国家的技术模仿，实现更低的创新成本，能够充分发挥后发优势。近年来，我国推动经济发展模式转变，从过度依赖投资向消费、投资、出口三驾马车共同拉动经济增长的格局转变，内生增长动力显著增强。我国城市愈发重视创新的引领作用，促进产业结构合理化、高级化发展，技术快速进步且技术效率不断提升，推动我国城市的 TFP 实现正增长。

图 8-4 进一步将测算时段划分成 2005—2010 年、2011—2015 年和 2016—2020 年三个具体的发展阶段，结合人均 GDP 和人口规模共同对比国内一二线城市与国外主要城市的 TFP 增长率。① 直观来看，样本期间国外主要城市的 TFP 增长率几乎停滞不前，经济增长乏力。我国经济增长动能充足，一二线城市的经济发展水平不断提升并迅速向发达国家靠拢，但 TFP 增速并未出现明显的下滑，部分城市出现了经济发展水平与 TFP 增速的"双增长"。在 2016—2020 年，我国天津、上海等城市的经济发展水平已经接近洛杉矶、迈阿密、首尔等国际大城市，但 TFP 增速遥遥领先。长沙、武汉、深圳等城市与迈阿密和首尔不但经济发展水平接近，TFP 增速差别也不大。

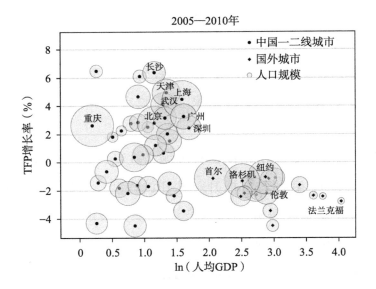

① 一二三线城市依据国家统计局每月发布的"70 个大中城市房地产价格统计"进行划分，其余城市记为"其他"。

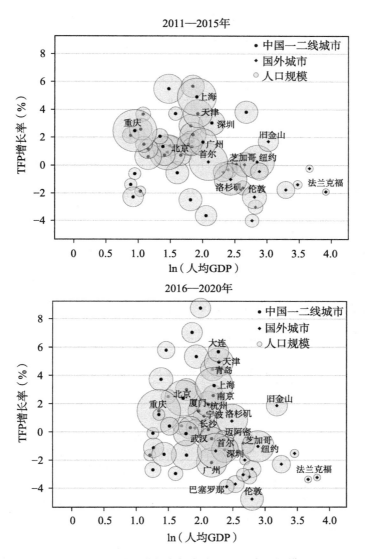

图 8 - 4　TFP 增长率与人均 GDP、人口规模

（二）国内城市 TFP 增长的时空特征

本章依据每个城市的 TFP 增长趋势，将我国 284 个城市划分为增

长型、平稳型、下降型三类（见表 8-1）。本章对比了 2000—2010 年和 2011—2022 年两个阶段三类城市的分布情况，主要有三点发现。第一，随着时间推移，我国增长型城市数量出现下降，从 117 个下滑至 108 个。但区域分布更为集中，东部地区涌现了更多的增长型城市，尤其是长三角城市群形成了较为明显的增长型城市群。作为我国重要创新极，长三角城市群实施一体化战略，综合利用区域内创新资源，协同推进科技进步与产业创新，引领经济增长由要素驱动向创新驱动转型。第二，平稳型城市明显增多，从 81 个增加至 91 个，国内更多城市迈入了 TFP 增速平稳发展的阶段。第三，部分城市群 TFP 增速下降态势明显，例如吉林省大部分城市都转为下降型城市。吉林是我国重要的工业基地，长期以来依赖大型资本投资驱动经济增长，资本的贡献率较高，但 TFP 的贡献度较低。

表 8-1　中国城市名单及 TFP 增长类型

城市类型	地区	2000—2010 年	2011—2022 年
增长型城市	东部	上海、天津 江苏：镇江、泰州、扬州、苏州、南京 浙江：舟山、衢州 福建：莆田、龙岩 广东：清远、茂名、广州、中山、河源、深圳、东莞、湛江、佛山、梅州、珠海、阳江、韶关 海南：三亚、海口 河北：承德、唐山、邯郸、秦皇岛 辽宁：本溪、朝阳、阜新、锦州、抚顺、葫芦岛、辽阳、鞍山、铁岭、丹东 山东：东营、枣庄、淄博、青岛、济宁、济南	北京、上海、天津、重庆 江苏：宿迁、淮安、连云港、南京、常州、南通、扬州、泰州、苏州、无锡、镇江 浙江：嘉兴、杭州、宁波、湖州、衢州 福建：厦门、福州 广东：清远、东莞、云浮 广西：百色、河池、钦州、贺州、北海 河北：廊坊、秦皇岛、衡水 辽宁：葫芦岛、大连、沈阳 山东：菏泽、济南、潍坊、青岛、烟台、日照、临沂、济宁、德州、滨州、威海

续表

城市类型	地区	2000—2010 年	2011—2022 年
增长型城市	中部	安徽：铜陵、淮南、马鞍山、淮北、池州、芜湖 河南：三门峡、洛阳、平顶山、濮阳、焦作、漯河、郑州、鹤壁、安阳 黑龙江：七台河、双鸭山、鹤岗、佳木斯、黑河、鸡西、大庆、哈尔滨、牡丹江、齐齐哈尔 湖北：宜昌、武汉、鄂州、十堰 湖南：常德、长沙、衡阳、张家界、岳阳 吉林：松原、四平 江西：新余 内蒙古：乌兰察布、乌海、呼和浩特、包头、鄂尔多斯 山西：吕梁、朔州、太原、阳泉、长治、晋城	安徽：黄山、合肥、滁州、宣城、亳州、池州 河南：周口、信阳、驻马店、新乡、商丘 黑龙江：伊春、黑河、鹤岗、双鸭山 湖北：武汉 湖南：邵阳、永州、长沙 吉林：长春 江西：九江、上饶、吉安、宜春、鹰潭、赣州、抚州、南昌 内蒙古：乌海、乌兰察布、巴彦淖尔、鄂尔多斯、赤峰、呼伦贝尔、呼和浩特 山西：太原、晋城、运城、大同、忻州、晋中
	西部	甘肃：嘉峪关、金昌、白银、兰州 宁夏：石嘴山 青海：西宁 陕西：榆林、延安、铜川 四川：攀枝花、乐山、内江、资阳、广安、南充、泸州、眉山、自贡、宜宾 新疆：克拉玛依、乌鲁木齐 云南：曲靖	甘肃：陇南、兰州、庆阳、定西、武威、张掖 宁夏：固原、吴忠、中卫 陕西：榆林、西安、安康 四川：广元、雅安、绵阳、宜宾、眉山 云南：丽江、普洱、昆明、昭通
平稳型城市	东部	北京 河北：沧州、张家口 辽宁：营口、盘锦、沈阳、大连 吉林：白山、白城、吉林 江苏：宿迁、南通、徐州 浙江：丽水、宁波、台州、杭州、金华、温州、绍兴、嘉兴 山东：泰安、德州、日照、临沂、聊城、滨州、菏泽 福建：厦门、泉州、南平、漳州、福州、三明 广东：汕头、肇庆、江门、潮州 广西：柳州、崇左	河北：保定、邢台、石家庄、承德 山西：长治、阳泉、朔州、临汾 辽宁：阜新、朝阳、铁岭、营口、盘锦、辽阳、丹东 江苏：徐州、盐城 浙江：绍兴、丽水、台州、舟山、金华、温州 山东：聊城、东营、淄博、泰安、枣庄 福建：宁德、漳州、泉州、三明 江西：景德镇 广东：韶关、阳江、潮州、汕尾、珠海、深圳、惠州、广州 海南：海口 广西：防城港、贵港、来宾

续表

城市类型	地区	2000—2010 年	2011—2022 年
平稳型城市	中部	山西：晋中、大同、临汾 黑龙江：伊春 安徽：合肥、阜阳、蚌埠 江西：九江、鹰潭 河南：许昌、开封 湖北：黄石、襄阳、孝感、荆门、荆州 湖南：湘潭、株洲、益阳、怀化、郴州、娄底	黑龙江：七台河、鸡西、大庆、哈尔滨、绥化、佳木斯 安徽：阜阳、安庆、蚌埠、芜湖、宿州 河南：漯河、许昌、开封、南阳、郑州、洛阳、鹤壁、濮阳、平顶山 湖北：宜昌 湖南：岳阳、张家界、益阳
	西部	重庆 四川：成都、遂宁、德阳、广元、绵阳、巴中 云南：临沧、昆明、丽江 陕西：商洛、渭南、咸阳、宝鸡、汉中 内蒙古：呼伦贝尔、赤峰、巴彦淖尔 宁夏：银川	四川：德阳、乐山、遂宁、自贡、达州、成都 贵州：贵阳、遵义 云南：保山、曲靖、玉溪 陕西：汉中、延安、咸阳、商洛 甘肃：金昌、平凉、天水、白银 宁夏：石嘴山、银川
下降型城市	东部	福建：宁德 广东：汕尾、惠州、揭阳、云浮 广西：南宁、来宾、防城港、北海、贵港、梧州、贺州、桂林、百色、河池、钦州、玉林 河北：石家庄、邢台、廊坊、保定、衡水 吉林：辽源、长春、通化 江苏：无锡、淮安、盐城、连云港、常州 山东：烟台、潍坊、威海 浙江：湖州	福建：南平、莆田、龙岩 广东：河源、肇庆、江门、梅州、中山、湛江、佛山、汕头、茂名、揭阳 广西：玉林、南宁、梧州、崇左、桂林、柳州 海南：三亚 河北：唐山、张家口、沧州、邯郸 黑龙江：齐齐哈尔、牡丹江 吉林：吉林、白城、白山、辽源、通化、四平、松原 辽宁：抚顺、锦州、本溪、鞍山

续表

城市类型	地区	2000—2010 年	2011—2022 年
下降型城市	中部	山西：运城、忻州 黑龙江：绥化 安徽：宣城、安庆、亳州、宿州、六安、黄山、滁州 江西：抚州、景德镇、南昌、萍乡、吉安、赣州、宜春、上饶 河南：南阳、商丘、信阳、新乡、驻马店、周口 湖北：咸宁、随州、黄冈 湖南：永州、邵阳 内蒙古：通辽	山西：吕梁 安徽：淮北、淮南、六安、马鞍山、铜陵 江西：萍乡、新余 河南：安阳、焦作、三门峡 湖北：孝感、黄冈、荆州、咸宁、鄂州、十堰、随州、襄阳、黄石、荆门 湖南：湘潭、株洲、常德、怀化、衡阳、娄底、郴州 内蒙古：包头、通辽
	西部	四川：达州、雅安 贵州：安顺、贵阳、遵义 云南：玉溪、保山、普洱、昭通 陕西：西安、安康 甘肃：天水、庆阳、定西、酒泉、张掖、武威、陇南、平凉 宁夏：固原、中卫、吴忠 新疆：克拉玛依、乌鲁木齐	四川：南充、泸州、攀枝花、广安、内江、巴中、资阳 贵州：安顺、六盘水 云南：临沧 陕西：渭南、宝鸡、铜川 甘肃：酒泉、嘉峪关 新疆：克拉玛依、乌鲁木齐 青海：西宁

为了更好地展示我国不同城市 TFP 随时间变化的趋势，本章以 2000 年为基期，假定 2000 年各城市的 TFP 水平值均为 100，根据计算出的增长率推算出 2000—2022 年间的 TFP 定基水平值。图 8-5 (a) 展示了东部、中部、西部三个区域的 TFP 定基水平值的变动趋势，以对比 2000—2022 年间我国不同经济区域 TFP 水平的增长情况。直观来看，东部城市的 TFP 增长较快，在党的十九大之后增速愈发加快，形成了显著的效率优势。东部城市受益于沿海地理位置，面临更加开放的经济环境，是我国最早实行改革开放的片区，无论是产业结构优化升级还是资本劳动力等要素集聚，都领先于中西部地区。近年来，创新要素更是不断在东部地区汇聚，京津冀、长三角、粤港澳大

湾区所包含省市对全国经济增长贡献率达 49.3%，城市群引领作用持续增强，TFP 快速提升。由于西部大开发战略的贯彻实施，西部地区基础设施建设不断完善，特色优势产业得到支持发展，中西部地区的 TFP 出现了分化。2010 年前，中部地区的 TFP 增速高于西部地区，TFP 定基水平值也高于西部地区。然而在 2010 年之后，西部地区凭借更高的 TFP 增速实现了优势反超，在 TFP 定基水平值上领先中部地区。

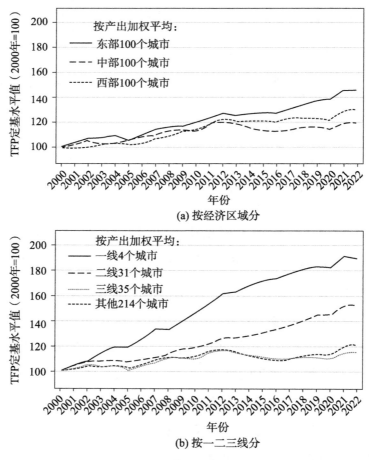

图 8-5　中国城市 TFP 水平值

图 8-5（b）将国内 284 个城市按经济发展水平分类，展示了一、二、三线城市以及其他城市的 TFP 增长情况。结果显示，一线、二线城市的 TFP 增长率显著高于三线及其他城市，这与按照经济区域划分的结果相互佐证，即我国经济发展水平更高的城市拥有更高的 TFP 增长率。一二线城市的产业结构不断优化升级，战略性新兴产业蓬勃发展，高新技术产业逐渐成为当地主导，技术驱动、规模效率等优势不断凸显，推动城市 TFP 快速增长并不断实现效率优势的积累。三线城市和其他城市产业结构仍以传统产业为主，对劳动或者资本等单一要素存在高度依赖，高精尖产业发展不足，抑制了 TFP 的提升。

四、启示与建议

本章利用可变要素产出弹性假定下的索洛余值法计算了我国 284 个城市的 TFP 增长率，并以 9 个发达国家 17 个主要城市作为参照对象进行比较分析。结果显示，我国城市的 TFP 在大多数年份都表现为平稳增长态势，而国外发达城市的 TFP 则呈现负增长趋势。我国一二线城市的经济发展水平向发达国家主要城市不断靠拢，但 TFP 增长率并未出现明显的下滑。分区域来看，我国东部地区的 TFP 增速整体高于西部、中部地区，一二线城市的 TFP 增速高于三线城市和其他城市。基于以上发现，我国可以重点采取以下措施提高 TFP 增速，更好地培育和发展新质生产力。

第一，充分发挥中国特色社会主义制度的优越性。研究结果表明，我国一二线城市的经济发展水平向发达国家主要城市快速靠拢，经济实力显著提升，但全要素生产率并未出现明显下跌。这充分表明中国特色社会主义制度是植根中国大地、具有强大生命力和巨大优越性的制度，具有提高要素资源配置效率的显著优势，在推动经济增长的同时保证了效率提升。在城市发展的过程中，应坚持党的领导，发挥党统筹全局的优势，坚持全国一盘棋，坚持和完善社会主义基本经济制度，健全城市创新机制体制，最终推动经济高质量发展。

第二，各城市应因地制宜，扬长避短，结合自身资源禀赋与发展特征，走出一条具备城市底色的经济增长道路。我国地理区域辽阔，城市间发展基础与发展模式因地而异，各城市应根据自身面临的实际情况，遵循客观发展规律因地制宜、因城施策。东部城市对外开放水平高、产业基础好、创新要素密集，应加强技术创新，并依托新型科技和数字经济发展高端制造业和现代服务业；西部地区自然资源丰富，应立足于自身资源禀赋，选择具有发展潜力的特色产业作为发展方向；中部地区全要素生产率增速出现明显下滑，应加快科技创新赋能产业转型升级进程，以现代装备制造及高技术产业培育发展新质生产力。

第三，推动区域均衡发展，构建优势互补、高质量发展的区域经济格局。目前中西部地区的全要素生产率增速显著低于东部地区，经济效率相对滞后，区域间发展不均衡。我国应加大中西部的政策支持。一方面，推动中西部地区承接东部地区的优质产业转移，增强本地产业的核心竞争力，培育产业发展新优势；另一方面，深化东中西部科技创新合作，鼓励中西部城市加大科技创新力度，推动中西部城市从科技创新的转化者向参与者转变。

第四，从要素端切入，在劳动力、资本和科技方面驱动经济效率提升。首先，从户籍制度改革和优化教育资源配置两方面入手，尽可能地消除劳动力投入要素的流动阻碍，推动人才优势转化为高质量发展动力，协同高端人力资本要素与现代产业发展。其次，克服"投资恐惧症"，正确认识中国经济发展的阶段性特征，切忌由于矫枉过正而大幅降低社会投资的行为，重点依托稳定且高质量的投资促进要素嵌入型全要素生产率的增长。[①] 最后，增加城市研发投入，以创新为核心动力驱动生产效率提升。当前我国科技实力迅速崛起，专利批准数量已达全球第一，并率先进入 5G 时代。但我国基础科研投入薄弱，科技发展水平与发达国家相比仍有较大差距。未来应持续积累创新动能，推动科技创新与高质量发展并轨，为提高全要素生产率、建设现代化产业体系提供重要动力支持。

---

① 刘晓光，龚斌磊. 面向高质量发展的新增长分析框架、TFP 测度与驱动因素. 经济学（季刊），2022（2）.

第三篇
实 现 路 径

新质生产力的内涵是多维度的，如何形成和发展新质生产力是一个重大的现实挑战。本篇从传统产业现代化、新兴科研产业化这两个维度出发，集中阐述发展新质生产力的十大路径。

　　本篇第九至十三章深入探讨了传统产业现代化的路径。传统产业不是落后生产力，而是现代化产业体系的基底，是支撑我国经济发展的主要力量。传统产业是形成新质生产力的基础，不少传统产业经过升级改造成为发展新质生产力的主阵地。具体来说，第九章从传统基础设施更新入手，梳理传统信息基础设施向数字基础设施转变升级的重要阶段，论述数字基础设施影响企业出口国内附加值率（DVAR）的理论机制，并就如何加快推进数字中国建设与以新质生产力实现高质量发展提供政策建议。第十章聚焦传统产业高端化，描述了高素质劳动者应具备的各种能力，指出了以人才支撑我国传统产业高端化面临的挑战，并从人口高质量发展视角，提出了推进传统产业高端化的政策路径。第十一章聚焦传统产业低碳化，以高耗能行业为例，利用数据包络分析方法测算考虑污染排放的绿色全要素生产率和考虑能源投入的能源利用效率，描述高耗能行业绿色转型发展的经验事实和发展特征，并力图给出传统行业实现绿色转型升级的路径和举措。第十二章论述数字化转型对推动新质生产力发展的重要作用，分析数字化转型的现状与趋势，探讨数字化转型对企业创新的影响，并基于知识溢出视角对数字化转型与产业创新能力进行分析，提出加快推进产业数字化转型的对策建议。第十三章聚焦现代服务业中的重要组成部分——

金融业，首先对金融发展与新质生产力的作用关系进行理论分析，随后剖析当前金融服务新质生产力发展的短板并为金融服务新质生产力发展提供政策建议。

本篇第十四至十八章从不同角度阐述了如何实现新兴科研产业化。新兴科研产业化聚焦于将前沿科研成果迅速转化为实际生产力，通过培育新兴产业、打造创新链与产业链深度融合的生态系统，开辟经济增长的新蓝海。第十四章呈现了我国企业的创新网络全景图，并以研发投入为例，探讨如何优化创新要素的配置来培育新质生产力。第十五章梳理了我国对外开放的历史进程和政策方针，以及超大规模市场的具体优势，深入探讨了我国超大规模市场优势如何影响国际贸易和跨国投资，以及如何通过高水平对外开放来推动新质生产力的发展。第十六章指出我国区域之间发展差异显著、互补性强，要基于系统竞争力逻辑，优化空间布局，深化协作融合，转化区域差异势能，系统构建高质量现代化产业体系，塑造有竞争力的现代产业集群，推动产业和区域协同高质量发展。第十七章以长江经济带为例开展详细研究，绘制该区域战略性新兴产业的发展版图，识别其空间特征与演化趋势，并以小见大，展望新质生产力发展对战略性新兴企业发展的影响。第十八章梳理了我国对外直接投资的发展历程和现状格局，结合全球竞争格局，认为我国对外投资将从加强国际合作、创新驱动和可持续发展三个角度在全球竞争中发挥更重要的作用，强调新质生产力在科技变革和重塑经济格局中的作用。

第九章

传统基础设施更新：
数字基础设施与企业出口国内附加值率

　　1987 年，诺贝尔经济学奖得主罗伯特·索洛表示，"处处感到身处计算机时代，唯独在统计中见不到生产率提高"。此后，学者们将信息技术投资的实际收益和期望收益不一致的现象称为"索洛悖论"或"生产率悖论"。学者们对"索洛悖论"的存在与否以及可能原因进行了广泛讨论，但莫衷一是，甚至提出了数字时代的新"索洛悖论"。Brynjolfsson and McAfee（2014）认为诸如人工智能等变革性的新技术可以大幅提升生产率。[①] 但 Acemoglu et al.（2014）发现，密集使用信息技术（IT）的制造行业的生产率会相对提高，但这种提升效应不仅对 IT 投资的测度方式比较敏感，而且在 20 世纪 90 年代后期便不再那么明显。[②] Brynjolfsson et al.（2019）对此总结了四点可能

---

①　Brynjolfsson, E. , & McAfee, A. (2014). The second machine age: Work, progress, and prosperity in a time of brilliant technologies. New York: WW Norton & Company, 97 - 106.

②　Acemoglu, D. , Autor, D. , Dorn, D. , Hanson, G. H. , & Price, B. (2014). Return of the Solow paradox? IT, productivity, and employment in US manufacturing. *American Economic Review*, 104 (5).

的解释：过高期望、测度偏误、收益集中与租金耗散、滞后效应。[1]其中，Brynjolfsson et al.（2019）认为最可信的解释是技术影响的滞后效应，该解释也得到了中国数据的支持。[2] 进一步地，Goldfarb and Tucker（2019）发现，数字技术有利于减少信息不对称问题和协同创新成本，加快知识扩散，进而对其他部门的生产率提升产生溢出效应。[3] 数字基础设施建设则是数字技术发展的基本前提，所以本章重点关注数字基础设施建设对新质生产力的影响。特别地，本章关注数字基础设施对中国企业出口国内附加值率（DVAR）的影响。该指标既可以反映中国企业获取真实贸易利得的能力和全球价值链的分工地位[4]，又可以表征国内中间品供给率，刻画企业参与国内大循环的程度[5]，因此本章选择该指标作为新质生产力的表现形式。

一、传统信息基础设施的更新升级

数字基础设施是以数据创新为驱动、通信网络为基础、数据算力

① Brynjolfsson, E. , Rock, D. , & Syverson, C. （2019）. Artificial intelligence and the modern productivity paradox. *The economics of artificial intelligence：An agenda* , 23.

② 程文. 人工智能、索洛悖论与高质量发展：通用目的技术扩散的视角. 经济研究，2021，56（10）.

③ Goldfarb A. , & C. Tucker. （2019）. Digital economics. Journal of Economic Literature, 57（1）.

④ Kee, H. L. , & H. Tang. （2016）. Domestic value added in exports：Theory and firm evidence from China. *American Economic Review*, 106（6）.

⑤ 黄群慧，倪红福. 中国经济国内国际双循环的测度分析——兼论新发展格局的本质特征. 管理世界，2021，37（12）.

设施为核心的新型基础设施体系，主要涉及 5G 网络与千兆光网、通用数据中心、超算中心、智能计算中心、边缘数据中心、人工智能、物联网、区块链等新一代信息通信技术，以及基于上述技术形成的各类数字平台。数字基础设施同时包括信息基础设施和物理基础设施的数字化改造两个主要部分。一般认为，信息基础设施为狭义上的数字基础设施。

1993 年 9 月，美国克林顿政府宣布启动《国家信息基础设施行动计划》（National Information Infrastructure），旨在加速信息基础设施建设，推动产业转型升级，缩小数字鸿沟，促进居民生活和工作方式的转变，并提升美国企业在全球市场中的竞争力。自此以后，世界各国政府纷纷跟进，布局本国信息基础设施建设。中国政府在"九五"规划（1996—2000 年）的远景目标中首次提出要"初步建立以宽带综合业务数字技术为支撑的国家信息基础设施"。2023 年初，中共中央、国务院印发的《数字中国建设整体布局规划》进一步强调，要夯实数字基础设施，畅通数据资源大循环。从初步建立信息基础设施到夯实数字基础设施，中国的信息基础设施建设实现了从零星散落到纵横交错的华丽蜕变，更推动了中国经济社会的信息化和数字化发展。本节将对历次五年规划中的信息基础设施建设内容进行梳理，并概述"宽带中国"战略与数字中国建设的核心内容以厘清中国信息基础设施建设的重要阶段。

起步阶段：国家"九五"规划（1996—2000 年）。20 世纪 90 年代初，中国的通信网络基础设施建设相对滞后。1994 年，中国首次接入国际互联网。国家统计局的数据显示，1995 年的互联网拨号用户仅为 7 000 户。为了满足经济社会各领域对现代电子信息技术应用的现实需求，支持信息产业的发展，国家提出要"继续加强长途干线网的建设，重点建设全国联网的光缆干线"。① 1998年，被誉为中国通信建设史上施工难度最大的兰西拉（兰州—西宁—拉萨）工程竣工；2000年，广昆成（广州—昆明—成都）干线实现贯通。至此，历时15年、造价高达170亿元的贯通全国的"八纵八横"光纤通信骨干网正式建成，为国家信息化进程的快速推进奠定了坚实的网络基础。

加速阶段：国家"十五"规划（2001—2005年）。与"九五"规划在远景目标中提及建设信息基础设施相比，"十五"规划直接明确要在规划期间"建设信息基础设施"。该规划强调要大力发展高速宽带信息网，将建设宽带接入网列入工作重点。与通过电话拨号上网的"窄带"相比，宽带传输速率更快，运行更稳定，安全系数更高，从而加速了互联网在全国范围内的普及。图9-1显示，2002年，中国互联网宽带接入用户为325.3万户，互联网拨号用户为5246.5万户。不过，互联网宽带接入用户数量呈现指数式的增长趋势，而互联网拨号用户则从2003年便开始出现下降趋势。到了2005年，宽带接入用户数量达到3735万户，首次超过互联网拨号用户数量。截至2023年，中国互联网宽带接入用户数量已经超过6亿户，而互联网拨号用户数在2017年已经降至300万户，后续更是不再披露具体用户数量。庞大的互联网用户规模为信息产业和数字产业的跨越式发展提供了超大规模的国内市场优势，信息产业成为国民经济的重要支柱产业。信息资源作为重要生产要素的作用日益显现，信息技术与传统产业的加速融合推动了工业结构的优化升级和社会生产力水平的显著提高。

---

① 《关于国民经济和社会发展"九五"计划和2010年远景目标纲要的报告》. https://www.gov.cn/test/2008-04/21/content_950407.htm.

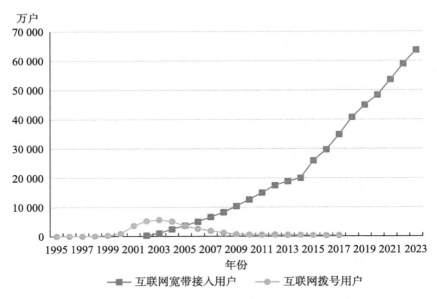

图 9 - 1　互联网宽带接入用户与互联网拨号用户变化趋势

资料来源：国家统计局。

　　全面加速阶段：国家"十一五"规划（2006—2010 年）。首先，此次规划提出要进一步"完善信息基础设施"，并将推进"三网融合"作为工作重点。① "三网"分别是指以互联网为代表的计算机通信网、以电话网为代表的传统电信网和以有线电视为代表的广播电视网。三网融合不仅有利于减少信息基础设施的重复投资，提高数据资源、信息资源的整合能力，还有利于促进各运营商之间的良性竞争，降低服务价格，提高服务质量。2010 年 6 月 6 日，国务院通过由广电总局与工信部提出的三网融合试点方案，标志着三网融合取得实质性进展。其次，"稳步推进新一代移动通信网络建设"也是工作重点之一。

---

　　① 《中华人民共和国国民经济和社会发展第十一个五年规划纲要》. https://www.gov.cn/gongbao/content/2006/content_268766.htm.

2009 年 1 月 7 日，工信部正式向中国移动、中国联通和中国电信三大运营商同时发放 3G 牌照。其中，中国移动正式获批的基于 TD-SCDMA 技术制式的 3G 牌照意味着中国拥有了具备自主知识产权的 3G 国际标准，具有划时代意义。图 9 - 2 显示，移动电话普及率（百人移动电话数量）与固定电话普及率（百人固定电话数量）之间的差距迅速扩大，两者差距在 2008 年仅为 22 部/百人，2010 年已扩大至 42 部/百人。最后，此次规划还提出要"建立电信普遍服务基金，加强农村信息网络建设"，缩小城乡之间的数字鸿沟，增强城乡信息流通的便利性。截至 2010 年，农村宽带接入用户数已经达到 2 475.7 万户。

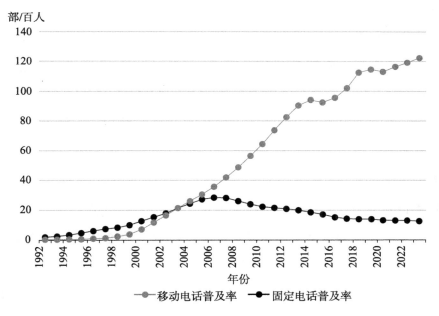

图 9 - 2 移动电话与固定电话普及率

资料来源：国家统计局。

提速普及阶段：国家"十二五"规划（2011—2015 年）。在"十一五"规划的基础上，此次规划明确提出要"加快建设宽带、融合、安全、泛在的下一代国家信息基础设施"。① 为此，工信部编制的《通信业"十二五"发展规划》提出要通过实施"宽带中国"战略，初步实现"城市光纤到楼入户，农村宽带进乡入村，信息服务普惠全民"的发展目标。② 城市宽带发展策略的重点在于"提速降费"，而农村宽带发展策略的重点在于解决网络"最后一公里"问题，最终全面提高宽带普及率。截至 2015 年，光纤接入（FTTH/0）用户已经将近 1.2亿户，占全国宽带用户的 56.1%；互联网宽带接入端口数也表现为"光进铜退"的趋势，光纤接入（FTTH/0）端口增加至 2.69 亿个，占比 56.7%，而基于铜缆接入的 xDSL 端口比例则由 2010 年的74.6%下降至 20.8%。城市宽带用户增长至 1.95 亿户，较 2010 年增长 96%；农村宽带用户增长至 6 398 万户，较 2010 年增长 158%（见图 9-3）。全国互联网普及率从 2010 年的 34.3%大幅增长至 2015 年的 50.3%。新一代移动通信网发展迅速，2013 年 12 月，工信部向中国移动、中国联通和中国电信三大电信运营商发放 4G 牌照，标志着中国移动通信正式进入 4G 时代。移动互联网飞速发展，移动电话普及率与固定电话普及率的差距继续扩大，移动宽带用户（3G/4G 用户）累计达到 6.74 亿户，无线局域网公共运营接入点总数达到 604.5万个。下一代互联网网址资源稳步推进，IPv4 地址数量达 3.3 亿，位居全球第二；IPv6 地址数量达到 19 338 块（/32），同比增长 47.2 倍。同时，信息化与工业化融合程度提高。截至 2015 年，制造业主要行业

---

① 《中华人民共和国国民经济和社会发展第十二个五年规划纲要》. https://www. gov. cn/zhuanti/2011－03/16/content_2623428. htm.

② 《通信业"十二五"发展规划》. https://www.gov.cn/gzdt/2012－05/04/content_2129697. htm.

大中型企业关键工序数控化率达到 70%。同年，中国正式开始实施"互联网＋"战略，数字技术与实体经济加速融合。

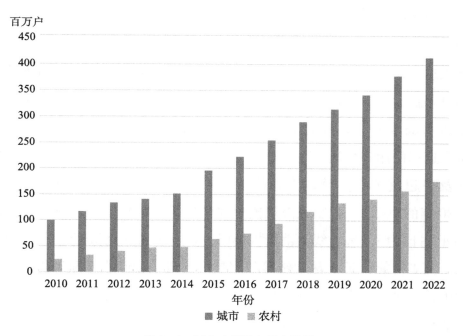

百万户

图 9 - 3　城乡宽带接入用户数量

资料来源：国家统计局。

提质升级阶段：国家"十三五"规划（2016—2020 年）。规划指出，"加快建设数字中国"，"加快构建高速、移动、安全、泛在的新一代信息基础设施"。① 其中，"高速"是指"新一代高速光纤网络"，"移动"是指"先进泛在的无线宽带网"。随着新一轮科技革命和产业革命加速到来，数字经济发展渐显规模，数字中国建设稳步推进。数据要素的高效、自由、安全流通，人工智能、大数据、云计算、物联

---

① 《中华人民共和国国民经济和社会发展第十三个五年规划纲要》. https://www.gov.cn/xinwen/2016 - 03/17/content_5054992.htm.

网、区块链等数字技术的进步，数字技术与经济社会发展的深度融合，无不依靠高速、移动、安全、泛在的信息基础设施。截至 2020年，中国已经建成全球最大规模光纤和 4G 网络；5G 商用规模全球领先，5G 基站数达到 77.1 万个，5G 手机终端连接数接近 2 亿户。光纤接入速率稳步提升，百兆网络基本实现城乡全覆盖，千兆网络覆盖范围显著扩大。100Mbps 及以上接入速率的固定互联网宽带接入用户总数达 4.35 亿户，占固定宽带用户总数的 89.9%；1 000Mbps 及以上接入速率的用户数达 640 万户，较 2019 年净增 553 万户。全国互联网普及率超过 70%，移动宽带用户普及率由 2015 年的 57.4% 提升至 2020 年的 108%。数字经济规模位居全球第二，数字经济核心增加值GDP 占比为 7.8%。线上消费规模巨大，电子商务交易额超过 37 万亿元。人工智能、5G、区块链等数字技术的自主创新水平显著提高，专利申请数量领先世界。数字技术与实体经济融合程度进一步深化，制造业数字化、网络化、智能化转型成效明显。截至 2020 年 6 月，制造企业生产设备数字化率达 48.7%，关键工序数控化率达 51.1%，数字化研发设计工具普及率达 71.5%。

数字化升级阶段：国家"十四五"规划（2021—2025 年）。此次规划明确提出要"加快数字化发展，建设数字中国"，"建设高速泛在、天地一体、集成互联、安全高效的信息基础设施，增强数据感知、传输、存储和运算能力"，全面推进数字产业化和产业数字化。[①]百年未有之大变局下，新一代信息技术创新周期进一步缩短，全球经济加速转向数字经济。2023 年初发布的《数字中国建设整体布局规

---

① 《中华人民共和国国民经济和社会发展第十四个五年规划和 2035 年远景目标纲要》. https://www.gov.cn/xinwen/2021 - 03/13/content_5592681.htm.

划》进一步明确要夯实数字基础设施。与传统的信息基础设施不同，数字基础设施的全面夯实，既要尽快普及 5G 通信网络与商业应用，推进 6G 技术研发，发展下一代互联网和卫星通信网络，又要强化 IPv6 与 5G、工业互联网、物联网等领域的融合创新，对电网、铁路、公路、水运、民航、水利、物流等物理基础设施进行数字化升级改造。2024 年 7 月，党的二十届三中全会在《中共中央关于进一步全面深化改革、推进中国式现代化的决定》中进一步明确要"推进传统基础设施数字化改造"。① 《数字中国发展报告（2023 年）》的统计数据显示，截至 2023 年 12 月，全国 5G 基站数量已达 337.7 万个，同比增长 46.1％（见图 9 - 4）；5G 移动电话用户数量达 8.05 亿，占移动电话

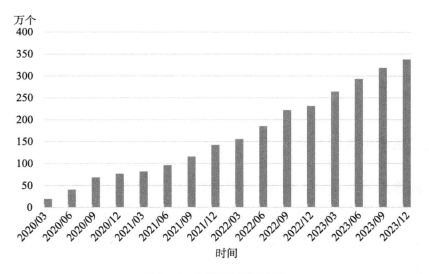

图 9 - 4　全国 5G 基站数量

资料来源：工业和信息化部。

---

① 《中共中央关于进一步全面深化改革、推进中国式现代化的决定》. https://www. gov. cn/zhengce/202407/content_6963770. htm?sid_for_share=80113_2.

用户总数的 46.6％；IPv6 活跃用户数达 7.78 亿，其中移动网络 IPv6 流量占比 60.88％，固定网络 IPv6 流量占比 19.57％。光纤宽带网络技术持续升级，服务能力显著增强，1 000Mbps 及以上接入速率的用户数达 1.63 亿户，较 2020 年增长 24 倍，占固定宽带接入用户的 25.7％。移动物联网用户数量持续增长，应用场景日益丰富多样。在公共服务、车联网、智慧零售和智慧家居等领域，蜂窝物联网终端用户数量分别达到 7.99 亿户、4.54 亿户、3.35 亿户和 2.65 亿户。数字技术与实体经济的融合程度继续深化，关键工序数控化率达到 62.2％，数字化研发设计工具普及率达到 79.6％。

二、宽带中国与数字中国

(一)"宽带中国"战略

高速宽带既是人工智能、物联网、云计算等数字技术发展的基本前提，也是扩大信息消费的重要载体。国家"九五"至"十一五"规划期间，中国信息基础设施建设取得显著成绩，但是宽带一直没有像水、电、路那样被视作公共基础设施，受重视程度仍然相对不足。后金融危机时代，世界各国纷纷推出国家层面的宽带战略，试图抢占全球数字技术竞争的制高点。为此，中国推出"宽带中国"战略，并首次将宽带明确为战略性公共基础设施。该战略最早于 2011 年底由工业和信息化部提出；2013 年 8 月 16 日，国务院正式发布"宽带中国"

战略及实施方案，这意味着"宽带中国"正式上升为国家战略，数字基础设施建设进入新阶段。

考虑到城乡宽带发展现状的差异，中国对城乡宽带发展采取差异化策略，分别通过"宽带中国"示范城市工程与"宽带乡村"试点工程推进城乡地区的宽带网络建设。2014 年 1 月，工业和信息化部、国家发展改革委联合开展"宽带中国"示范城市（城市群）创建工作，主要目标在于大幅提升示范城市（城市群）的宽带发展水平，对全国同类地区形成示范效应。2014 年 6 月，国家发展改革委、财政部、工业和信息化部联合组织实施"宽带乡村"试点工程，主要目标在于"推动宽带进乡村"。

为服务"宽带中国"战略发展目标的实现，城乡两地的宽带试点工程具有明确的发展时间表。首先，2015 年的阶段性目标要求，与 2013 年相比，在宽带用户规模方面，城市宽带用户的目标增长率为 25%，农村宽带用户的目标增长率为 40%；在宽带网络普及率方面，城市固定宽带家庭普及率提升 18%，农村固定宽带家庭普及率提升 50%；在宽带网络能力方面，城市宽带网络接入速率全面提升至 20Mbps，覆盖率提高 20%，农村宽带网络接入速率全面提升至 4Mbps，覆盖率提高 15%。其次，2020 年的长期目标要求，与 2015 年相比，3G/LTE 用户数量和用户普及率的目标增长率分别为 167% 和 162%；城市和农村宽带接入能力的目标增长率分别为 150% 和 200%。

图 9-5 展示了中国互联网网民数量与互联网普及率的变化趋势。1997—2023 年，互联网网民数量已经由 62 万人增长至近 11 亿人，增长近 1 760 倍。截至 2023 年，城镇地区的互联网普及率为 83.3%，农

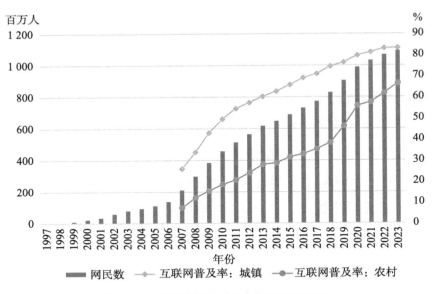

图 9-5　互联网网民数量与互联网普及率

资料来源：中国互联网信息中心. 第54次中国互联网络发展状况统计报告. 中国互联网信息中心网站，2024-08-29.

村地区的互联网普及率为 66.5%，城乡互联网普及率的差距已经从最大值 36% 下降至 17% 左右。与此同时，100Mbps 及以上接入速率的固定互联网宽带接入用户比例已经从 2017 年的 38.9% 上升至 2023 年的 94.5%，基本实现全覆盖（见图 9-6）。这意味着"宽带中国"的战略目标已经全部实现，数字基础设施建设成效显著。

（二）建设数字中国

"宽带中国"战略的推进为建设数字中国铺平了道路。在 2015 年第二届世界互联网大会开幕式致辞中，习近平总书记便首次提出要建设"数字中国"。2017 年 10 月，党的十九大报告也首次将"建设数字中国"写入党和国家的纲领性文件。2017 年 12 月，习近平总书记在

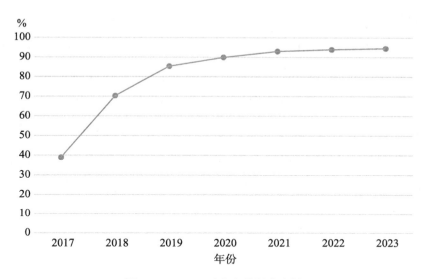

图 9 - 6   100M 以上宽带用户比例

资料来源：第 54 次中国互联网络发展状况统计报告.

十九届中央政治局第二次集体学习时强调，要加快推进数字中国建设，构建以数据为核心要素的数字经济，推动实体经济与数字经济的融合发展。2018 年 4 月，习近平总书记在致信首届数字中国建设峰会时再次强调，加快数字中国建设是适应我国发展新阶段的必然要求，要全面贯彻新发展理念，以信息化培育新动能，以新动能推动新发展，以新发展创造新的辉煌。2022 年 10 月，党的二十大报告进一步明确提出，要加快建设网络强国和数字中国。2023 年 3 月，国务院发布《数字中国建设整体布局规划》，从国家战略高度对新时代数字中国建设作出全面部署，明确数字中国建设的指导思想、主要目标、重点任务和保障措施。

数字基础设施和数据资源体系是建设数字中国的两大基础。首先，要加快数字基础设施建设，打通数字基础设施大动脉。一方面要加快 5G 网络与千兆光网协同建设；另一方面要深入推进 IPv6 规模部署和应用，进而推动 IPv6 与 5G、工业互联网的融合创新。加强电网、铁路、公路、水运、民航、水利、物流等传统基础设施的数字化、智能化改造。其次，要促进数据资源的高效流通。构建国家数据管理体制机制，完善各级数据统筹管理机构。推动公共数据的汇聚与利用，建设公共卫生、科技、教育等重点领域的国家数据资源库。加快建立数据产权制度，推动数据交易平台的发展，加快数据要素市场化流通。

三、数字基础设施、新质生产力与企业出口国内附加值率的理论机制

本节将简述数字基础设施如何影响新质生产力，进而影响企业出口 DVAR 的理论机制。

(一) 企业成本加成率渠道

数据要素是促进新质生产力发展的关键生产要素。数据作为新型生产要素，既可以直接创造价值，也可以与劳动、资本等传统生产要素高效融合，提高资源配置效率。数字基础设施有助于促进数据要素的自由流通，增加企业在生产经营过程中对数据要素的使用，并与劳动、资本等传统要素形成高效资源组合，从而提升企业的全要素生产率。与此同时，数字基础设施还可以加速先进技术与管理知识的传

播，从而也可以导致全要素生产率的提升。一般而言，全要素生产率与企业的市场定价能力成正相关，这意味着企业的成本加成率，即产品价格与边际生产成本的比值相对增加。更进一步地，全球价值链理论认为，企业的成本加成率越高，企业出口 DVAR 也越高。[①] 但值得注意的是，全要素生产率的提升同时也意味着边际生产成本的下降。因此，企业出口 DVAR 是否上升要具体看产品价格与边际成本的相对变化。

（二）国内外中间品价格比渠道

首先，数字基础设施将极大促进互联网、大数据和人工智能等数字技术的发展和应用，打破信息传递的时空限制，降低生产企业的搜索成本和信息摩擦，扩大中间品种类的可选择范围。[②] 其次，最终品生产企业还可以通过自主搭建的电子商务平台或者第三方电子商务平台发布中间品或者任务需求信息，从而吸引更多的供应商进入市场。供应商数量的增加可以提高最终品生产企业的议价能力，这有助于降低中间品的成交价格。最后，由于买卖双方都能够以更低的搜索成本获取更高质量的交易信息，如产品或服务质量、社会责任履行情况等，供应商与客户的匹配效率也会相应提高。需要注意的是，虽然数字基础设施可以同时减少企业搜索国内中间品和国外中间品的信息摩擦，但是受国家间偏好差异和社会网络等因素的影响，地理距离的阻

[①] Kee, H. L., & H. Tang. (2016). Domestic value added in exports: Theory and firm evidence from China. *American Economic Review*, 106 (6).

[②] Goldfarb, A., & C. Tucker. (2019). Digital economics. *Journal of Economic Literature*, 57 (1).

碍作用依然显著。此外，从战略规划目标看，"宽带中国"战略全面推进光纤网络和 3G 移动通信网络建设，布局下一代互联网发展，提高宽带网络的普及率和接入速度，尤其是提高中西部地区和农村地区的数字基础设施水平，缩小国内区域之间的数字基础设施发展差异。总之，数字基础设施将更加显著降低国内中间投入品的信息摩擦和搜索成本，扩大国内中间投入品的可搜索范围和可选择种类，进而降低国内中间品相对价格，最终提高企业出口 DVAR。

四、数字基础设施对企业出口国内附加值率提升的异质效应

我们的经验研究显示，数据基础设施对企业出口 DVAR 具有提升作用，且表现出显著的异质性特征。

（一）企业所有制

与国有企业相比，民营企业面临更为激烈的市场竞争，从而有更强的利润动机去优化其国内中间品与国外中间品的投入比例，因此数字基础设施建设对民营企业的影响可能更明显。同时，国有企业由于受到国有资本的控股，更有动机响应国家推进数字基础设施建设与数字化转型的相关政策，进而也会增加国内中间品的投入比例。我们按照股权性质将样本分成两组后分别进行实证回归。结果发现，两组的估计系数差异并不显著。这意味着数字基础设施对国有企业和民营企业的出口 DVAR 均具有提升作用。

（二）行业数字要素贡献度

如果企业在生产过程中更加依赖数字要素投入，那么数字基础设施建设会进一步增加数字要素投入，出口 DVAR 的提升作用也会更加明显。我们从增加值核算的角度出发，参照许宪春和张美慧（2020）的做法，将投入产出表中的数字设备制造与基础设施建设（39）、电子信息传输服务（63）、数字技术服务（65）、数字内容（86）等四个行业列为数字产业，进而测算行业层面的数字要素贡献度。[①] 我们按是否高于行业数字要素贡献的中位数把样本分为高低两组，然后分别进行实证回归（见表 9-1）。结果发现，数字基础设施建设对高数字要素贡献度行业的出口 DVAR 提升作用相对更大。

表 9-1 异质效应（一）

变量名称	（1） 国有企业	（2） 民营企业	（3） 高数字贡献度	（4） 低数字贡献度
宽带中国	0.008 (1.152)	0.007* (1.749)	0.009** (2.134)	0.002 (0.475)
组间系数差异检验	p-value=0.885		p-value=0.315	
控制变量	Yes	Yes	Yes	Yes
观测值数量	52 923	105 742	73 751	84 914
拟合优度（R^2）	0.788	0.767	0.668	0.807

注：括号内数字为经城市层面聚类调整后的 t 值；***、**、* 分别表示在 1%、5% 和 10% 显著性水平上显著。

（三）行业进口中间投入比例

信息摩擦的减少会扩大企业国内中间品的可搜索范围和可获

---

① 许宪春，张美慧. 中国数字经济规模测算研究——基于国际比较的视角. 中国工业经济，2020（5）.

得种类，进而降低国内中间品的相对价格，提升国内中间品投入比例。特别地，如果企业属于高度依赖进口中间投入的行业，那么企业更有动机进行"国产替代"。我们按进口中间投入比例是否高于行业中位数将样本分为高低两组，然后分别进行实证回归。结果发现，数字基础设施对高进口中间投入行业的出口 DVAR 提升作用更明显。

（四）行业契约密集度

行业契约密集度越高意味着行业的制式化程度越低，外部交易成本越高，信息不对称的阻碍作用也越明显。数字基础设施可以减少信息不对称问题，有助于降低高契约密集度行业对信息透明度的敏感性，进而增强出口企业同国内上游供应商进行交易的意愿。我们按契约密集度是否高于行业中位数将样本分成高低两组，然后分别进行经验回归（见表 9-2）。结果发现，数字基础设施对高契约密集度行业的出口 DVAR 提升作用更明显。

表 9-2　异质效应（二）

变量名称	(1) 高进口中间投入	(2) 低进口中间投入	(3) 高契约密集度	(4) 低契约密集度
Treated×Post	0.011*** (3.114)	−0.013 (−1.647)	0.012*** (2.841)	−0.005 (−0.767)
组间系数差异检验	p-value＝0.007		p-value＝0.003	
控制变量	Yes	Yes	Yes	Yes
观测值数量	125 321	32 659	85 921	70 452
拟合优度（R^2）	0.780	0.750	0.730	0.798

注：同表 9-1。

五、结论与政策含义

数字基础设施是加快新质生产力发展的重要基础，也是加快建设数字中国的重要底座。本章发现，数字基础设施可以增强出口企业获取贸易利得的竞争力，助力中国企业向全球价值链中高端迈进，推动出口贸易的高质量发展。数字基础设施的出口 DVAR 提升作用具有异质性特征，对高数字要素贡献度、高进口中间品比例和高契约密集度行业的提升作用更加明显，但国有企业和民营企业普遍受益于数字基础设施建设。本章的研究结论具有如下政策含义：

首先，政府部门应优先加快建设高速泛在、天地一体、云网融合、智能敏捷、绿色低碳、安全可控的智能化综合性数字信息基础设施。适度超前建设 5G、云计算、物联网等新型基础设施，深入推进工业互联网发展，深化"5G＋工业互联网"融合创新和规模化应用。加快推进新型网络基础架构和 6G 技术的开发，丰富北斗系统、卫星通信网络的应用。加强对交通、能源、市政等传统基础设施的数字化改造，形成适应智能经济、智能社会需要的公共基础设施网络。

其次，数字基础设施建设应兼顾不同企业的发展需求，促进数字技术与实体经济的融合发展，推动制造业高端化、智能化、绿色化。各类企业在产业链供应链中的位置不同，对数字要素的依赖程度不同，这导致企业数字化转型的具体需求不同。政府应注重物联网、云计算、工业互联网等数字基础设施的协同建设，引导龙头企业发挥数字化升级的产业链带动作用，优化"大企业建平台、中小企业用平台"的模式；鼓励支持扁平化、平台化、生态化等新企业形态的发展，鼓励上下游企业之间的数据资源共享和数字风险共担，推动整个产业链的优化升级。

最后，建立健全数据基础制度，注重数据安全与隐私保护问题，坚持安全和发展并重。数据基础制度有助于规范数据要素市场，有利于充分挖掘和利用数据价值。完善数据产权制度，明确数据生产、流通、使用过程中各参与方享有的合法权利，建立数据资源持有权、数据加工使用权、数据产品经营权等分置的产权运行机制。健全数据分类分级管理制度和个人信息保护认证制度，在保护个人隐私的前提下推进个人数据的开发利用。政府还应加强对数据滥用行为的监管和处罚力度，维护公民和企业的合法权益，营造安全、可信的数字经济环境。

第十章

传统产业高端化：
劳动力素质提升与新质生产力

一、传统产业高端化：内涵和理论基础

（一）传统产业高端化

1. 基于传统生产力的传统产业

改革开放后，我国充分利用巨大的人口红利，逐渐形成了以传统生产力为支撑的传统产业发展模式。1978 年以来，我国 15～64 岁劳动年龄人口占总人口的比重逐年上升，为我国社会经济建设提供了充足且相对廉价的劳动力资源，这使得我国的产品价格保持在一个较低的水平，有利于劳动密集型产业的成长，并在一定程度上增强了我国劳动密集型产业在国际市场上的竞争力。提供物美价廉的商品是我国成为"世界工厂"的重要原因。巨大的人口红利成为传统发展模式下

传统产业发展的重要贡献因素。[①]

传统产业指以应用稳定成熟的传统技术为主的产业，通常具有劳动密集型特征，其资本密集型与技术密集型占比则较低，且具有高物耗、高能耗、高污染的特征。传统产业主要包括制造业、建筑业、采矿业、农业等，其提供的产品仍有着巨大而持久的市场需求。传统产业是建设现代化产业体系和支撑国计民生的重要基石。首先，传统产业是稳定经济增长的支柱。我国制造业规模连续 14 年保持全球第一。2023 年，我国制造业增加值为 351 750 亿元，相比上年增长 5.0%，占国内生产总值的 29.2%。建筑业是国民经济的支柱产业。2023 年，我国建筑业增加值为 85 691 亿元，相比上年增长 7.1%，占国内生产总值的 6.8%。其次，传统产业也是吸纳就业、保证就业的重要产业。2022 年，制造业和建筑业分别容纳了城镇 22% 和 11% 的就业人口。

随着人口红利的消失，劳动力供给将会减少。根据国家统计局的数据，自 2012 年起，我国的劳动力人口开始下降。预计到 2030 年，我国劳动力人口将继续减少。这意味着劳动力市场将面临供需失衡的挑战，可能导致劳动力成本上升。[②] 劳动力的减少会对生产力的增长产生影响。根据世界银行的数据，我国的劳动生产率在过去几十年中取得了显著增长，但劳动力供给的减少可能导致生产力增长放缓，进而对我国经济增长潜力产生限制。

2. 传统产业的转型升级和高端化

随着人口红利的逐渐消失，劳动力成本不断上升，势必带来产业

[①] 刘守英，黄彪. 从传统生产力到新质生产力. 中国人民大学学报，2024（4）.

[②] Li, H., Li, L., Wu, B., & Xiong, Y. (2012). The end of cheap Chinese labor. *Journal of Economic Perspectives*, 26 (4).

外移，很多外资开始从我国长三角和珠三角地区向东南亚地区转移。以传统生产力支撑的传统产业发展模式将难以为继，上升的劳动力成本"倒逼"企业由劳动密集型向资本、技术密集型转变。发展新质生产力是传统生产力难以为继后转变发展方式、推动高质量发展的要求。转型升级是传统产业激发新质生产力的关键。推动传统产业高端化、智能化、绿色化发展，不仅有效促进了传统产业转型升级，还带动了战略性新兴产业和未来产业的需求扩张，夯实了高质量发展根基。

传统产业高端化是指传统产业在保持其核心业务的基础上，通过技术创新、管理升级、品牌塑造和产业链延伸等方式，实现从低附加值、低技术含量的生产模式朝高附加值、高技术含量的方向转型升级。传统产业高端化不仅能够带动其自身发展，而且能够使整体经济产业结构朝更高级方向演进，为高质量发展提供现代化的产业体系支撑。一方面，传统产业高端化可以为战略性新兴产业、未来产业的发展提供更高质量、更高精度的材料及零部件，推动战略性新兴产业和未来产业的发展；另一方面，战略性新兴产业、未来产业的发展对传统产业的精密制造能力和精益制造能力也提出了更高的要求。

（二）高素质劳动者的内涵和特征

1. 高素质劳动者的内涵

不同于传统以简单重复劳动为主的普通技术工人，高素质劳动者是能够充分利用现代技术、适应现代高端先进设备、具有知识快速迭代能力、主要从事知识型劳动和复杂劳动的劳动者。更高素质的劳动者是新质生产力的第一要素。① 发展新质生产力，推动传统产业高端化，需要类型多样的高素质劳动者队伍做支撑，既需要能够创造新质生产力的战略人才（他们能引领世界科技前沿，创造新型生产工具，包括在颠覆性科学认识和技术创造方面作出重大突破的顶尖科技人才、在基础研究和关键核心技术领域作出突出贡献的一流科技领军人才和青年科技人才），又需要能够熟练掌握新质生产资料的应用型人才（他们具备多维知识结构，熟练掌握新型生产工具，包括以卓越工程师为代表的工程技术人才和以大国工匠为代表的技术工人）。

2. 高素质劳动者的特征

只有培养高素质劳动者队伍，才能为传统产业高端化提供强有力的人才支撑。传统产业高端化对劳动者的知识和技能提出了更高要求。那么，传统产业高端化需要什么样的高素质劳动者？总结而言，高素质劳动者应具备以下特征：

（1）高素质劳动者应具备强大的创新能力。新质生产力是由创新起主导作用，摆脱了传统经济增长方式、生产力发展路径，具有高科技、高效能、高质量特征，符合新发展理念的先进生产力质态。新质生产力的发展离不开能够推动科技前沿的创新型人才。这类劳动者需要在颠覆性科学研究和技术创造方面取得重大突破，能够引领全球科技创新，包括顶尖的科技人才、一流的科技领军人才，以及在基础研究和关键核心技术领域攻坚克难、作出突出贡献的科技人才。

（2）高素质劳动者应具备更高的技术和知识技能。传统产业高端化必须以科技创新为引领。随着科技的快速发展，劳动者需要不断学

---

① 习近平经济思想研究中心. 新质生产力的内涵特征和发展重点. 学习月刊，2024(3).

习和更新自己的技能，以适应新技术和新工具的应用，如编程、数据分析、人工智能操作等。高素质劳动者还需融会贯通不同领域的知识，从而更有力地突破知识体系的边界，实现科技创新。

（3）高素质劳动者应具有精湛的实践操作能力。高素质劳动者还包括能够熟练掌握和应用新型生产工具的技术应用型人才，他们也是新质生产力发展的关键。这类劳动者需要在工程技术和生产工艺方面有深厚的实践经验，能够有效地将新技术和新工具应用到实际生产中。

（4）高素质劳动者应具备更强的学习和适应能力。为应对快速变化的技术、生产方式和市场需求，高素质劳动者需要具备持续学习的意愿和能力，不断更新知识和技能，确保自己始终处于科技和生产力的前沿。这种学习不仅涉及技术更新，还包括对新业务模式和市场趋势的适应，从而增强他们对未来的适应性。

（5）高素质劳动者应具有更强的绿色理念和绿色技能。新质生产力具有绿色可持续发展的内在特征，强调维持生态平衡，促进人与自然和谐发展。新质生产力本身就是绿色生产力。相对于主要依靠机器、人力和自然资源消耗推动发展的传统生产力，新质生产力以人工智能、大数据、信息通信等新的科学技术优化和重塑劳动材料，使其转变为具有绿色化、自动化、信息化、数字化、智能化等特性的"新介质"。深刻理解新质生产力的这一重要特征，高素质劳动者才能在产业发展的具体实践中牢牢把握创新方向，通过生产的绿色化来促进新质生产力的发展。此外，高素质劳动者还应具备使经济活动环境可持续的技能，这称为绿色技能。

二、传统产业高端化对劳动力的影响

传统产业高端化是对传统产业进行技术升级和创新，使其具备更高附加值、更强竞争力以及更高科技含量。具体包括：（1）通过引入新技术、新工艺，提升产品的技术含量和附加值，例如传统制造业通过智能制造技术实现自动化和精细化生产；（2）提升产品的质量、功能和设计，使其更加符合市场需求，尤其是高端市场需求；（3）向产业链的上下游延伸，增加产品的多样性和服务内容，从而提高整体竞争力，例如传统农业通过加工、品牌化和销售网络的建设，实现全产业链发展；（4）通过环保技术和可持续发展理念的引入，降低资源消耗和环境污染，实现绿色转型；（5）通过品牌化运作，提升产品和企业的市场影响力和美誉度，打入高端市场。

新质生产力主要由技术革命性突破催生而成。随着新质生产力的发展，传统产业生产的自动化、智能化程度会越来越高。与传统生产力相比，传统产业高端化对工作岗位的"创造性破坏"作用更加明显。首先，人工智能、自动化和大数据等新兴技术能够完成重复性高、机械化、规则明确或需要大量数据处理和分析的工作，如装配线工人、质检员、翻译员、出租车司机等的工作，从而替代部分工作岗位，减少对执行这些任务的岗位需求（就业替代效应）。其次，以数字技术为代表的新兴技术催生了大量新的职业和工作岗位，如数据科学家、人工智能机器学习工程师、生成式人工智能系统应用员、数据标注员、智能网汽车测试员等，推动了对新技能劳动者的需求增长（新工作创造效应）。最后，新科技的广泛应用也间接提升了劳动者的技能和生产率，整体上推动了劳动者的技能和素质的提升，从而增加了对劳动者的需求（生产率提升效应）。

此外，传统产业高端化还将推动就业形态多样化发展，催生出灵活就业、共享用工、远程工作等一系列新的工作方式。这些工作方式提供了更大的灵活性，但同时也给劳动者的权益保障带来了巨大挑战，他们在工作稳定性、收入保障、社会保险等方面面临更大的不确定性。建立与之适配的合理完善的劳动报酬制度和劳动保障制度，既是对劳动者个体权益的保障，也是对传统产业高端化发展本身的重要支撑。

三、传统产业高端化的人才支撑现状与问题

（一）传统产业高端化的人才支撑现状

我国人口综合素质不断提高，劳动力的教育水平持续提升，劳动力的健康状况持续改善，这有助于实现人口数量红利向质量红利转变。我国科研人员总量位居世界首位，但每百万人的研发人员数量显著少于发达国家。人工智能人才数量占据世界领先地位，人工智能顶尖（前2%）研究者数量位居全球第二。虽然我国拥有世界上规模最大的技能劳动者大军，但高技能人才依然稀缺。此外，我国绿色人才缺口巨大。

1. 人口综合素质稳步提升

我国人口综合素质稳步提升，主要体现在教育和健康两个维度。首先，人口整体教育水平的持续提升使劳动力的素质和质量不断提高，从而极大推动了劳动生产率的提升。具体来说，16~59 岁劳动力的平均受教育年限逐渐提高，从 1982 年的略高于 8 年增长至 2023 年的 11.05 年。2023 年，新增劳动力平均受教育年限超过 14 年，意味着未来劳动力的受教育年限将继续提升。

高等教育毛入学率是反映一个国家或地区高等教育普及程度的指标。提高高等教育毛入学率是提升国家创新能力、培育和发展新质生产力的重要支撑。自 1999 年高校扩招政策实施以来，我国高等教育毛入学率逐年增长（见图 10-1）。我国大学毛入学率自 2015 年开始超过

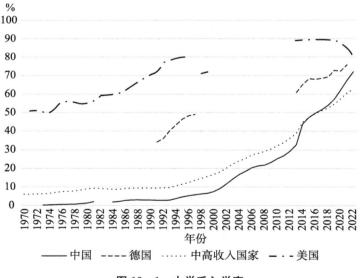

图 10-1　大学毛入学率

注：中间的断点表示数据缺失。个别年份数据缺失，并不影响趋势。

资料来源：世界银行。

中高收入国家的平均水平，国民素质稳步提升。根据世界银行数据，2022 年我国高等教育毛入学率已达 71.98%，高等教育进入普及化阶段。2024 年我国高校毕业生高达 1 179 万人。

同时，我国人口的健康状况持续改善。我国平均预期寿命在过去几十年间不断提高，从 1980 年的 67.8 岁提高到 2023 年的 78.1 岁，略低于美国（见图 10-2）。人口综合素质的稳步提升能够为培育新质生产力提供坚实基础和持久动力。

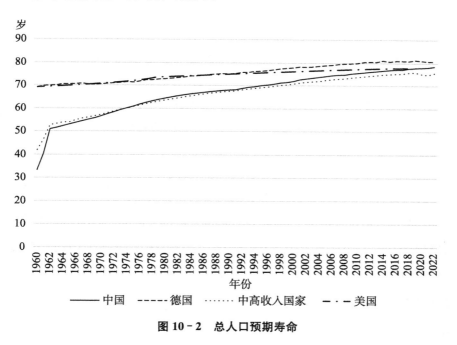

图 10-2 总人口预期寿命

资料来源：世界银行。

2. 我国科技人才规模持续增长

我国是世界上规模最大和门类最齐全的人才资源大国，高素质劳动者众多，科研人员总量位居世界首位，为发展新质生产力提供了强大的基础性核心支撑。但是，每百万人的科研人员数量（科研人员密度）仍显著少于发达国家，如美国、德国（见图 10 - 3）。

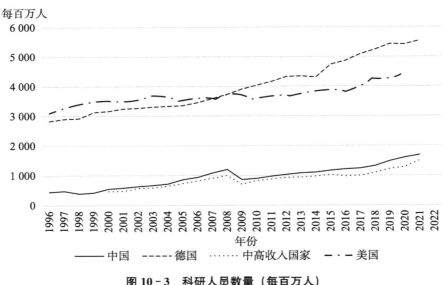

图 10 - 3　科研人员数量（每百万人）

资料来源：世界银行。

在人工智能领域，我国人工智能科研创新能力不断提升。根据中国科学技术信息研究所和北京大学联合发布的《2023 全球人工智能创新指数报告》，我国人工智能发展综合水平在全球范围内排名第二，仅次于美国（见图 10 - 4）。分维度看，我国在人才培养、科研产出和产业发展等方面取得积极成效，但数据开发利用、原始创新等方面仍存在不足。

我国人工智能人才数量占据世界领先地位。我国着力打造人工智能人才成长的"孵化器"和"蓄水池"，为未来产业发展积蓄创新要素。《全球人工智能人才追踪调查报告 2.0》显示，2022 年，全球前 2% 的顶尖人工智能研究者中，有 12% 的人员在中国机构工作，这一比例仅次于美国（57%）。过去十年中，虽然来自中国的人工智能顶尖研究者（排名前 2%）数量增长了十倍，但留在中国工作的相对较少，美国仍然是人工智能顶尖人才的主要工作地（见图 10 - 5、10 - 6）。

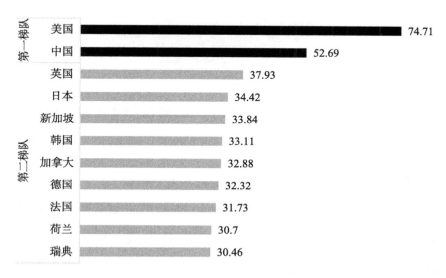

图 10 - 4　2023 年人工智能创新指数得分与排名

资料来源：中国科学技术信息研究所、北京大学. 2023 全球人工智能创新指数报告，2024 - 07 - 04.

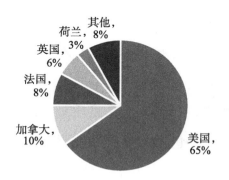

图 10 - 5　2019 年全球顶尖（前 2%）人工智能研究者就职的主要国家

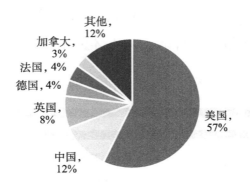

其他，12%
加拿大，3%
法国，4%
德国，4%
英国，8%
中国，12%
美国，57%

图 10 - 6　2022 年全球顶尖（前 2％）人工智能研究者就职的主要国家

资料来源：MacroPolo 智库. 全球人工智能人才追踪调查报告 2.0. 保尔森基金会网站，2024 - 03 - 19.

3. 我国技能工人队伍庞大，但高技能人才仍稀缺

新质生产力的发展既需要顶尖的科技人才，也需要大量的应用型技能人才，如此才能带动各行各业的数字化升级。技能人才是培育发展新质生产力、推动高质量发展的生力军。根据人力资源和社会保障部的数据，截至 2022 年底，我国技能劳动者总量超过 2 亿人，占就业人员的 26％，其中高技能人才超过 6 000 万人，为发展新质生产力提供了强有力的人力资源支撑。但是，适应新产业、新模式、新动能发展的数字型、创新型、复合型的高技能人才仍然稀缺。

4. 绿色人才缺口巨大

习近平总书记指出，绿色发展是高质量发展的底色，新质生产力本身就是绿色生产力。绿色人才能更好地驱动高新科技化的劳动对象和劳动资料来推动绿色生产力发展，他们是绿色生产力中的主导因素。根据联合国环境规划署的定义，绿色人才是指包括环境和生态系统的基础设施建设、清洁技术、可再生能源、废物管理、生物多样性、绿色建筑和可持续交通等领域的各类专业技术人才。根据《2022

年全球绿色技能报告》，2021 年中国对绿色技能有要求的职位占总招聘数量的 50%，如可持续发展经理、生态学家、合规经理等。该数据表明了绿色人才对中国经济发展转型的重要性。中国石油和化学工业联合会数据也佐证了上述观点："十四五"期间，中国需要的"双碳"人才为 55 万～100 万名，但目前人才供给存在较大缺口。

（二）我国推动传统产业高端化的人才支撑问题

高素质的劳动者是培育和发展新质生产力、推动传统产业高端化的重要人才支撑和保障。基于推动传统产业高端化的人才基础分析，我国推动传统产业高端化的人才支撑存在以下几方面问题：

1. 科研人员总量庞大，但科技领域拔尖创新人才不足

科技领域拔尖创新人才是培育新质生产力、实现高质量发展的重要战略资源。我国科研人员总量位居世界首位，但是科技领域顶尖创新人才供给不足，远远不能满足市场需求。

2. 技能工人数量庞大，但高技能人才仍紧缺

虽然我国拥有世界上规模最大的技能劳动者大军，但大国工匠和高技能人才仍然紧缺。而且由于缺乏足够的激励机制，技能人才技能提升的动力不强，高技能人才供给与产业转型升级需求之间的结构性矛盾日益凸显。

3. 教育体系与市场需求脱节

在新质生产力发展过程中，以互联网、大数据、云计算、人工智能等为代表的数字技术快速发展。高等教育和职业教育的专业设置及课程内容与市场需求脱节，导致人才供需不匹配，阻碍新质生产力的培育。

4. 快速的人口老龄化可能导致创新不足

2023 年，我国 60 岁及以上人口已达到 2.97 亿人，占总人口的 21.1%，标志着我国已经进入深度老龄化社会。新质生产力是基于创新的先进生产力质态，而快速发展的老龄化可能阻碍技术创新。人口老龄化还可能减缓全要素生产率的增长。[①]

四、人口高质量发展与传统产业高端化

(一) 人口高质量发展的理论内涵

党的二十大报告指出，中国式现代化是人口规模巨大的现代化。要着眼强国建设、民族复兴的战略安排，完善新时代人口发展战略，以人口高质量发展支撑新质生产力的培育和中国式现代化的实现。

在中国式现代化背景下，人口高质量发展体现在人口素质、总量、结构、分布等四个维度，目标是加快塑造素质优良、总量充裕、结构优化、分布合理的现代化人力资源。素质优良指提高人口整体素质。而不断提高人口素质是推动人口高质量发展的主要任务，培育和释放规模巨大的"人才红利"是人口高质量发展的核心要义，也是经济高质量发展和全面建设社会主义现代化国家的重要支撑。总量充裕指提振生育水平，保持与经济社会发展相适应的人口数量的适度增长。结构优化指人

---

① 都阳，封永刚. 人口快速老龄化对经济增长的冲击. 经济研究，2021，56 (2).

口结构均衡合理，与经济社会结构相协调。分布合理指人口在城乡、区域间有序流动，构建人口与经济社会、资源环境相协调的空间格局。

人口高质量发展的核心是实现人的全面发展。人的全面发展区别于其他发展内容的重要特征，在于其在实现的过程中将发展的目标与手段合二为一。增进人民福祉、促进人的全面发展和全体人民共同富裕是中国式现代化的出发点和落脚点。

（二）人口高质量发展与传统产业高端化的关系

人口高质量发展既是新质生产力形成的重要体现，也是培育新质生产力的根本手段。一方面，人口高质量发展为新质生产力的培育提供坚实的人力支撑；另一方面，人口高质量发展也是新质生产力发展和传统产业高端化的结果。

1. 人口高质量发展为新质生产力的培育提供坚实的人力支撑

从新质生产力的属性看，其核心是提升全要素生产率，而人口高质量发展是促进全要素生产率提升的关键环节。全要素生产率的提升既可以来源于资本、劳动等生产要素的优化配置，也可以来源于技术进步和创新推动的效率提升。科技创新是提升全要素生产率的核心驱动力。创新活动中最核心和最活跃的因素是劳动者的积极性、主动性和创造性。劳动者自始至终都是生产力中最具决定性的力量，而劳动者的创新能力又必然依托于人口质量的全面提升。只有在更高水平、更大范围实现人口高质量发展，才能为持续培育新质生产力提供最坚实的基础。

2. 新质生产力反过来促进人口高质量发展

新质生产力能通过技术创新、业态模式创新、管理创新和制度创新等途径提高劳动生产率、降低劳动强度（特别是重体力劳动强度）、改善劳动环境、缩短劳动时间，使更多的劳动者从事研发、服务、创意等工作。另外，数据等新型生产要素正在驱动一批工作内容新颖、工作模式多样的新产业新业态涌现，由此衍生出数据科学家、人工智能机器学习工程师等一系列新职业。这些新职业市场需求旺盛，不仅会为劳动者提供更多的机遇与平台，也将有效促进全社会的高质量充分就业，促进人的全面发展，并提升个体的福祉。

五、以人口高质量发展促进传统产业高端化的政策路径

如何通过人口高质量发展，培养适应新质生产力发展要求的高素质劳动者，从而为培育新质生产力提供人才支撑，推动传统产业高端化？本书提出以下政策建议：

（一）优化人力资本投资，实现人口全生命周期的高质量发展

个体在生命周期不同阶段的人力资本积累具有不同特征。大量研究成果表明，人力资本投资在不同阶段的回报率存在差异，人力资本投资的阶段越早，相应的回报率就越高，如学前教育的投资回报率远远高于后期的学校教育和职业培训。[①] 然而，我国对学前教育的公共

① Cunha, F., & J. J. Heckman. (2007). The technology of skill formation. *American Economic Review*, 97（2）; Cunha, F., J. J. Heckman, L. J. Lochner, & D. V. Masterov. (2006). Interpreting the evidence on life cycle skill formation. *Handbook of the Economics of Education*. Amsterdam，1; Heckman, J. J. (2006). Skill formation and the economics of investing in disadvantaged children. *Science*，312（5782）.

投资与发达国家相比尚存在一定的差距。通过优化生命周期人力资本投资配置，如加强 0～3 岁儿童早期干预，建设婴幼儿早期教育公共服务体系，就能提高人力资本投资效率，促进人口全生命周期的高质量发展。[①]

（二）深化教育改革，不断推进产教融合

根据发展新质生产力的要求，要加快建设高质量教育体系。建立学科专业动态调整机制，优化高等教育的学科专业结构，促进教育链、人才链与产业链、创新链有机衔接，逐步形成与新发展格局相适应的学科专业体系，实现人才供需精准匹配，更好地服务中国式现代化建设。推进部分普通本科高校向应用型高校转变，培养能够熟练掌握新质生产资料的应用型人才，促进传统产业高端化，夯实各类新兴产业的发展基础，助力"中国制造"向"中国智造"成功转型。

深化产教融合，加大职业院校与战略性新兴产业企业的合作力度。通过校企合作，了解企业的实际需求，共同制定人才培养方案，共同开展实践教学和技能培训，培养更多适应新质生产力需求的高素质劳动者和高技能人才。

（三）健全完善终身职业技能培训体系，壮大技能人才队伍规模

提升技能人才能力水平，是发展新质生产力、推动经济高质量发展的基础。健全完善终身职业技能培训体系，提升职业技能培训供给能力，提高职业技能培训质量，加强职业技能培训标准化建设。同

---

① 都阳. 人口高质量发展的主要内容. 新型城镇化，2023（7）.

时，建立和完善技能人才职业技能等级体系，畅通技术工人上升通道，拓宽技能人才职业发展空间，完善技能人才的培养、使用、评价、激励机制，持续激发技能人才发展动力和创新创造活力。充分发挥用工单位的职业技能培训主体作用，落实企业开展培训的税收优惠政策和相关补贴政策。

（四）健全和完善生产要素参与收入分配机制

健全生产要素参与收入分配机制，形成对劳动、资本、土地、知识、技术、管理、数据等生产要素实行"由市场评价贡献、按贡献决定报酬"的分配制度，激发各种生产要素的活力，更好体现知识、技术、人力资本的导向作用。首先，明确劳动、资本、土地、知识、技术、管理、数据等生产要素的产权归属，实行严格的产权保护制度。其次，建设一个统一开放、竞争有序的要素市场，促进要素自由流动，推进要素价格市场化改革，最大限度发挥市场决定价格的作用。最后，完善各类要素参与分配的机制。例如，完善技术参与分配的机制，鼓励科研人员通过科技创新成果转化获得合理收入，建立健全对科研人员实施股权、期权和分红激励的机制。

（五）实行更加积极、开放、有效的人才政策

完善全球人才招聘制度，实施更加积极、开放的人才政策，完善海外引进人才的支持保障机制，形成具有国际竞争力的人才制度体系。探索建立高技术人才移民制度，吸纳全球各类人才为新质生产力发展贡献力量，建设全球人才高地。

（六）优化人口空间布局，释放空间配置红利

持续推进以人为核心的新型城镇化。深化户籍制度改革，降低户籍身份与公共服务、社会保障之间的绑定程度，有序引导农村人口在城镇落户。推行由常住地登记户口并提供基本公共服务的制度，推动符合条件的农业转移人口在社会保险、住房保障、随迁子女义务教育等方面享有同迁入地户籍人口同等权利，加快农业转移人口市民化。提升小城市、县城、重点镇综合承载力和服务配套功能，支持有条件的镇建设县域副中心。制定以区域主体功能为导向的差别化人口发展政策：在重点发展区，发展以产业集群成链为依托的城市新区、产业新城，增强人口吸纳能力；在农产品主产区，适度扩大人口规模，推动人口向县城和中心镇集聚。优化人口空间布局与资源配置，提高人力资源的配置效率，释放空间配置红利。[1]

（七）加快完善生育支持政策体系，促进人口长期均衡发展

通过降低生育和养育成本，推动建设生育友好型社会，促进人口长期均衡发展。首先，需要建立健全生育支持政策体系，大力发展普惠托育服务，将其纳入基本公共服务，同时推进托幼一体化和社区托育等多样化托育模式，显著减轻家庭生育、养育和教育负担。其次，探索育儿补助金分级分类发放政策，降低教育成本。最后，在就业保障领域，着力消除职场性别歧视，保护女性合法的就业权，维护女性职场晋升空间，保障女性在生育假期及休假期间的工资、福利待遇。

---

[1]　Au, C. C., & Henderson, J. V. (2006). How migration restrictions limit agglomeration and productivity in China. *Journal of Development Economics*, 80 (2).

（八）积极开发老年人力资源

积极开发老年人力资源是我国实施积极应对人口老龄化国家战略的主要策略之一。按照自愿和弹性原则推进渐进式延迟法定退休年龄改革，构建老年人就业友好型社会。通过税收优惠、财政补贴、精神褒奖等举措激励用人单位雇用退休老年人，支持用人单位重新设计工作内容并探索创新方式来吸纳老龄劳动者。同步全面细化完善老年人再就业和权益保障的相关法律法规。破除现行法律中有关劳动关系认定的规范瓶颈，为特殊用工关系提供基本保障，并通过科学立法和严格执法来预防年龄歧视。通过适当调整老年福利制度中的财政激励举措提升老年人的就业意愿。

第十一章

传统产业低碳化：
高耗能行业绿色全要素生产率及影响因素

一、高耗能行业与绿色发展转型

高耗能行业主要指在生产过程中能耗较高的行业，这些行业在国民经济中具有重要地位，但同时也是能源消耗和环境污染的主要来源。国家统计局数据显示，六大高耗能行业（火电、钢铁、非金属矿产品、炼油焦化、化工、有色金属）的总能耗占我国能源消费总量的 50% 以上，二氧化碳排放占比接近 80%。[①] 鉴于其高能耗、高排放等特点，高耗能行业在我国新时代绿色发展战略中具有重要地位。

自 20 世纪 90 年代以来，能源消费排名靠前的产业依次为黑色金

---

① 曹馨. 双碳目标下高耗能行业转型路径. 中国石油大学经济管理学院碳中和与能源创新发展研究院，2021.

属冶炼及压延加工业、非金属矿物制造、化学原料及制品制造、石油加工及炼焦、有色金属冶炼及压延加工业、电力蒸汽热水生产、煤炭采选、石油加工和天然气开采、纺织、造纸等 10 个高耗能行业，占总能源消费的 56.7%，占工业行业内部的 81.6%。[①] 同时高耗能行业也是二氧化碳等排放物的主要来源。根据生态环境部 2021 年的数据，炼油、钢铁、水泥、有色金属冶炼、煤化工和火电行业贡献的二氧化硫、氮氧化物和颗粒物 3 种污染物排放量分别占全国工业行业污染物排放量的 86.5%、44.5%、22.7%，同时六大高耗能行业的二氧化碳排放量占全国排放总量的 79.68%。

党的十八大以来，2013—2023 年的数据显示，我国以年均 3.3% 的能源消费增速支撑了年均 6.1% 的经济增长，能耗强度累计下降 26.1%，是全球能耗强度降低最快的国家之一。2020 年 9 月 22 日，习近平主席在第 75 届联合国大会上宣布，中国将努力争取在 2030 年前实现"碳达峰"，即二氧化碳排放达到峰值，并在 2060 年前实现"碳中和"，即二氧化碳的净零排放。双碳目标提出以来，国务院、国家发改委及各相关部门针对高耗能行业的绿色转型，集中出台了十余项政策，主要集中在节能减排、环境约束、产业改造升级、技术攻关等方面。本章研究结果显示，这些政策起到了良好效果。

表 11-1 给出了国家相关部门出台的有关绿色发展转型的政策文件。不难看出，有关绿色转型的相关文件中都提到了工业体系的转变和结构转型，而对在工业体系中相当重要的高耗能行业，在很多文件

① 屈小娥，袁晓玲. 中国工业部门能源消费的面板协整分析——基于 10 个高耗能行业的实证分析. 产业经济研究，2008（6）；李素芳，徐钰楚，王定国. 中国高耗能行业能源消费的贝叶斯非对称影响效应研究. 湖南大学学报（社会科学版），2020，34（1）.

中都有发展前景的规划和转型指导意见。

表 11 - 1　双碳目标提出以来国家相关部门出台的有关绿色发展转型的政策文件

政策文件	政策主要内容	年份
国务院关于加快建立健全绿色低碳循环发展经济体系的指导意见	健全绿色低碳循环发展的生产体系、流通体系、消费体系，加快实施钢铁、石化、化工、有色、建材、纺织、造纸、皮革等行业绿色化改造；加快基础设施绿色升级并构建市场导向的绿色技术创新体系	
中共中央 国务院关于完整准确全面贯彻新发展理念做好碳达峰碳中和工作的意见	推进经济社会发展全面绿色转型；深度调整产业结构，制定能源、钢铁、有色金属、石化化工、建材、交通、建筑等行业和领域碳达峰实施方案；加快构建低碳能源体系、交通运输体系、城乡体系并加强相关科技的攻关和交流	2021
2030 年前碳达峰行动方案	推进碳达峰工作的总体部署，从能源、节能、工业、城乡、交通、经济建设和科技创新的角度对碳达峰碳排放工作作出总体的要求和规划	
"十四五"工业绿色发展规划	对面临的形势、发展的基础、发展环境和推进相关领域的高端化、低碳化、循环化、清洁化、绿色化和数字化转型给出了总体规划	
国家发展改革委 国家能源局关于完善能源绿色低碳转型体制机制和政策措施的意见	对能源战略和规划实施的推进机制进行指导，对能源的消费、开发、新型能源使用、传统能源技术更新、能源供给等多方面给出相应指导	2022
新时代的中国绿色发展	回顾新时代绿色发展的建树，对未来绿色发展提出总体规划	2023
关于推动能耗双控逐步转向碳排放双控的意见	提出了有计划、分步骤推动制度转变的工作安排和实施路径，旨在完善能耗双控制度，逐步转向碳排放总量和强度双控制度，为建立和实施碳排放双控制度创造条件	
中共中央 国务院关于加快经济社会发展全面绿色转型的意见	聚焦经济社会发展重点领域，构建绿色低碳高质量发展空间格局，推进产业结构、能源结构、交通运输结构、城乡建设发展绿色转型，加快形成节约资源和保护环境的生产方式和生活方式	2024
国家发展改革委等部门关于印发《绿色低碳转型产业指导目录（2024 年版）》的通知	针对节能降碳产业、环境保护产业、资源循环利用产业、能源绿色低碳转型和基础设施绿色升级的各个方面给出了指导意见	

续表

政策文件	政策主要内容	年份
工业和信息化部等七部门关于加快推动制造业绿色化发展的指导意见	针对传统产业的绿色低碳转型升级和绿色低碳技术改造的相关方面给出指导意见	2024
2024—2025 年节能降碳行动方案	重点对化石能源消费减少和非化石能源消费提升，钢铁、石油、化工等高耗能行业的节能减排给出相关指导意见	

习近平总书记指出，绿色发展是高质量发展的底色，新质生产力本身就是绿色生产力，新质生产力以全要素生产率显著提高为基本特征。新质生产力是符合新发展理念的先进生产力质态，坚持绿色发展，摆脱传统的"大量生产、大量消耗、大量排放"的生产模式和消费模式，实现经济社会发展和生态环境保护协调统一、人与自然和谐共处，是其应有之义。[1] 对于传统产业而言，要坚定不移地推动产业结构转型升级，要抓住新一轮科技革命和产业变革机遇，及时将科技创新成果应用到具体产业和产业链上，提升传统产业绿色转型，塑造竞争新优势。[2]

本章以我国高耗能行业为研究对象，利用非参数方法（数据包络分析方法（DEA））测算高耗能行业的绿色全要素生产率和能源利用效率，目的是给出党的十八大以来我国高耗能行业在绿色转型方面的特征事实和经验描述，特别是分析双碳目标提出之后的各项绿色转型政策对绿色全要素生产率的影响，为传统产业实现绿色转型升级提供科学依据和政策建议。

---

[1] 靳晓春. 绿色发展赋能新质生产力跃升. 红旗文稿，2024（13）.
[2] 刘德春. 大力发展新质生产力 促进经济社会发展全面绿色转型. 习近平经济思想研究，2024（3）.

二、我国高耗能行业发展现状的基本描述

───────

本节通过基本数据描述我国高耗能行业的发展现状和趋势。依据申银万国行业分类 2021 修订版，选取 2013—2022 年 A 股钢铁、化工、建材、石油、有色金属五大高耗能行业的上市公司作为研究样本，剔除 ST 和 ＊ST 等财务状况异常的企业，以及数据严重缺失的企业，最终得到 276 家企业的 2 760 个企业年度样本。[①]

基于本章的研究目标，我们将高耗能行业的生产过程描述为投入劳动、资本和能源消耗，生产期望产出（代理变量：营业收入）和非期望产出（代理变量：排污费），具体定义如下[②]：

（1）劳动力：员工数量。

（2）资本：总资产。

（3）能源消耗：按就业人数占比折合的企业能源消耗量。

（4）产出：营业收入。

（5）污染排放：排污费。

表 11 - 2 对五大行业的员工数量、总资产、能源消耗、营业收入和排污费等数据进行了描述性统计。

───────

[①]　火电行业企业数量太少，不适合使用 DEA 进行测算，故舍去。

[②]　样本企业的排污费数据通过企业年报和社会责任报告收集得到，省级能源消费及劳动人员数据来自历年《中国统计年鉴》、历年《中国能源统计年鉴》和各地方历年统计年鉴。企业固定资产净额、新增贷款额等其他公司财务数据，以及企业年龄等特征数据均来源于国泰安（CSMAR）数据库。

表 11-2　描述性统计

行业	2013—2022 年均值					
	年度样本量	员工数量	总资产（亿元）	能源消耗（万元）	营业收入（亿元）	排污费（亿元）
钢铁	260	361 982	13 790.06	302.10	11 166.65	4.51
化工	1 380	511 837	15 167.76	354.28	11 257.52	4.51
建材	380	263 180	7 759.51	172.21	4 034.79	1.84
石油	110	916 171	43 296.25	569.11	50 189.54	19.78
有色金属	630	413 612	12 217.55	251.50	13 519.91	5.33

我们主要考察能源投入及污染物排放这两个指标的情况。图 11-1 展示了五大行业的能源消耗和营业收入的变化趋势。可以看出，在 2013—2022 年间，化工行业、建材行业、有色金属行业的能源消耗逐年增长，年均增长率分别达到了 9.8%、10.7% 和 4.3%。钢铁行业的能源消耗在 2019 年达到 333.8 万元的最高点后，其后 3 年一直下降。石油行业 10 年间的平均能源消耗达到了 569.11 万元，虽然其能源消耗在 2020—2022 年有所下降，但整体能源消耗水平仍为最高。

就营业收入来讲，化工行业和有色金属行业维持持续增长的势头，年均增长率分别达到 15.6% 和 11.5%。钢铁行业、建材行业和石油行业在 2015 年均出现了同比下降，下降的幅度分别为 23.1%、8.3% 和 26.6%。在 2016—2021 年，钢铁行业和建材行业的营业收入不断增长，分别达到了 2015 年的 2.5 倍和 3.7 倍，但是这两个行业的营业收入在 2022 年都出现了不同程度的下降。2020 年石油行业的营业收入同比下降 26%，但之后 3 年其营业收入以 27.3% 的年均增长率增长，最终 2022 年的营业收入达到了 2019 年的 1.2 倍。

(a) 钢铁行业

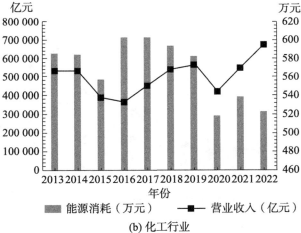

(b) 化工行业

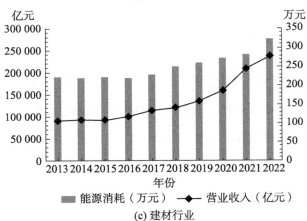

(c) 建材行业

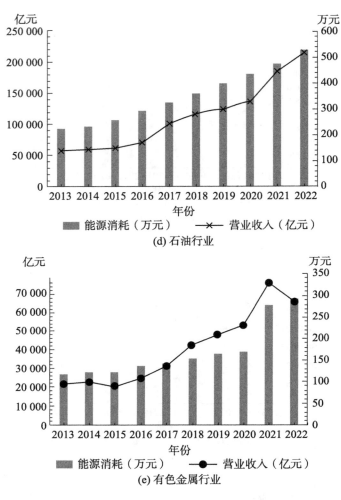

图 11-1   2013—2022 年五大行业的能源消耗和营业收入变化趋势

图 11-2 为五大行业在 2013—2022 年排污费的变化趋势。可以看出，除石油行业外，各个行业的排污费都在持续增长，且平均增长了1.5 倍。石油行业的排污费在 2015 年、2019 年和 2020 年分别同比下降 22.5%、1.5% 和 11.5%，但整体来看石油行业排污费的年均增长率达到了 1%。

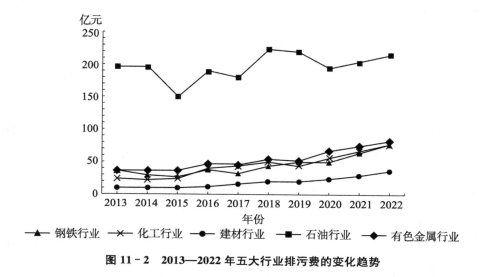

图 11 - 2　2013—2022 年五大行业排污费的变化趋势

三、绿色全要素生产率特征

　　新质生产力以全要素生产率显著提高为主要特征。在双碳目标和绿色发展战略的指引下，测算全要素生产率时，不仅要考虑传统的资本、劳动等生产要素，同时也要考虑对经济发展影响巨大的资源和环境因素。许多文献开始把污染物排放看作未支付的投入，与资本、劳动和能源投入一起引入生产函数，估算得到的全要素生产率为绿色全要素生产率或环境全要素生产率。[①] 但是越来越多的研究发现，污染

---

　　① Mohtadi, H. (1996). Environment, growth, and optimal policy design. *Journal of Public Economics*, 63 (1); Ramanathan, R. (2005). An analysis of energy consumption and carbon dioxide emissions in countries of the Middle East and North Africa. *Energy*, 30 (15).

排放的产出特征是期望产出（工业总产值或工业增加值）的负产品，应当归纳为非期望产出（或坏产出）之列，而不应该简单视为投入。数据包络分析（DEA）是测量全要素生产率的非参数分析方法。最早由 Charnes et al.（1978）提出 CCR 模型。[①] Banker et al.（1984）放松了规模报酬不变的约束，提出了规模报酬可变（VRS）的 BCC 模型。[②] Färe et al.（1994）首次使用 DEA 方法测量全要素生产率，将 Malmquist 指数与 DEA 方法结合，为测度全要素生产率（TFP）提供了一种非参数方法，同时将 TFP 变化分解为技术进步和效率提高两个部分，从而更好地理解其变化的来源。[③] 之后 Färe et al.（2007）定义了环境技术函数，并测量了存在非期望产出时的效率。[④] Chung et al.（1997）利用方向性距离函数和 ML 生产率指数从方法上第一次合理地拟合了污染排放对于经济增长的作用，得出了真正意义上的绿色全要素生产率。[⑤] Oh（2010）在 Chung et al. 的基础上构建了 Global Malmquist-Luenberger（GML）指数。[⑥]

随着绿色发展理念的深入，测算绿色全要素生产率的方法也有了

[①] Charnes, A., Cooper, W. W., & Rhodes, E. (1978). Measuring the efficiency of decision making units. *European Journal of Operational Research*, 2 (6).

[②] Banker, R. D., Charnes, A., & Cooper, W. W. (1984). Some models for estimating technical and scale inefficiencies in data envelopment analysis. *Management Science*, 30 (9).

[③] Färe, R., Grosskopf, S., Norris, M., & Zhang, Z. (1994). Productivity growth, technical progress, and efficiency change in industrialized countries. *The American Economic Review*, 84 (1).

[④] Färe, R., Grosskopf, S., & Pasurka Jr, C. A. (2007). Environmental production functions and environmental directional distance functions. *Energy*, 32 (7).

[⑤] Chung, Y. H., Färe, R., & Grosskopf, S. (1997). Productivity and undesirable outputs: A directional distance function approach. *Journal of Environmental Management*, 51 (3).

[⑥] Oh, D. H. (2010). A global Malmquist-Luenberger productivity index. *Journal of Productivity Analysis*, 34.

一定的改进。越来越多的学者基于非期望产出来测量绿色全要素生产率。涂正革（2008）在 Färe 的基础上利用方向性距离函数，对 1998—2005 年间我国 30 个省区规模以上工业企业考虑了能源消耗和环境污染的绿色全要素生产率进行测算，其中污染物考虑了工业二氧化硫的排放。[①] 吴军（2009）通过 GML 指数将代表污染物排放的 COD（化学需氧量）和二氧化硫纳入全要素生产率分析框架，分析环境约束下中国 1998—2007 年地区工业全要素生产率增长。[②] 郑丽琳和朱启贵（2013）考虑能源环境因素时利用 GML 指数对中国 TFP 进行再估算，研究发现纳入能源环境因素的全要素生产率年均增长幅度十分有限。[③] 王兵和黄人杰（2014）运用参数化共同边界与 Luenberger 生产率指标相结合的方法，研究环境约束下 2000—2010 年中国区域绿色发展效率和绿色全要素生产率增长。[④]

（一）行业整体分析

利用 DEA 方法对 2013—2022 年五大行业的 GML 指数进行测算，结果如表 11 - 3 和图 11 - 3 所示。[⑤] 结果显示，五大行业的 GML 指数在 2013—2014 年和 2015—2016 年间呈现上升趋势，但在 2014—2015 年、2017—2018 年有所下降。在 2018—2019 年后，所有行业的 GML

① 涂正革. 环境、资源与工业增长的协调性. 经济研究，2008（2）.
② 吴军. 环境约束下中国地区工业全要素生产率增长及收敛分析. 数量经济技术经济研究，2009，26（11）.
③ 郑丽琳，朱启贵. 纳入能源环境因素的中国全要素生产率再估算. 统计研究，2013，30（7）.
④ 王兵，黄人杰. 中国区域绿色发展效率与绿色全要素生产率：2000—2010——基于参数共同边界的实证研究. 产经评论，2014，5（1）.
⑤ 本节利用 Dearun Tools 软件进行计算.

指数再次波动上升，2021—2022 年有所回落。

表 11-3　五大行业的 GML 指数

行业	钢铁行业	化工行业	建材行业	石油行业	有色金属行业
2013—2014 年	1.032	0.993	1.071	0.942	1.040
2014—2015 年	0.898	0.959	0.988	0.965	0.986
2015—2016 年	0.889	0.891	0.955	0.886	0.937
2016—2017 年	1.252	1.179	0.979	1.118	1.073
2017—2018 年	0.932	0.953	1.037	1.113	0.942
2018—2019 年	0.981	1.049	1.074	0.909	1.078
2019—2020 年	1.003	0.926	1.000	0.925	0.954
2020—2021 年	1.090	1.078	1.000	1.104	1.099
2021—2022 年	1.000	1.001	0.857	1.078	1.000
平均值	1.009	1.003	0.997	1.004	1.012

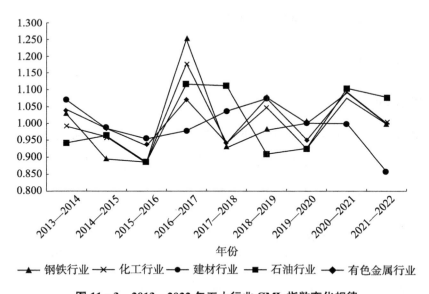

图 11-3　2013—2022 年五大行业 GML 指数变化规律

建材之外的四个行业 GML 指数在十年间均表现出了不同程度的

增长，有色金属行业的 GML 指数最高，达到了 1.012，之后分别为钢铁行业的 1.009、石油行业的 1.004 和化工行业的 1.003。建材行业的 GML 指数整体偏低，并且是唯一 GML 指数平均值小于 1 的行业。钢铁行业 GML 指数在十年间的平均值达到了 1.009，但是钢铁行业的 GML 指数波动幅度最大，这反映了该行业本身的不稳定性。

2018—2019 年石油行业的 GML 指数从 1.113 下降到了 0.909，但其他四个行业的 GML 指数都在增加，其原因是 2018—2019 年国际油价经历了较大幅度的波动。有色金属行业的 GML 指数平均值最高，这与全球对有色金属的需求持续增长，特别是与新兴市场国家的基础设施建设、电子产业和新能源产业的发展密不可分。

2015 年，五大行业的 GML 指数集体回落，石油行业的降幅最大，达到了 8.2%。五大行业的平均降幅达到了 5%。其背景是 2015 年 4 月国务院印发《水污染防治行动计划》，以改善水环境质量为核心，按照"节水优先、空间均衡、系统治理、两手发力"的原则，贯彻"安全、清洁、健康"方针，对江河湖海实施分流域、分区域、分阶段科学治理，要求形成"政府统领、企业施治、市场驱动、公众参与"的水污染防治新机制，系统推进水污染防治、水生态保护和水资源管理。① 这也被称为"水十条"。伴随着"水十条"的发布，各个行业必须增加水污染防治的费用，也就对应着排污费的增加。从图 11-3 也可以看出，2015 年之后，五大行业的排污费在逐年增加。由于企业的预算一般在年底制定（包括排污费），所以 2015 年的排污费用并没有立即增加。

2017 年，建材行业之外的四大行业 GML 指数同时下降，平均同

---

① 水污染防治行动计划. https://www.gov.cn/zhengce/content/2015-04/16/content_9613.htm.

比下降 18.7%。其原因，一方面是供给侧结构性改革持续深入推进，另一方面是环保政策进一步加强。2017 年，在供给侧结构性改革的背景下，国家发展改革委、工业和信息化部等五部委联合发出《关于做好 2017 年重点领域化解过剩产能工作的通知》，明确提出针对钢铁、煤炭等高耗能行业的去产能任务，并要求严格控制新增产能。对新增产能的严格控制传递到了营业收入，在我们采用的模型中，也就导致了 GML 指数的大幅下降。同时，国务院于 2016 年 11 月发布的《"十三五"生态环境保护规划》明确提出，到 2020 年要明显改善环境质量，特别是对高污染、高耗能行业提出了更严格的排放标准和监管要求。这会增加排污费，从而导致五大行业 GML 指数的降低。

2020 年我国五大行业 GML 指数的降低，主要受到新冠疫情冲击、国际市场需求减少、国内经济结构调整以及严格的环保监管等多重因素的共同影响。疫情造成的供应链中断、市场不确定性以及政策资源的重新分配，都对高耗能行业的生产效率和总体业绩造成了不利影响，从而导致 GML 指数的下降。

为了比较非期望产出（排污费）对绿色全要素生产率的影响，我们测算了不包含非期望产出的 GM 指数（见表 11 - 4）。同时把每个行业考虑非期望产出的 GML 指数与不考虑非期望产出的 GM 指数在图 11 - 4 中分别直观显示，从而更好看出五大行业这两个指数随着时间的变化趋势。

表 11 - 4 五大行业的 GM 指数

行业	钢铁行业	化工行业	建材行业	石油行业	有色金属行业
2013—2014 年	0.877	0.924	0.950	0.958	0.999
2014—2015 年	0.743	0.916	0.856	0.736	0.939

续表

行业	钢铁行业	化工行业	建材行业	石油行业	有色金属行业
2015—2016 年	0.965	0.975	0.956	0.932	1.017
2016—2017 年	1.237	1.212	1.198	1.198	1.039
2017—2018 年	1.078	0.948	1.186	1.188	0.942
2018—2019 年	1.000	0.927	1.042	0.941	1.023
2019—2020 年	0.943	0.953	1.040	0.784	1.049
2020—2021 年	1.332	1.151	1.000	1.270	1.191
2021—2022 年	0.985	1.037	0.848	1.165	1.000
平均值	1.018	1.005	1.008	1.019	1.024

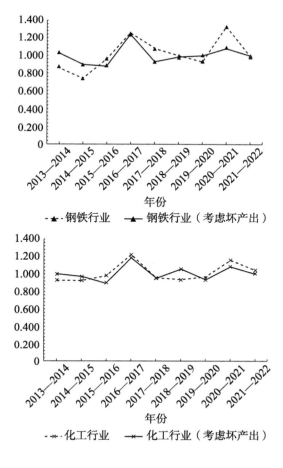

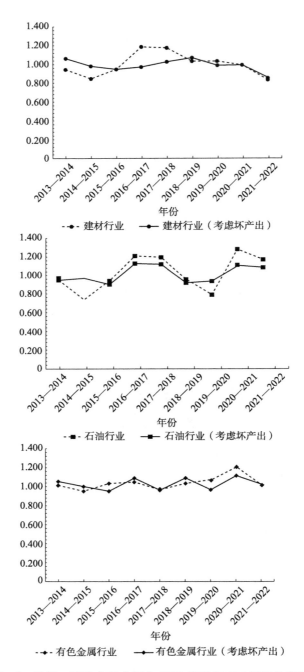

图 11‑4 2013—2022 年五大行业 GML 指数与 GM 指数的变化趋势

从图 11-4 可看出，五大行业的 GM 指数（虚线）整体都在五大行业的 GML 指数（实线）上，而且从表 11-4 可得出五大行业的平均 GM 指数值大于表 11-3 中的五大行业的 GML 指数值，这意味着不考虑非期望产出时确实高估了全要素生产率，也说明了考虑非期望产出的 GML 指数（绿色全要素生产率）的必要性与正确性。

为了进一步分析不同行业内部的差异性，我们分别计算了五大行业的五家头部企业的绿色全要素生产率及变化趋势。对于钢铁行业，五家头部企业分别是河钢股份、太钢不锈、首钢股份、宝钢股份和山东钢铁，它们的营业收入占整个行业总营业收入的 52.7%。河钢股份表现最为出色，其 10 年间 GML 指数达到 1.062。在 2016—2017 年间，首钢股份的 GML 指数在其他头部企业 GML 指数上升的背景下却呈下降趋势，具体原因可以归结于效率的大幅下降。对于化工行业，五家头部企业分别是恒逸石化、荣盛石化、云天化、万华化学和中化国际，它们的营业收入占整个行业总营业收入的 31%。荣盛石化是五家头部企业中平均 GML 指数最高的公司，达到 1.220，其 GML 指数在 2016—2017 年间有所下降，而其他头部企业在此期间则维持上升。云天化也是平均 GML 指数较高的头部企业，其 GML 指数在 2015—2016 年间下降，但随后稳步上升并取得了较高的平均 GML 指数。对于建材行业，五家头部企业分别为冀东水泥、天山股份、西部建设、海螺水泥和金隅集团，它们的营业收入占整个行业总营业收入的 64%。西部建设在 2013—2022 年间的 GML 指数达到 1.057，在2018 年和 2020 年其他头部企业技术进步放缓时，西部建设的技术进步反而逆势增长。对于石油行业，五家头部企业分别为中国石化、海油工程、上海石化、中海油服和中国石油，它们的营业收入占整个行业总营业收入的 90％。从 GML 指数的变化来看，2014—2015 年和 2019—2020 年间，中国石化和上海石化的 GML 指数变动趋势显然不同于其他三家头部企业。对于有色金属行业，五家头部企业分别为铜陵有色、云南铜业、江西铜业、中国铝业和紫金矿业，它们的营业收入占整个行业总营业收入的 54％。在这五大行业中，有色金属行业的 GML 指数平均值高达 1.012。在 2019 年之后，该行业头部企业的 GML 指数显著上升，这与高科技行业对有色金属需求的增加密不可分。

可以看出，不同行业对于政策的反应具有差异性。在推进绿色发展的过程中，各个行业都有阵痛期，所以要针对行业特点，因地制宜推进绿色发展，在提高各个行业的绿色全要素生产率的基础上实现高质量发展。

（二）能源效率测算

能源效率是度量在当前固定能源投入下实际产出能力达到最大产出的程度或者说在产出固定条件下所能实现最小投入的程度，它是一个不大于 1 的正数且无量纲，因此不会受变量单位变化的影响，优点在于能够很好地测度出能源要素以及其他要素在生产中的技术效率。全要素能源技术效率模型应用也较为广泛，它实质上是在投入端考虑了能源要素后的整体技术效率，其本身并没有特别凸显出能源特征，只是在传统的全要素框架下增加了能源要素的考量，从而测度出这一决策单元（DMU）在综合利用多种要素进行生产以实现产出最大化的能力与程度。

借鉴魏楚和沈满洪（2007）的方法，投入产出选取前文中的数据，不包括非期望产出①，计算结果如表 11－5 所示。同时画出各行业能源效率随着时间的变化趋势，如图 11－5 所示。

表 11－5　2013—2022 年各行业能源效率

年份	钢铁行业	化工行业	建材行业	石油行业	有色金属行业
2013 年	0.950	1.000	0.840	0.950	0.820
2014 年	0.830	0.920	0.790	0.940	0.820
2015 年	0.620	0.850	0.680	0.690	0.770
2016 年	0.600	0.830	0.650	0.640	0.790
2017 年	0.740	1.000	0.780	0.770	0.820
2018 年	0.800	0.950	0.920	0.920	0.780
2019 年	0.800	0.880	0.960	0.860	0.800
2020 年	0.750	0.840	1.000	0.680	0.840
2021 年	1.000	0.960	1.000	0.860	1.000
2022 年	0.980	1.000	0.850	1.000	1.000
平均值	0.807	0.923	0.844	0.831	0.844

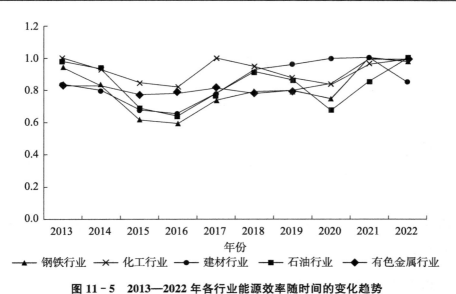

图 11－5　2013—2022 年各行业能源效率随时间的变化趋势

① 魏楚，沈满洪. 能源效率与能源生产率：基于 DEA 方法的省际数据比较. 数量经济技术经济研究，2007（9）.

通过表 11-5 可以发现，五大行业中能源效率较高的行业为化工、建材和有色金属。化工行业在 2013 年、2017 年和 2022 年都处于生产前沿面上，建材行业在 2020 年和 2021 年处于生产前沿面上，有色金属行业在 2021 年和 2022 年处于生产前沿面上。

从图 11-5 来看，大多数行业的能源效率变化符合"先下降再上升，再下降上升"的趋势，转折点一般出现在 2015—2016 年与 2019—2020 年之间，这与较严格环境政策的出台以及疫情的影响时间点较为吻合。

从不同行业之间变动的差异来看，在 2020 年之前，各行业之间的能源效率的差距在逐渐减小，体现出一定的趋同性，但在 2020 年之后各行业之间的能源效率的差距较为明显。

四、绿色全要素生产率影响因素分析

表 11-1 中国家集中出台的各项绿色转型政策显示，引导改造升级、加强技术攻关（包括节能减排技术、管理改进与绿色技术创新）、淘汰落后产能是传统产业绿色化转型升级的重要举措。此外，已有研究显示，绿色金融（绿色信贷）、数智化技术的使用都是实现绿色发展的重要手段。绿色信贷能够显著促进企业绿色全要素生产率的提升，从而推动新质生产力发展；绿色信贷可以通过激励企业开展研发创新以及改善企业的人力资本结构来促进新质生产力

发展。①

利用前面计算的绿色全要素生产率结果，分析可能影响高耗能行业绿色转型发展的外部因素，主要包括金融约束（财务费用率和信贷约束）、绿色技术的研发投入及人力资本结构（见图 11-6 和表 11-6）。

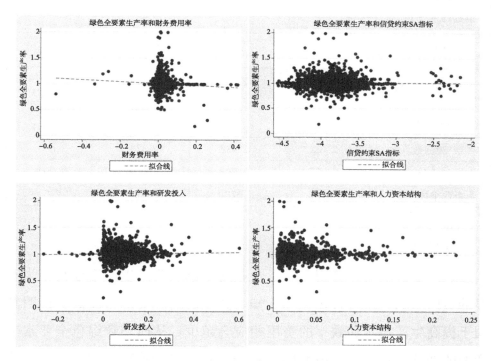

图 11-6　绿色全要素生产率影响因素

①　张小勇，郭爱君，雷中豪. 绿色金融提高企业全要素生产率了吗？——基于绿色金融改革创新试验区的准自然实验. 济南大学学报（社会科学版），2024，34（2）；柳剑平，黄鹭. 绿色技术创新、绿色金融政策与绿色发展. 湖北社会科学，2024（3）；景国文. 绿色金融改革对我国绿色全要素生产率的影响：作用机理与效果评估. 南方金融，2024（4）；李苏，赵军，达潭枫. 绿色金融对工业绿色发展的影响机制检验. 统计与决策，2024，40（14）；朱东波，杨志丽."数据要素×"背景下数智化赋能工业绿色发展转型的机制、路径与政策研究. 长安大学学报（社会科学版），2024，26（3）；王嘉祯，韩有鹏. 数智化对区域绿色低碳发展的影响研究. 统计理论与实践，2024（6）.

表 11 - 6　影响绿色全要素生产率的因素分析

变量	(1) 绿色全要素 生产率	(2) 绿色全要素 生产率	(3) 绿色全要素 生产率	(4) 绿色全要素 生产率
财务费用率	−0.322*** (0.086)			
信贷约束 SA 指标		−0.050** (0.022)		
研发投入			0.201*** (0.067)	
人力资本结构				0.750** (0.312)
常数项	1.015*** (0.003)	0.818*** (0.085)	0.993*** (0.006)	0.989*** (0.008)
观测数	2 422	2 422	2 373	1 620
R^2	0.007	0.002	0.004	0.004
企业个体个数	276	276	272	215

注：*** $p < 0.01$，** $p < 0.05$，* $p < 0.1$

计量结果显示：

（1）企业的财务费用率对于企业的绿色全要素生产率存在较为明显的负向影响。这符合预期和认知，企业的财务费用率越高，说明其用于提高生产技术和效率的费用相应会越少，从而导致绿色全要素生产率的降低。在已有的研究中，有研究发现降低管理费用率、财务费用率等成本对使用 LP（Levinsohn-Petrin）方法测算出的全要素生产率有显著的提升作用，这符合本章所得的结论，较高的费用会对企业的绿色全要素生产率产生抑制作用。

（2）企业信贷约束 SA 指标对于企业的绿色全要素生产率有较为明显的负向影响。信贷约束程度高会使企业的发展受到一定的阻碍，同时基于 SA 指数的构造方式（基于企业的规模和年龄）可以发现，SA 指数对企业绿色全要素生产率的影响可以解释为企业的规模和年龄对于绿色全要素生产率具有较为明显的正向影响。规模较大的企业具有更加科学合理的管理制度，但过大规模的企业则对绿色全要素生产率的提升有着抑制作用。同时成立时间较长的企业对于管理效率提升的经验也更为丰富，该结论和已有研究的结论一致。①

（3）研发费用对于企业的绿色全要素生产率有较为明显的正向影响。研发费用的增加会直接影响企业的生产效率，不仅体现在企业的生产技术效率上，还体现在技术结构的升级所带来的对生产过程中污染的减少上。由于在计算绿色全要素生产率时使用了排污费等变量数据，所以由技术升级所带来的污染减少在一定程度上也促进了绿色全要素生产率的提高，这与已有研究中的结论是一致的，研发费用的增加能够显著提升企业的全要素生产率。②

（4）企业人力资本结构对于企业绿色全要素生产率有较为明显的正向影响。当企业员工学历构成越高时，企业绿色全要素生产率会随之提升，这说明高学历的确对企业的管理和运行效率有着较为明显的提升，同时也说明提升人力资本水平是提高企业绿色全要素生产率的

---

① 李艳丽，孙珍妮. 体育企业 ESG 表现对全要素生产率的影响研究——基于数字化转型和融资约束的调节效应分析. 山东体育学院学报，2024，40（4）；田晖，陈巧，刘爱东. 融资约束、全要素生产率与反倾销涉案企业出口绩效——来自中国 2001—2016 年的经验证据. 现代财经（天津财经大学学报），2018，38（4）.

② 吴仁水，董秀良，钟山. 信贷约束、资源错配与全要素生产率波动. 宏观经济研究，2019（6）；刘晔，林陈聃. 研发费用加计扣除政策与企业全要素生产率. 科学学研究，2021，39（10）；任灿灿，郭泽光，田智文. 研发费用加计扣除与企业全要素生产率. 华东经济管理，2021，35（5）；蔡晓陈，陈静宇. 数字经济产业政策提高了企业全要素生产率吗？——基于研发投入与融资约束视角. 产业经济研究，2023（3）；杜倩倩，李琪琦. 研发费用加计扣除、融资约束与企业全要素生产率. 金融理论与实践，2022（8）.

重要途径，这与现有研究中的结论相一致。[①] 表 11－6 给出了具体的回归结果。

五、总结与建议

本章以高耗能行业为研究对象，利用数据包络分析方法计算高耗能行业的绿色全要素生产率，以此为主要指标，描述我国高耗能行业的绿色发展现状和趋势，并以我国绿色发展战略和双碳目标为指引，分析影响传统产业绿色发展的主要因素。结果显示，以财务费用率等为主的相关费用对企业绿色全要素生产率有较为明显的负向影响，同时融资约束的指标如 SA 指标对企业绿色全要素生产率也有显著的负向影响，该影响可以分解为融资约束指标构成变量所带来的影响。研发费用和企业人力资本结构对企业绿色全要素生产率有较为显著的正向影响，研发费用的影响具体体现在研发费用的增加会带来技术的升级，从而导致污染排放的减少和生产效率的提高，人力资本结构的促进作用则更多体现在更有效率的管理经验上。

基于本章的研究结果，针对高耗能行业，得到以下特征事实和发展趋势分析：

[①] 曹爱军，刘欣. 数字化转型、人力资本与企业全要素生产率. 统计与决策，2024，40（14）；郭晓旭，张娆. 人力资本结构演进对绿色全要素生产率增长影响效应的实证检验. 统计与决策，2024，40（4）；赵捷，李存芳，庄甲荣，王文虎. 教育人力资本是绿色全要素生产率提升的新动能吗？——基于环境规制的调节作用. 资源开发与市场，2024（8）.

第一，各高耗能行业的企业应根据自身行业的相关特点，探索适合本行业、本企业进行绿色发展转型的道路。通过对高耗能行业各个领域的分析可以看出，影响不同高耗能行业的绿色全要素生产率的因素不尽相同，针对不同的行业，要因地制宜地采取不同的提高全要素生产率的方法，同时针对不同行业的相关政策指导建议也有较大区别，各个行业应严格遵守适用于本行业的行业标准和节能减排方案，走出适合本行业的绿色发展转型道路。

第二，高耗能行业的企业应强化自身管理机制。在中国特色社会主义进入新时代后，新的历史使命对绿色发展转型提出了更高要求。相应地，高耗能行业的行业标准也有了更高要求。高耗能行业的各个企业应强化自身目标责任和评价考核体系，切实做好节能减碳，严格实施节能目标责任评价考核，统筹考核节能改造量和相关能源消费量。加强节能降碳形势分析，实施能耗强度降低提醒预警，强化碳排放强度降低进展评估，压实企业节能降碳主体责任。

第三，大力支持头部企业绿色发展，发挥其带头作用。头部企业在整个行业中具有较高的话语权，其绿色发展成效影响整个行业的绿色发展成效，所以对高耗能行业的头部企业应该在政策、资金上给予支持，同时头部企业也是环保政策落实的"关键少数"，应让头部企业充分发挥带头作用，助力整个行业的绿色发展。石油、有色金属行业受国际市场影响较大，应做好绿色转型与新动能培育之间的均衡。钢铁、化工和建材行业是国民经济发展的支柱性行业，要在国内大循环的背景下积极实现绿色发展和化解低端过剩产能，实现高质量发展。

将高耗能行业绿色发展的影响因素推广到传统行业的绿色转型升

级，本章给出如下建议和可能实施的举措：

第一，高耗能行业应积极调整自身产业体系。产业体系的调整包括技术升级和产能分配两部分。在技术升级方面，高耗能行业应积极引进前沿技术，做到对新型绿色低碳技术工艺的全行业推广，从相似行业借鉴先进经验，带动本行业和其他行业加大节能降碳的改造力度，从而提升所有行业整体能效水平和绿色全要素生产率水平。对已有的低能效水平和落后的工艺进行分批限时适度淘汰，针对不同行业的特点制定逐步淘汰落后工业的计划和逐步升级产业结构的蓝图，引导企业有序开展节能减碳技术改造或是淘汰退出。在产能分配方面，高耗能行业应从传统的能源结构逐步过渡到新能源占据主导的新兴产业结构，积极引入水能、核能和风能等清洁能源，从高耗能和高排放的源头入手达到节能减碳的目标。

第二，推进高耗能行业数智化技术的应用。数智化技术的影响路径包括技术效应、人力资本效应和结构效应，从而影响高耗能行业的绿色发展。具体而言，高耗能行业的数智化升级可以依托于绿色发展的数据平台，如加快建立和完善跨领域跨行业的数据中心。同时继续深化经济体制机制市场化绿色改革，将有效市场的资源配置机制与有为政府的绿色导向机制相结合，在激发工业数智化转型活力的同时，引导数据、资本等各类要素流向绿色低碳工业行业，从而促进工业绿色发展转型。在全行业和全国范围内推进数字化、智能化发展，为实现数智化绿色转型提供坚实基础，针对不同区域、不同行业制定特色化发展模式，结合不同地区的经济结构、资源禀赋和发展需求，建立针对地区特色和行业特色的数智化绿色发展模式。充分发挥数智化在产业优化和绿色创新方面的优势，发挥其在推动产业转型升级和能源结构优化上的作用。

　　第三，充分利用金融政策支持。绿色金融政策主要通过绿色技术创新效应和产业结构清洁化替代两个作用来提高绿色全要素生产率，所以相关部门可以有序推进绿色金融改革试验区试点的范围，发挥绿色金融改革试验区促创新、调结构、提质量方面的带动和辐射作用。不断推进绿色金融创新发展，在绿色金融工具、组织、市场等方面积极创新，推广绿色债券及绿色信贷工具使用，提高绿色融资规模，提升绿色金融服务便利性，从而更好地服务于经济绿色发展。同时在相关政策实施区域完善市场化机制，落实信贷体系和金融机构环境信息披露，针对地区和行业特色实施和落实特色化、差异化的政策。相关部门还要着力提升绿色金融政策对于环境基础设施的供给强化作用，着重提高绿色金融的服务质量，并做到和原有金融、财政体系间的良好合作。

第十二章

传统产业数字化：
企业数字化转型与创新能力培育

数字化转型能够加速高质量发展动力变革、方向变革、能力变革和效率变革，成为发展新质生产力和推动高质量发展的必然选择。新质生产力的发展需求也将进一步带动系统性的数字化转型，推进现代化产业体系建设。本章旨在全面反映数字化转型对推动新质生产力发展的重要作用，解释数字化转型的现状与趋势，重点探讨数字化转型对企业创新的影响，并基于知识溢出视角对数字化转型与产业创新能力进行分析，进而提出加快推进产业数字化转型的对策建议。

一、数字化转型成为发展新质生产力的引擎

习近平总书记明确指出，创新是引领发展的第一动力，是推动高质量发展的关键。同时，他还指出新质生产力的特点正是创新。由此可见，发展新质生产力要求不断提升创新能力，而这正是企业通过数

字化转型可以实现的重要目标。数字化转型不仅推动了企业生产模式和管理方式的变革，还有效促进了创新资源的整合和利用，为创新注入了强大动力。通过数字技术的广泛应用，企业能够更快适应市场变化，提升全要素生产率，从而为新质生产力的发展提供有力支撑。这一过程中，数字化技术作为驱动器，成为实现创新驱动与新质生产力发展的重要引擎。

（一）数字技术和数据要素推动新质生产力发展

新质生产力代表一种生产力的跃迁，涉及的领域新、技术含量高。而数字经济与新质生产力具有天然契合性。在产业构成方面，新质生产力涉及的新能源、新材料、先进制造、电子信息等战略性新兴产业以及人形机器人、量子信息等未来产业，均属于数字化程度较高的产业，或隶属于数字经济核心产业。在生产要素方面，"新质"本身的生态学和系统论含义在于融合性、涌现性发展，数据要素对产业发展的融合乘数作用、数字技术对经济发展的驱动跃升作用，均体现出数字经济在新质生产力发展中的重要性。同时，数据要素能够促进新质生产力发展。新质生产力以全要素生产率提升为重要标志，而数据要素具有边际成本递减、非竞争性和非消耗性等重要特征，能够促进技术进步，改进生产要素组合方式，提高全要素生产率；支持数字经济高质量发展，推进制造业数字化转型，是发展新质生产力的核心要素。

具体而言，可以从三方面把握数据要素在发展新质生产力中的重要作用：

第一，数据要素是新质生产力的重要内容。从历史视角来看，当前处于继农业经济、工业经济之后的数字经济时代，与数字化、智能化技术紧密结合的劳动者体现了新型劳动者的特征；数字网络通信技术、以数据为代表的新型生产要素，则体现了具有创新特质的新劳动工具、新劳动对象。

第二，数据要素具有边际成本递减、非竞争性和非消耗性等特征。数据要素的边际成本递减特征使数据要素能够渗透到生产流程的众多环节，实现在产业层面的广泛渗透，使数据要素成为与传统资本、劳动并列的生产要素进入增长模型。数据要素的非消耗性意味着数据本身可以不断积累和扩展，形成更"大"的数据集。这种积累进一步促进了数据分析的深度和广度，促进知识生产和共同研发，提高生产和运营效率，使得数据要素成为内生增长的来源。数据要素的非竞争性使数据通过低成本复用在不同任务环节对劳动、资本等要素广泛赋能，从而提高了资本、劳动等要素的生产效率与配置效率，实现偏向型技术进步的作用。

第三，数据要素价格下降将成为新兴产业和未来产业成长，产业高端化、智能化、绿色化转型的关键因素。数据要素促进内生增长和偏向型技术进步，将成为促进全要素生产率增长的源泉，并由此推动新质生产力发展。因此，我们应该加快形成数据要素基础制度，构建全国统一的数据要素登记与交易制度，探索数据权益分配方式，建立数据价格体系，实现数据要素充分流动，充分发挥数据要素放大、叠加、倍增作用，赋能实体经济，推动生产生活、经济发展和社会治理方式深刻变革，为加快发展新质生产力注入强劲动力。

（二）数字化转型形成发展新动能

数字化转型不仅是企业发展的内在需求，也是为国家经济高质量发展注入新动能的重要推动力。在经济全球化遭遇逆流的背景下，数字经济成为当前最具活力、最具创新力的经济形态，是国民经济的核心增长极之一。

数字化转型提升了企业的创新能力和竞争力。通过数字技术的应用，企业可以实现产品和服务的创新，开拓新的市场和业务模式。数字化转型也使企业走上高端化跃升道路，产品附加值增加，从而增强了企业的核心竞争力，完成了从大规模生产向精细化、个性化生产的转变。此外，互联网平台经济的发展，通过整合和优化资源，实现了平台经济模式的创新，形成了新的商业生态系统。

数字化转型推动了企业业务模式变革和管理创新，从而实现降本增效。通过数字化技术的应用，企业可以实现业务流程的优化和管理模式的创新，同时还可以实现生产过程的可视化、生产成本和质量控制的精细化管理。此外，企业可以通过云计算平台，实现资源的灵活配置和高效管理，最终提高企业的运营效率和决策能力。

数字化转型推动了新兴产业的发展壮大，为经济发展创造了全新增长点。随着数字技术的不断进步，平台经济、共享经济、人工智能等新兴产业迅速崛起，成为经济发展的新引擎。不少企业探索符合国家战略和发展趋势的新领域、新业态，激发企业改革创新的生机活力，构建了新的商业模式和产业生态系统。

（三）数字化转型带动产业结构升级

数字化转型带动了整个产业结构的升级。随着数字技术的广泛应用，传统产业加速向数字化、智能化、绿色化转型，新兴产业不断涌现，形成了多元化的发展格局。数字经济与先进制造业、现代服务业深度融合，对于加快壮大战略性新兴产业、推动现代化产业体系建设、促进产业升级具有重要的支撑作用。

从产业数字化的角度来看，数字化转型有效促进了传统经济产生技术溢出。利用数字技术赋能传统产业，能有效优化原有的单一产业结构，逐渐摆脱过去依靠有限信息集合决定生产资源配置的状况，促进了生产要素流动。传统产业链不同环节和不同地区间的信息交流渠道不断拓宽，逐渐形成以数据和信息为核心的产业分工网络，从而推动价值链重构和企业转型升级进程。

从产业链整合协同的角度来看，数字化转型可以使企业实现上下游产业链的紧密协同。通过物联网和大数据技术，可以实现对供应链各环节的实时监控和管理，提高供应链的稳定性和响应速度。此外，通过区块链技术，可以实现供应链的去中心化管理，提高交易的透明度和安全性。数字化转型增强了生产流程中不同位置产业之间的联系，使得产业链具有更强的整体性和一致性，从而减少了资源浪费，使产业结构实现升级优化。

二、数字化转型与企业创新能力提升

在当前全球经济环境中，数字化转型已成为企业提升创新能力的关键战略之一。随着技术的迅猛发展，企业通过应用大数据、人工智能、云计算、区块链等数字技术，不仅能提升其内部管理与运营效率，还能精准掌握瞬息万变的市场需求。这些新兴技术为企业提供了更加多元和丰富的创新资源，促使企业在产品设计、服务优化和管理流程中实现更高的创新水平。

数字化转型不仅推动了企业对外部市场的快速响应，还使得企业的创新活动更加敏捷高效。通过数字技术的赋能，企业能够更加精准地捕捉用户需求和市场趋势，利用数字工具进行快速试验与调整，提高创新效率。同时，企业可以通过数字平台与用户进行互动，鼓励用户参与产品和服务的创新过程，进一步拓展创新的边界。总的来说，数字化转型不仅为企业创造了前所未有的技术优势，更为其创新能力的提升提供了源源不断的动力，有助于企业在激烈的市场竞争中保持领先地位。

图12-1衡量了数字化转型对企业创新能力的影响效应。横轴代表上市公司的数字化转型水平，采用在年报中出现的与数字化转型相

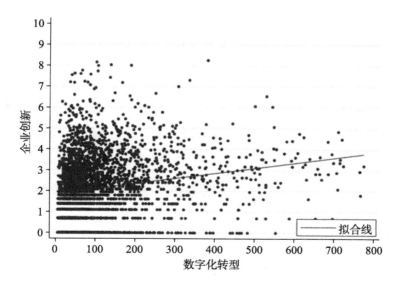

图12-1 数字化转型对企业创新的影响效应拟合

关的词频数来衡量；而纵轴代表企业创新，采用上市公司的专利数量来表示。从图 12 - 1 可以看出，随着数字化转型程度的提高，企业创新水平不断上升，这进一步说明数字化转型能够优化企业内部结构，提高企业的创新效率，进而提高企业的创新水平。

具体来说，数字化转型从以下几个方面对企业创新能力产生影响。

(一) 更精准掌握市场需求的变化

随着企业数字化转型程度的提高，企业利用现代技术掌握市场动向的能力增强，这在很大程度上提升了企业的创新能力。在技术与平台层面，大数据、云计算、人工智能、区块链等数字技术为企业提供了高效获取、收集信息的能力，帮助企业获取更多异质性创新资源，准确评估与控制创新活动相关成本，促进企业创新活动的开展。[①] 而在产品与服务层面，数字化转型可以提高企业创新能力，满足消费者个性化需求，强化用户需求导向，提高企业的产品创新效率。[②] 通过数字化转型，企业利用大数据分析技术从多种数据源（如社交媒体、客户反馈、销售数据等）中提取有价值的信息。根据中国信息通信研究院的报告，通过数字化转型，中国企业在市场洞察和响应能力方面取得显著进展。报告指出，利用大数据和高级分析技术的中国企业，

[①] Zhang, Y., R. D. Li, and Q. X. Xie. (2023). Does digital transformation promote the volatility of firms' innovation investment? *Managerial and Decision Economics*, 1 - 13.

[②] Peng, Y. Z., and C. Q. Tao. (2022). Can digital transformation promote enterprise performance? —From the perspective of public policy and innovation. *Journal of Innovation and Knowledge*, 7 (3)；池毛毛，王俊晶，王伟军. 数字化转型背景下企业创新绩效的影响机制研究——基于 nca 与 sem 的混合方法. 科学学研究，2022，2 (2).

其市场响应速度比传统企业快 3～5 倍，客户满意度提升 15％以上。

（二）赋能用户参与创新流程

　　随着平台经济的不断发展，如今的企业创新不仅仅是研发部门的任务，广大用户同样为企业创新贡献了重要力量。在组织与管理层面，数字技术会嵌入企业的各个流程、各个环节，打造线上运营、远程协作、智能生产等多个数字化场景，形成一个复杂的自适应系统，提高各创新环节的系统协同效率，提高创新水平。[①] 企业可以通过构建数字化平台，为用户提供参与创新的渠道。此外，一些平台已经不再自主进行内容生产，而是通过数字化转型发展用户生成内容服务和共创服务，推出个性化推荐和创新的互动玩法。数字化转型使得企业进一步去中心化，鼓励广大用户从单一的接收内容享受服务转变为提供内容创新服务。中国社会科学院的研究表明，与传统的内部创新模式相比，用户参与的创新项目其成功率提高了 25％～40％，新产品的市场接受度也显著提高。

（三）优化创新流程

　　数字化转型不仅改变了企业获取市场信息和用户参与创新的方式，还显著优化了创新流程，使企业能够更高效、更灵活地进行创新。首先，数字化工具和技术极大优化了企业的创新流程。通过云计算，企业可以灵活扩展计算资源，快速进行创新试验和迭代。大数据

[①]　余明桂，李伟，陈晓东. 数字化转型与企业创新：自适应系统的视角. 管理世界，2022，48（3）；刘淑春，闫津臣，张思雪，林汉川. 企业管理数字化变革能提升投入产出效率吗. 管理世界，2021，37（5）.

和人工智能技术帮助企业分析海量数据，识别创新机会和优化决策。物联网技术使企业能够实时监控和管理生产流程，提高生产效率和质量。其次，数字化转型推动了敏捷创新方法的应用，使企业能够更快速地响应市场变化和用户需求。敏捷创新方法强调快速迭代、小规模试验和用户反馈，通过频繁的迭代和调整，提高创新的效率和成功率。

三、数字化转型与知识溢出型创新

在数字化转型促进企业创新能力提升的过程中，知识溢出效应发挥了重要的作用。换言之，数字化转型、企业创新与知识溢出之间形成了紧密的互动关系。首先，数字化技术为企业获取和共享外部知识提供了更加高效的路径，通过云计算、大数据等技术，企业可以低成本地获得广泛的创新资源，打破信息孤岛。其次，数字化平台促使企业与外部创新者协作，通过开放式创新提高企业的创新能力。知识溢出作为一种创新资源流动的现象，在数字化技术的支持下得以加速，推动企业间的合作与产业的整体创新。通过数字化转型，知识溢出进一步增强企业的创新能力，形成创新驱动的良性循环。

图 12-2 反映了数字化转型对知识溢出的影响效应。其中，横轴代表上市公司的数字化转型水平，采用在年报中出现的与数字化转型相关的词频数来衡量，而纵轴代表企业知识溢出，采用 Acemoglu et al. (2016)

中的衡量指标进行计算。① 从图 12-2 可以看到，数字化水平与知识溢出之间存在正相关关系，也即随着数字化转型水平的提升，企业获取外部知识的能力不断增强，知识溢出水平不断提高。

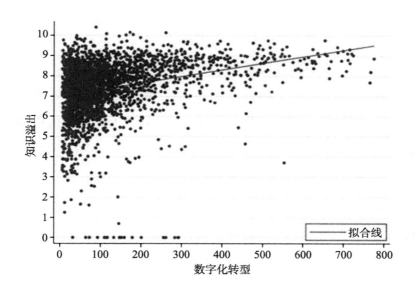

图 12-2　数字化转型对知识溢出的影响效应拟合

具体来说，数字化转型、知识溢出、产业创新三者之间的影响关系如下。

（一）数字化转型促进知识溢出

随着信息技术的发展，线性孤立的创新模式已经不再适用于当前环境下的创新发展，融入知识网络、主动获取外部知识已经成为产业创新的主流。在数字化转型的背景下，特定企业通过信息技术的应

---

① Acemoglu D., Akcigit U., Kerr W. R. (2016). Innovation network. *Proceedings of the National Academy of Sciences*, 113.

用，实现了信息的快速传递和知识的高效共享，从而加速了知识溢出的过程。

首先，数字化转型促进了企业之间的交流与合作。数字化转型增加了企业获得外部知识的机会和效率①，数字技术打破了时空的限制，企业搜寻技术信息和获取外部知识的成本大大降低，从而帮助企业获得更广泛的知识，加速知识溢出。以即时通信技术为例，企业可以通过在线会议、邮件和社交媒体等工具，实现跨地域、跨时区的实时沟通和协作。这使得企业和研究机构能够更容易地获取和利用他人的研究成果和数据资源，扩大自己的知识网络，积累更多的外部知识。

其次，数字创新平台为企业提供了一个开放的创新环境，使得各类创新资源可以在平台上进行高效配置和流通。企业可以在这些平台上发布技术需求、寻找合作伙伴、展示自己的创新成果。例如，许多企业利用 GitHub，InnoCentive 等开放创新平台，与全球的创新者进行合作，解决技术难题，推动技术进步。通过这些平台，企业不仅可以共享知识和资源，还能够获得来自不同领域、不同背景的专家意见，形成互补优势，从而加速创新进程。

云端共享平台则进一步降低了企业获取外部知识的成本。通过云计算技术，企业可以在云端存储和共享大量的数据和信息，随时随地进行访问和分析。这不仅提高了企业的知识管理能力，还增强了企业的创新能力。许多企业利用云平台进行数据存储和分析，快速响应市场变化，进行创新决策。此外，云平台还为企业提供了强大的计算能力和丰富的工具，使得企业可以更高效地进行研发和创新。

---

① 沈国兵，袁征宇. 数字化转型与企业创新——基于知识溢出视角的研究. 科研管理，2020，41（5）.

数字化转型不仅促进了企业之间的知识共享，还增加和提高了企业获取外部知识的机会和效率。数字技术打破了时空的限制，使得企业可以在全球范围内搜寻技术信息和获取外部知识。例如，企业可以通过在线数据库、电子图书馆、专业网站等途径，获取最新的研究成果和技术动态。这不仅大大降低了企业搜寻技术信息和获取外部知识的成本，还帮助企业获得了更广泛的知识。

（二）知识溢出推动产业创新

知识溢出作为一种重要的创新驱动力，不仅可以降低企业的研发成本，还能够通过企业间的知识交流与合作，推动产业的创新发展。知识溢出具有正外部性，能够显著降低创新成本，进而促进产业创新水平的提高。[①] 这一现象在数字化技术的广泛应用下尤为明显。

首先，数字技术极大提升了企业对于信息和知识的分析能力，从而有助于创新主体充分利用创新网络的溢出效应开展研发创新。[②] 通过应用新一代数字化技术，企业可以更高效地管理和利用资源，推动企业吸收更多的外部知识。其次，整体行业知识水平的提高是知识溢出推动产业创新的一个重要方面。在一个知识密集型产业中，企业之间的互动和合作能够加速知识的传播和扩散，从而提升整个行业的知识水平。

数据的非竞争性是知识溢出推动产业创新的另一个重要因素。与

---

① Chen, J., Zhang, Q., & Wang, Y. (2017). The role of R&D spillovers in the innovation process: Evidence from the Chinese manufacturing sector. *Technological Forecasting and Social Change*, 118.

② Wu, C., Liu, Y., & Huang, X. (2019). Digitalization and innovation efficiency: The role of spillovers and collaboration in China. *Journal of Business Research*, 101.

有形资产不同，数据和知识具有非竞争性，即一个企业的使用不会减少其他企业的使用。企业可以通过共享和开放数据资源，实现知识的快速扩散和应用。这种做法不仅能够降低数据获取的成本，还能激发更多的创新应用，提高产业的整体创新水平。

通过数字化技术，企业还可以更便捷地获取和利用外部知识，进一步推动知识溢出和产业创新。企业可以通过在线学习平台、专业知识库和虚拟协作工具，快速获取最新的技术信息和研究成果。这种知识的共享和合作，不仅能够提高企业自身的创新能力，还能够通过协同效应，推动整个产业的创新发展。

总而言之，知识溢出作为一种重要的创新驱动力，通过降低企业的研发成本和促进企业间的知识交流与合作，显著推动了产业的创新发展。

四、数字化转型的现状与趋势

(一) 各国数字化转型发展现状

数字经济作为全球经济的重要增长点，自然引起了世界各国的广泛关注。目前，世界各国都在加快推进数字化转型进程。世界银行集团发布的《2023 年数字化进展与趋势报告》显示，全球数字化转型不断加速，2018—2022 年全球新增互联网用户 15 亿，中等收入国家的用户增长尤为明显。同时，2000—2022 年，信息技术服务行业的增长速度几乎是全球经济增速的 2 倍。同期，数字服务业的就业年增长率为 7%，是总就业增长率的 6 倍。

与此同时，全球经济从工业经济向数字经济转型，跨越式发展路径正在形成，而产业和经济新格局尚未定型。因而世界各国均面临重大战略机遇，依托自身国情及优势形成了各具特色的数字化转型发展之路。中国信息通信研究院发布的《全球数字经济白皮书（2023 年）》显示全球数字经济持续向好，2022 年，测算的 51 个国家数字经济增加值规模为 41.4 万亿美元，同比名义增长 7.4%（见图 12-3），占 GDP 的 46.1%。产业数字化持续成为数字经济发展的主引擎，占数字经济的 85.3%（见图 12-4），其中，第一、第二、第三产业数字经

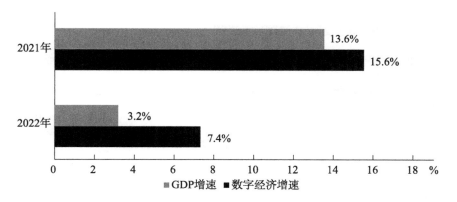

图 12-3　GDP 及数字经济增速

图 12-4　2022 年数字经济内部结构

济占行业增加值的比重分别为9.1％、24.7％和45.7％（见图12-5），第三产业数字化转型最为活跃，第二产业数字化转型持续发力。同时，在国际格局方面，全球数字经济多极化格局进一步演进。2022年，从规模看，美国数字经济规模蝉联世界第一，达17.2万亿美元；中国位居第二，规模为7.5万亿美元。从占比看，英国、德国、美国数字经济占GDP的比重均超过65％。从增速看，沙特阿拉伯、挪威、俄罗斯数字经济增长速度位列全球前三，增速均在20％以上。

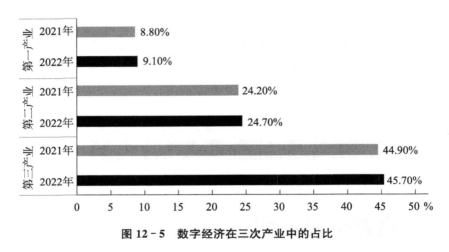

图 12-5　数字经济在三次产业中的占比

（二）数字化转型的发展趋势

1. 数字技术应用场景愈加广泛

随着数字技术的不断发展和社会观念的不断改变，数字技术的应用场景愈加广泛，数字技术已经成为推动经济增长和社会进步的核心动力之一，数字技术的广泛应用正在深刻改变社会的各个层面。

首先，数字技术在企业中的应用日益普及，成为企业发展的核心基础设施。以大数据、云计算和人工智能为代表的通用数字技术，与金融、医疗、制造、媒体、新零售和物流等传统产业深度融合，催生了许多新的业态和商业模式。例如，云计算和大数据技术的应用使企业能够更高效地管理和分析数据，提升决策的准确性和效率。数字技术的普及如同水、电和公路一样，正在成为现代经济发展的必备基础设施。

其次，在公共服务领域，数字技术的应用也在不断深化。政务大数据平台的建立使公共数据资源得以开放共享，为企业和公众提供了强大的数据基础设施服务。例如，政府部门通过构建征信数据平台，打破信息孤岛，提高信息服务质量，为新经济企业的发展提供了重要支持。这种数据共享机制不仅提高了公共服务的效率，也促进了数字经济的发展。

最后，数字技术在日常生活中的应用也越来越广泛，这极大提升了人们的生活质量。互联网平台的普及，使得人、机、物实现了互联互通，创造了巨大的经济和社会价值。以腾讯为例，这家公司从最初的即时通信工具 QQ 发展到如今的微信平台，其业务不仅涉及社交服务，还涵盖金融、娱乐、云计算等多个领域。通过这种平台模式，用户可以享受到更加便捷和多样化的服务。

2. 数据资产化制度逐步规范完善

在未来的数字化转型过程中，探索建立数据资产评估、定价、入表以及价值分配的政策工具箱将成为一项重要工作。在当前的政策环境下，实现数据资产化仍然面临一些难题和挑战。数据要素的流通与交易存在困难，需要解决跨区域和跨部门的协调问题，并建立统一规范的数据流通规则。目前，我国对于数据估价制定了一系列相关政策。2023 年 8 月 1 日，财政部发布《企业数据资源相关会计处理暂行规定》，规定符合企业会计准则中无形资产或存货定义的数据资源可以作为数据资产入表，同时明确企业确认的数据资源在初始计量时需以历史成本入账。2023 年 10 月 1 日起，《数据资产评估指导意见》正式施行，为数据资产评估工作的开展提供了有效指引和规范。而在未来，健全数据价值测度体系将成为趋势。政府和企业应该共同协作，从数据质量、数据使用量、数据产生的市场价值等方面建立数据价值评估体系，奠定数据定价基础。

2020 年我国数据要素行业市场规模为 545 亿元，预计到 2025 年将达到 1 749 亿元左右，2020—2025 年产值年均复合增长率（CAGR）为 26.26%（见图 12 - 6）。未来数据要素市场的规模将会不断扩大，增速也将不断加快。

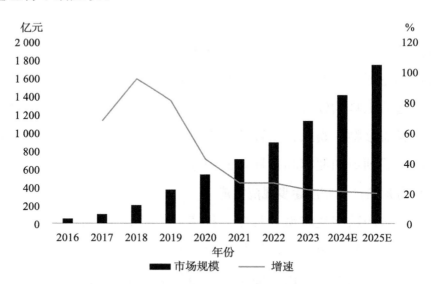

图 12 - 6　2016—2025 年我国数据要素行业市场规模及增速

资料来源：国家工业信息安全发展研究中心. 中国数据要素市场发展报告（2020—2021）. 2021.

3. 数据隐私保护与合规性持续增强

近年来，我国在数据要素建设方面取得了显著进展，特别是在数据资产化和数据治理领域。在数据资产化方面，我国积极探索数据资源的市场化配置，推动数据流通和共享，通过一系列政策和措施促进数据资源的有效利用和增值，涌现出一批具有创新性和代表性的实践案例。

数据隐私保护与合规性增强已成为数字时代不可忽视的趋势。我国数字化发展目前在数据隐私保护方面已经取得一定成绩：2023 年 4 月 25 日，全国首笔个人数据合规流转交易在贵阳大数据交易所场内完成，此笔交易各环节全程接受监督管理，是贵阳大数据交易所促进个人数据合规使用、规范交易、合法收益的创新实践。然而，对于个人数据安全的保障还有很多工作需要进一步开展。同时，企业构建数据安全体系成为必然选择，这不仅关乎遵守法规，更是赢得用户信任、维护企业声誉的关键。企业应制定全面的数据治理框架，并实施算法监管，推动算法审计，明确披露原则和要求，要求开发者对算法的使用技术、预测目标、预测精度、利益相关方等关键信息予以公开，有效保护个人隐私，防止数据滥用，为可持续发展奠定坚实基础。

五、加快推进数字化转型

（一）传统产业数字化转型的堵点和困境

我国数字化转型已经取得了一定成绩，但传统产业数字化转型还面临不少困难和挑战，一些痛点难点问题有待解决。

1. 不少企业认识不到位，缺乏方法论支撑

数字化转型需要企业内部实现理念转变。然而，企业内部往往存在保守和传统的思维模式，难以适应数字化转型所需的敏捷和创新能力。目前，多数企业推动数字化转型的意愿强烈，但普遍缺乏清晰的战略目标与实践路径，更多还是集中在生产端如何引入先进信息系统。与此同时，数字化转型是一项长期艰巨的任务，面临技术创新、业务能力建设、人才培养等方方面面的挑战，需要企业实现在全局层面的有效协同。多数企业没有强有力的制度设计和组织重塑，部门之间数字化转型的职责和权利不清晰，也缺乏有效的配套考核和制度激励。

2. 数据资产积累薄弱，应用范围偏窄

数字化转型是企业数据资产不断积累以及应用的过程。数据资产是数字化转型的重要依托，如何加工利用数据、释放数据价值是企业面临的重要课题。目前，多数企业仍处于数据应用的感知阶段而非行动阶段，覆盖全流程、全产业链、全生命周期的工业数据链尚未构建。当下多数企业对数据的应用还处于起步阶段，主要集中在精准营销、舆情感知和风险控制等有限场景，未能从业务转型角度开展预测性和决策性分析，难以更好挖掘数据资产的潜在价值。大数据与实体经济融合的深度和广度尚不充分，应用空间亟待开拓。

3. 核心数字技术及第三方服务供给不足

传统产业数字化转型面临成本较高、核心数字技术供给不足等问题，也缺乏有能力承担战略咨询、架构设计、数据运营等关键任务，且能够实施"总包"的第三方服务商。目前市场上的方案多是通用型解决方案，无法满足企业、行业的个性化、一体化需求。更为重要的是，对于很多中小企业而言，市场上的软件、大数据、云计算等各类业务服务商良莠不齐，缺乏行业标准，选择难度较大。

（二）加快推进产业数字化转型的建议

1. 加快推进数据要素市场建设

我国应在总结各地实践探索经验与教训的基础上，充分考虑数据交易的独特性，坚持"在实践中规范、在规范中发展"的原则，以促进数据流通、加快发挥数据在各个行业中助力提质增效作用为出发点和目的，建立全国范围的数据交易法律法规和监管框架，积极培育数据服务新业态，推动我国数据市场快速健康发展。要明确可交易数据的范围，扩大合法、可交易数据的源头供给；明确数据交易规则，让市场主体"依规交易"；明确数据交易监管机构，保障数据市场"有序交易"；积极培育数据服务新业态，推动数据市场良性发展，通过试点先行的策略，最终构建完整成熟的数据要素交易生态体系。

2. 创新学历教育和职业教育，加快新型数字化人才培养

一是加强基础教育阶段信息利用能力培养。基础教育阶段，将信息利用能力作为基础资质和能力，在小学、初中和高中加强编程教育，促进数学和统计学的学习。二是加大高等教育阶段交叉学科人才的培养力度。聚焦新一代人工智能基础理论算法、关键技术和核心应用，结合自动化、机械工程等工科专业，推进"人工智能＋工科"交叉学科建设，鼓励有条件的综合性大学开展本科生、研究生的"人工智能＋工科"跨学科联合培养，重视对学生计算思维、创新思维、虚拟协同能力、跨学科思考能力等素质的培养。三是依托校企合作加强

应用型人才培养。鼓励企业与高等院校、职业院校加强合作，共同培育数字生产管理人才、大数据应用型人才；在工信和机械等行业职业教育教学指导委员会牵头下，实施"产学研合作数字制造核心人力资源开发项目"，培养企业员工数据工程能力、数据科学能力和数据管理能力。

3. 加强核心技术攻关，夯实技术基础

一是加强核心技术攻关。发挥新型举国体制的优势，采取"揭榜挂帅"等方式，集中力量打好关键核心技术的攻坚战，加大对通信、网络、人工智能、核心器件、基础软件等领域的技术研发资助力度，加强底层操作系统、嵌入式芯片、人机交互、工业大数据、核心工业软件、工业传感器等核心技术攻关。二是强化企业创新主体地位。支持企业牵头组建创新联合体，承担促进制造业数字化转型的国家重大科技项目，让企业既扮演科研项目的"出题人"，又成为合作项目的管理者。发挥企业对市场的敏感度，根据行业发展的前沿趋势提炼共性技术研究需求，同时组织开展创新活动并将产出成果用于企业实际生产，以检验实际效果。三是完善政府采购制度。加大政府采购力度，从需求侧拉动技术发展，帮助新技术、新产品进入市场。依托强大的国内市场，在"卡脖子"领域培育国内替代品，通过纳入政府采购目录，不断推动技术迭代完善，在干中学的道路上逐步形成具备国际竞争力的产品，夯实数字化转型的技术之基。

第十三章

传统服务业现代化：
金融高质量发展与新质生产力

金融业以其广泛的服务范围、重要的经济功能、先进的科技应用和显著的社会影响力，成为现代服务业的重要组成部分。随着全球经济的复杂程度日益提高，金融体系在支持创新、促进技术进步上的作用凸显，其高质量发展对新质生产力的促进将为推动实现中国式现代化提供动力。

一、金融发展与新质生产力的理论机制分析

（一）金融高质量发展影响新质生产力的机制

金融高质量发展至少可以从两个维度、四个方面推动全要素生产率的提升。

第一个维度是服务创新，体现在两个方面：一方面，金融高质量

发展通过放松融资约束和分散风险等方式推动生产企业技术研发和生产组织形式优化，提升其全要素生产率。另一方面，高质量的金融服务有助于放松其他企业面临的融资约束，支持其采用创新企业的成果作为生产投入或生产技术，促进创新成果转化，并通过新技术的辐射作用带动行业内和产业链上企业生产率的全面提升。

第二个维度是推动资本要素配置效率提升，也体现在两个方面：一方面，金融高质量发展推动资本流入更能代表新质生产力发展方向的行业和地区。另一方面，资本要素配置效率的提升推动行业内和地区内企业的优胜劣汰，提升经济整体的资源配置效率。

（二）新质生产力对金融高质量发展的反馈机制

新质生产力的发展从两个方面对金融高质量发展产生影响。首先，生产率的提升降低了金融服务生产成本，进而推动资本成本降低，使金融部门能够更好地服务实体经济。其次，技术进步推动金融组织形式和金融服务产品创新，进而更好地解决信息不对称问题，以及由此产生的实体经济融资难、融资贵问题。

二、现阶段金融服务新质生产力发展的短板

（一）现阶段金融服务创新的短板

1. 现阶段金融结构不适应创新驱动的需要

创新是具有风险的经济活动。金融体系若要很好地服务创新发

展，需要适度的风险偏好和风险管理能力。Syverson（2004）发现美国制造行业位于生产率分布第 90 分位工厂的产出几乎是第 10 分位工厂的两倍。[①] 而在中国和印度，工厂生产率的离散程度更大，第 90 分位工厂的产出平均超过第 10 分位工厂的 5 倍（见图 13 - 1）。[②] 从事后看，进入市场的企业只有小部分的生产技术具有高生产率，能够产生高额的边际销售收益。大多数工厂的生产技术对应的生产率偏低，意味着这些工厂中有相当部分的生产率不足以产生足够的边际销售收益来维持其生存。这表明技术创新是具有高风险的。《中国小微企业金融服务报告（2018）》显示，我国小微企业创办 3 年之后依然可以维持正常经营的只占总数的 1/3。这同样意味着投资初创企业具有较高风险。技术创新的事后收益，无论是对创新企业个体还是社会都可能很高，但对投资者而言，在考虑失败概率的情况下，预期回报是否足以补偿其承担的投资风险是一个关键的问题，而这与其风险偏好和管理风险的能力高度相关。

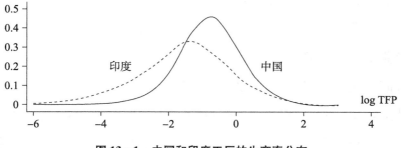

图 13 - 1 中国和印度工厂的生产率分布

---

① Syverson, C.（2004）. Product substitutability and productivity dispersion. *The Review of Economics and Statistics*，86（2）.

② Hsieh, C.-T., & Klenow, P. J.（2009）. Misallocation and manufacturing TFP in China and India. *The Quarterly Journal of Economics*，124（4）.

我国现有的金融体系仍然以银行体系为主体，以银行贷款为代表的间接融资为实体企业最主要的融资来源。截至 2023 年底，社会融资规模存量为 378.09 万亿元，对实体经济发放的人民币贷款余额为 235.48 万亿元，占存量的 62.3%。而从银行业结构的视角，我国银行业集中度较高，大多数资产集中于国有银行，其中中国工商银行、中国农业银行等六大行资产占银行总资产的 44.4%。[①] 然而，传统商业银行的业务模式和激励机制，相对而言更难适应新时代由创新驱动的中国特色社会主义市场经济发展。

首先，正如前文所述，投资初创企业具有高风险特征。中小创新企业天然地在信息披露方面存在劣势，同时大部分小微企业的存续时间较短，使得商业银行更难生产小微企业的信息以进行信用风险和操作风险的管理。这一问题在新兴行业中尤其突出，在行业生命周期初期要先后经历初创期、增长期和震荡期，激烈的竞争以及高额投入显著增加了创新型企业的失败概率。新兴行业初创企业现金流的不稳定性加大了估值难度，尤其对于高科技、轻资产企业而言，知识产权与技术专业价值界定较为困难，并且变现的流动性较差，使得这类企业缺乏价值稳定的抵押品，增加了银行贷款的风险暴露。

其次，银行贷款的收益结构限制了商业银行对创新型企业的投资动机。银行贷款利率一般无法随企业收益增加而增加，使得商业银行在投资初创企业时存在收益的天花板，而初创企业更高的失败概率将显著降低银行贷款的期望收益。如果银行根据风险提高对应的贷款利率，企业融资成本的增加反过来又会恶化初创企业的流动性状况，加

---

① 数据来自国泰安数据库。

之逆向选择问题，反而可能增加银行贷款的违约风险。而且，受监管和市场挤兑风险的限制，高杠杆经营的商业银行并不适合大规模投资初创企业这类高风险标的。例如，相对于安全性更高的传统行业成熟企业，初创企业贷款具有更高的风险权重，并且对于单一小微企业的风险暴露有着严格限制。[①] 而高科技创新型企业恰恰需要高额的资本投入，在当前银行业的监管框架下，仅凭商业银行很难有效地支持科技创新型初创企业的快速发展。

最后，从更微观的视角，商业银行在发放贷款时，将贷款收回情况作为信贷员绩效考核的核心之一，如果出现大额坏账，发放贷款的信贷员通常会受到终身问责处罚，利息收益对信贷员的绩效考核激励远小于出现坏账遭受的处罚，这种不对称的激励机制也使商业银行在发放贷款时更注重贷款的安全性而非盈利性。另外，我国商业银行的中层管理人员和员工的岗位轮换制度也限制了商业银行对初创企业的信息生产能力。对于新兴行业和创新型企业而言，银行相关人员需要一段时间对其进行调查了解，而岗位轮换的周期往往在 3～5 年，很难建立起稳定的银企关系，自然地，银行在生产初创企业信息上的优势无法发挥，初创企业贷款在商业银行眼中就变成了"坏资产"。

相比较而言，资本市场的激励机制更适合为技术主导的创新型初创企业发展提供支持。一个国家的股权市场发展（而非信贷市场）与其高科技行业的规模之间存在很强的正相关关系，更加发达的股票市

---

① 《商业银行资本管理办法》规定，对于满足条件的小微企业，商业银行对单家企业（或企业集团）的风险暴露不超过 1 000 万元，对单家企业（或企业集团）的风险暴露占本行信用风险暴露总额的比例不高于 0.5%。

场支持创新密集型高科技产业的更快增长。① Hsu，Tian and Xu
（2014）也提出在股票市场较发达的国家，更依赖外部融资和高科技
密集度较高的行业表现出较高的创新水平。② 然而，由于银行对资产
安全性的关注以及在处理高科技行业的信息和代理问题上的弱势，
信贷市场对具有这些特征的行业的创新产生一定的阻碍。一方面，
以股权为代表的资本市场在二级市场为投资者提供了高额的风险报
酬，这激励着投资者研究、关注企业的质量与管理行为，在获取高
额资本收益的同时更有效率地实现价值发现功能。资本市场还能在
一级市场吸引私募基金和风险投资为优质初创企业提供初始融资，
通过价值发现机制、投融资机制对科技创新企业予以价值量化，并
通过市场估值变化引导资源优化配置，促进创新型企业的快速发展。
另一方面，资本市场风险分散机制有助于化解技术创新风险，并且
为初创企业提供激励约束方案，股票期权等的运用为科技创新型人
才给予市场化、长期化的激励，进而促使资本市场和科技创新良性
循环。

2. 资本市场促进创新的潜力尚未充分发挥

图 13-2 和图 13-3 描述了股票市场发展水平与全要素生产率关
系的跨国经验，以及我国股票市场融入程度与全要素生产率关系的跨
城市经验。③ 图 13-2 展示了 1970—2019 年间全球 113 个国家和地区

---

① Brown, J. R. , Martinsson, G. , & Petersen, B. C. （2017）. Stock markets, credit markets, and technology-led growth. *Journal of Financial Intermediation*, 32.

② Hsu, P.-H. , Tian, X. , & Xu, Y. （2014）. Financial development and innovation: Cross-country evidence. *Journal of Financial Economics*, 112 （1）.

③ 图 13-2 将 TFP 增速与股市发展水平的所有观测值分为样本量相同的 20 个组，展示了每个组的 TFP 增速均值和股市发展水平均值。图 13-3 同。

股市发展水平与全要素生产率（TFP）的关系。① 左图纵轴是基于生产的全要素生产率，右图纵轴是基于福利的全要素生产率。从跨国经验来看，股市的发展对应了更高的 TFP 增速。

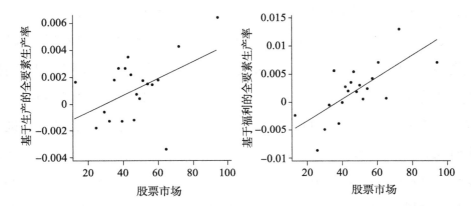

图 13－2　股票市场发展水平与全要素生产率增速：全球经验（1970—2019 年）

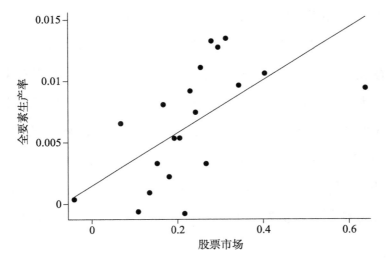

图 13－3　股票市场融入程度与全要素生产率：中国经验（2003—2021 年）

①　该图基于 TFP 增速对股市发展水平的面板回归，控制了人口规模、人力资本水平、贸易开放度、个体和时间固定效应。数据来源于 PWT10.1 和世界银行。

图 13-3 展示了 2003—2021 年间中国 246 个城市和地区股票市场融入程度与 TFP 增速的关系。[①] 我们采用该城市上市公司股票市值规模占 GDP 的比例来度量城市的股票市场融入程度。从跨城市经验来看，中国城市股票市场融入程度与 TFP 增速呈现正相关关系。

自 20 世纪 70 年代末以来，伴随美国资本市场的快速发展，风险投资急剧增长，并支持了一大批小型专业公司的创新发展。生物技术、半导体、硬盘驱动器、小型计算机、软件和互联网领域的开创性发明中有很大一部分来自风险投资支持的小型公司，如思科、希捷、甲骨文、谷歌、eBay、亚马逊等。在总体行业层面上，Kortum and Lerner（2000）发现，在控制专利质量的情况下，1983—1992 年间，1 美元的风险投资在刺激专利方面的效力是 1 美元的企业研发的 3.1 倍。[②] 尽管风险投资在 1983—1992 年间平均仅占企业研发的 2.92%，但在这十年间贡献了约 8% 的工业创新。在股票市场上，在 1980—2022 年间，美股未盈利企业 IPO 数量占总 IPO 企业数量的 40% 左右，其中科技和生物技术行业的未盈利企业 IPO 数量分别占所有未盈利企业 IPO 数量的 53% 和 90%，高于其他行业的 25%。美国资本市场对创新企业的有力支持得益于美国较为发达的多层次资本市场。首先，美股 IPO 实行注册制并强调信息披露，审核过程分为美国证券交易委员会（SEC）的发行审核和交易所的上市审核，审核效率较高，充分发挥了市场投资者价值发现和信息生产能力。其次，纳斯达克证券交

[①] 该图基于 TFP 对股票市场融入程度的面板回归，控制了人口规模、人力资本水平、个体和时间固定效应。数据来源于本书第七章、CNRDS、CSMAR 和中国城市统计年鉴。

[②] Kortum, S., & Lerner, J. (2000). Assessing the contribution of venture capital to innovation. *The RAND Journal of Economics*, 31 (4).

易所成立之初便不设盈利限制，纽交所也在 20 世纪 90 年代对上市标准进行优化调整，取消未盈利企业上市限制。两大交易所还多次优化新增上市标准供企业自主选择，在 20 世纪末分别形成了 3～4 种上市标准，具体由市值、收入、税前利润、总资产、股东权益等财务指标和公众持有股份、公众持有市值、成交量、做市商等流动性指标组合构成。再次，降低 IPO 门槛的同时配套多元高效的退市机制，提高市场优胜劣汰的效率。美股退市机制主要分为自愿退市和强制退市，退市流程精简，无暂停上市和恢复上市环节，强制退市会给予企业复核申诉的权利，并且退市渠道丰富，包括并购重组退市、转板退市和私有化退市等。最后，美国资本市场有较为完整的层次划分，为不同特征的企业提供差异化的融资服务。第一层是由纽交所、纳斯达克全球精选层和纳斯达克全球市场组成的全国性市场，主要面向跨国的大型企业；第二层是由全美证券交易所和纳斯达克资本市场构成的全国性市场，主要面向高科技企业和中小企业；第三层为场外市场（OTC），主要面向美国小型公司。而且，为配套多层次资本市场，美国设置了升级转板、降级转板、平级转板和内部转板四类不同性质的转板规则以打通各层次市场，设置携码转板、内部转板快速通道、费用减免等便利规则提高转板效率。

而我国资本市场正处于改革发展的关键时期，取得了诸多成就，例如实现全面注册制以及完成"沪深交易所主板、科创板、创业板、北交所和全国股转系统"构成的多层次资本市场建设等，但当前资本市场对于创新企业的支持仍有许多不足之处。首先，仍需进一步深化全面注册制改革，为尚未盈利的创新型公司提供更为快捷的上市通道。截至 2024 年 1 月 31 日，A 股 IPO 排队企业数量为 681 家，其中创业板 IPO 排队企业数量最多，达到 229 家；沪市主板、深市主板、科创板、北交所 IPO 排队企业均约百家。这说明虽然资本市场已经实现了全面注册制，但 IPO 效率仍有提升的空间。创业板的 IPO 排队情况也佐证了我国初创型、创新型企业对于股权融资的旺盛需求，提高 IPO 效率是资本市场支持创新企业的题中之义。其次，仍需完善退市制度，并健全转板规则，提高转板效率。如果缺乏有效的退市制度和转板制度，市场的定价功能和财富管理功能会被破坏，形成"鱼目混珠"的效应。[①] 这样会进一步损害一级市场的融资功能，阻碍真正有潜力、有价值、有融资需求的优质创新企业上市融资。最后，应提高二级市场的定价效率，重视上市企业的成长性，保护投资者权益。如前文所述，资本市场之所以更适合支持初创型、创新型企业发展，是因为这类企业的高成长性会为投资者提供高额的资本收益激励，而在 2019—2023 年，上证综指年化收益率仅有 3.59%，深证成指为 5.64%，科创 100 指数仅为 0.62%，创业板指数为 8.63%。当前我国资本市场无法为投资者提供足够的风险溢酬，削弱了资本市场的信息生产和公司治理功能，影响二级市场的价值发现，进而反馈到一级市场，阻碍了资本市场对优质创新型企业的支持。

3. 金融机构服务实体创新的金融创新不足

金融创新和金融科技的发展可以显著地支持实体经济创新。金融创新和金融科技的发展不仅能够弥补传统金融在金融服务效率、资源配置效率和创新能力等方面的缺陷[②]，而且可以通过促进数据要素积

---

① 吴晓求. "十四五"时期中国资本市场要全面完成市场化改革. 中国经济评论，2021 (1).

② Shim, Y., & Shin, D.-H. (2016). Analyzing China's fintech industry from the per-spective of actor-network theory. *Telecommunications Policy*, 40 (2-3).

累提升实体经济的全要素生产率①等。另外，李优树等（2022）通过实证研究发现，金融科技可以通过深化减贫效应、提升创新创业水平等促进经济增长。② 而我国当前金融机构服务实体创新的金融创新仍有不足，金融抑制在 130 个主要经济体中处于较高水平，并且这种金融抑制改善的进程相对缓慢，这阻碍了金融支持经济高质量发展，由此金融创新和金融科技或成为破局的关键。③ 我国金融机构服务实体经济创新的金融创新不足主要体现在如下方面：首先，当前的金融创新产品并未与创新企业的融资需求相匹配。过去较长一段时间，我国金融机构金融创新的目的主要是规避监管，导致金融部门脱实向虚问题严重，各种通道业务层出不穷，商业银行的资金大部分通过通道业务绕开监管流向有政府隐性担保的地方融资平台和回报率较高的房地产部门。④ 随着实业投资回报率的不断下降，实体企业也借助影子银行投资于金融产品，企业金融化现象严重。⑤ 其次，当前金融科技在智能合约与区块链技术、人工智能与大数据技术以及加密货币等领域发展迅速，但我国的金融机构对相关技术的应用并不充分。金融机构在服务实体经济时，如何解决信息不对称问题以及降低交易成本、提高交易效率是关键问题，而当前我国金融机构金融产品创新注重易于

① 吴心弘，裴平. 金融科技、全要素生产率与数字经济增长. 经济与管理研究，2022，43（7）.

② 李优树，郑慧，姜皓蓝. 金融科技对产业结构升级的影响研究——以成渝地区2011—2019 年经验数据为例. 云南财经大学学报，2022，38（7）.

③ 黄益平，葛婷婷. 评估中国金融改革：抑制性金融政策的动态效应. 清华金融评论，2019（5）.

④ 陈彦斌，刘哲希，陈伟泽. 经济增速放缓下的资产泡沫研究——基于含有高债务特征的动态一般均衡模型. 经济研究，2018，53（10）.

⑤ 张成思，刘贯春. 中国实业部门投融资决策机制研究——基于经济政策不确定性和融资约束异质性视角. 经济研究，2018，53（12）.

掌握、便于操作、科技含量低的外在形式，忽视产品功能的完善和高科技的支持作用，在企业信息生产、征信系统建立、量化信用风险以及合约签订与贷后管理等多环节缺乏金融科技和金融创新的应用，削弱了金融体系对于实体经济创新的支持。最后，金融创新在地域上存在较大差异。诸竹君等（2024）以北京大学数字普惠金融指数为依据，比较了地区层面数字金融发展水平差异。① 具体而言，东部发达地区和直辖市的数字金融发展水平更高，如北京、浙江、广东等，而贵州、西藏、甘肃、青海等西部省区的数字金融发展相对滞后。

(二) 现阶段资本要素配置效率问题

1. 资本要素配置与经济结构转型需求不匹配

党的二十大报告提出，高质量发展是全面建设社会主义现代化国家的首要任务，并强调以结构性改革实现结构性转型的重大突破。这包括加快发展方式绿色转型，推动产业结构、能源结构、交通运输结构等调整优化。在具体行业方面，党的二十大报告指出要减少过剩和落后产能，增加新的增长动能，加快传统产业改造升级。同时，要实施供给侧结构性改革，制定一系列具有全局性意义的区域重大战略。国家发展改革委发布的《产业结构调整指导目录（2024 年本）》也明确了各行业的调整方向，旨在加快建设现代化产业体系，具体的政策导向为：推动制造业高端化、智能化、绿色化；巩固优势产业领先地位；在关系安全发展的领域加快补齐短板；构建优质高效的服务业新体系。在地区结构调整方面，国家"十四五"规划强调深入实施区域

---

① 诸竹君，袁逸铭，许明，柴斌锋. 数字金融、路径突破与制造业高质量创新——兼论金融服务实体经济的创新驱动路径. 数量经济技术经济研究，2024，41 (4).

协调发展战略，深入推进西部大开发、东北全面振兴、中部地区崛起、东部率先发展，支持特殊类型地区加快发展，在发展中促进相对平衡。这为"十四五"乃至今后一个时期实施区域协调发展战略指明了方向，提供了遵循。

当前我国地区和行业结构具有以下特征：首先，传统工业和现代服务业并存，各地区在产业结构上存在明显差异。东部地区以金融、信息传输、计算机服务和软件等现代服务业为主导，而中西部地区则以第二产业为主，东北地区的产业结构依然偏重于资源型、传统型和重化工型。其次，区域经济差距明显。从产业角度看，地区经济差距主要由产业内差距和产业间差距两部分组成，其中第三产业的产业内差距是主体。这种差距导致了城乡、地区以及行业之间的收入分配不均。最后，制造业从东部地区向中西部地区转移的趋势也较为明显。在科技创新方面，东部地区企业的突破式创新程度相对较高，西部地区的企业创新渐进式路径特征更为明显，非国有企业是突破式创新的主力，而中小企业的突破式创新水平相对更高，大型企业更多采取渐进式创新路径（见图 13-4）。

而金融资本要素配置与产业和区域转型方向的匹配仍存在一定优化空间。截至 2023 年 6 月末，信贷投放最多的是制造业、租赁和商务服务业、交通运输仓储和邮政业。更具体地，上市国有大行、股份行、城商行以及农商行的制造业贷款占其公司贷款的比例分别为 17%、19%、14% 和 27%，制造业在银行信贷中占据了重要地位。其中，截至 2023 年末，工商银行制造业贷款余额突破 3.8 万亿元，较年初净增超过 8 000 亿元，增幅近 30%，余额、增量均创历史新高，居同业首位，制造强国战略十大重点领域贷款余额占制造业贷款的比重

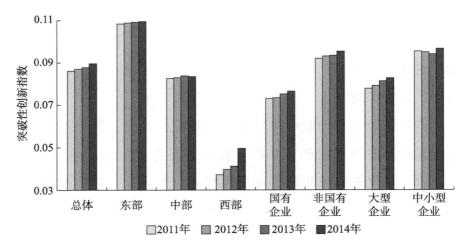

图 13-4　不同类型企业创新路径比较

资料来源：诸竹君等（2024）.

超过 25%。但对制造业尤其是高技术制造业的贷款比例在地域上的差异明显，不同区域银行对于制造业贷款的投放意愿不一样，制造业贷款占比高的银行大多在制造业发达的省区。这种差异不仅体现在结构上，还体现在总量上。根据《全球银行业展望报告》，中国信贷投放与 GDP 的分布大致匹配，即 GDP 占比越高的地区，其信贷占比也越高。《中国区域金融运行报告（2023）》也指出，社会融资规模主要集中于东部地区，2023 年东部社会融资规模增量占全国总量的 60.3%，尽管较 2022 年有所下降，但仍然是最大的区域。浙江、江苏、广东及山东是社会融资规模增量的主要贡献者。而与东部、中部和西部相比，东北地区的社会融资规模增量占比过小，表内融资规模增量仅占全国的 2.3%。金融资本在地域上的分布与下一阶段我国经济转型的方向有所错配，这种错配也在一定程度上导致中西部和东北地区企业创新能力相对较弱，对这两个地区的实体经济创新支持力度亟须加强。

2. 资本要素配置与高水平开放需求不匹配

随着我国经济对外开放程度的不断加深，实体企业和金融机构"引进来"和"走出去"的规模和范围也逐渐扩大，金融体系对资本要素配置的效率将对我国经济高水平开放产生显著影响。伴随着越来越多企业的"出海"，全球供应链的韧性将对实体企业的发展与创新活动产生更大影响，而金融体系可以通过融资、风险管理和支付等多种功能服务"出海"企业，并通过诸如信用证、应收账款融资等多种供应链金融服务增强供应链的韧性，为全球经济安全提供保障。而我国金融机构在服务经济高水平对外开放方面仍有以下不足：首先，我国商业银行中间收入占比仍然相对较低，其中供应链金融相关服务以及国际结算类业务的占比同样处于低位，服务能力不强。截至 2023 年，我国商业银行总体手续费及佣金净收入有所降低，以 42 家上市银行为例，全年实现手续费及佣金净收入 7 902.09 亿元，A 股上市银行的中间业务收入总和占营业收入总和的比重为 12.63%。其次，我国金融机构在风险管理技术方面亟待加强。各国（地区）金融体系风险管理能力的提升可以缓释供应链冲击产生的全球经济波动，进而提升供应链的稳定性。出口信用保险、巨灾保险和各类金融衍生工具可以通过缓释或转移出口贸易中面临的各种风险来促进贸易，通过比较优势提升全球供应链上各国（地区）的福利水平。[①] 然而，我国金融机构和实体企业在套期保值、金融衍生品交易等方面缺少相关实践，经验略有不足，在过去几年间，中国银行的"原油宝"暴雷、青山资本镍期货交易巨亏等风险事件也说明了这一问题。

---

① 中国银行. 二零二四年人民币国际化白皮书. pic. bankofchina. com/bocappd/rareport/202406/P020240606578399779075. pdf.

三、未来金融高质量发展方向

―――――――

（一）写好科技金融和数字金融大文章，打造适应科技创新发展的最优金融体系

1. 以资本市场制度改革推进金融服务科技创新的能力

首先，要深化全面注册制改革，进一步完善多层次资本市场建设。注册制的全面实施可以为高科技企业、新经济和新业态企业以及中小企业打破硬性盈利要求的束缚，帮助其通过资本市场获得资金支持，更好地助力企业进行科技研发活动，为实体经济尤其是中小企业、科技创新发展作出更大的贡献。[①] 而多层次资本市场的建设不仅为不同特征的创新型企业提供了多样化的融资平台，为风险投资基金、私募股权基金提供了更快捷丰富的退出通道，更为不同风险偏好的二级市场投资者提供了多层次风险资产的选择。但目前我国多层次资本市场的建设仍存在定价效率偏低、流动性不足、上市公司成长性偏弱等诸多问题，这些都需要在深化全面注册制改革和多层次资本市场建设过程中得以解决。

其次，要注重对投资者进行保护。数量多而质量高的投资者是资本市场实现价值发现、资源有效配置以及促进实体企业创新能力的关

――――――――

① 钱宗鑫. 全面注册制与深化资本市场改革研究——必要性、难点性及深远影响. 人民论坛，2023（7）.

键，资本市场应该以为投资者提供有成长性的、透明度很好的资产为核心，要从融资的市场变成投资的市场。[①] 进入新发展阶段，资本市场的建设不能仅仅考虑单边融资功能，更应重视以投资者为核心的资本市场功能的发挥，完善和创新投资者保护制度体系，如加快推动证券集体诉讼制度落地，完善投资者权利行使、保障和救济的制度机制，推动投资者保护制度体系更加系统、均衡、精细和务实。[②] 另外，保护投资者权益更要求加强上市公司信息披露，规范上市公司行为。具体地，在后续的改革中，要将证券交易所监管与行业自律组织监管相结合，建立投资者举报制度，发挥社会力量对于信息披露规范的重要作用，同时也要兼顾企业的合规成本，精简信息披露的冗余要求，提高企业信息披露积极性。在规范上市公司行为上，要改革股票减持制度。吴晓求等（2024）强调减持已经成为中国股市资金流出的一个重要原因，严重影响了市场的存量资金规模，也是 A 股 IPO 出现排队现象的重要原因。[③] 高管在企业 IPO 后通过减持来获取个人资本收益不利于公司价值的长期成长，更损害了中小投资者的利益。中国资本市场要在限售期这个必要条件基础上，加上一定的充分条件，例如对高管减持的财务约束或投资收益约束来约束发起人、控股股东或实际控制人等的减持行为。

最后，要深化资本市场供给侧改革，完善现代化的公司治理制度，提升企业质量。企业质量关系到资本市场能否有序运行、良好发

---

① 吴晓求在中国财富管理数字化转型大会暨《中国财富管理能力评价报告（2023 上）》发布会上发表的主旨演讲.

② 赵锡军. 中国特色资本市场的建设目标和路径选择. 人民论坛，2022（3）.

③ 吴晓求，方明浩，许荣. 中国资本市场的功能转型与估值校正. 财贸经济，2024（7）.

展，也是资本市场强化支持实体企业创新能力良性循环的起点。高质量企业可以为我国资本市场提供优质资产和价值增长核，进而吸引更多投资者参与到资本市场中，提高二级市场的交易流动性。投资者对于高质量企业带来的高额资本增长需求则激励他们在一级市场上寻找更多的具有潜力的创新型企业，形成上市企业与投资者之间的良性互动，助力实体企业的创新性发展。

2. 以银行业创新促进科技金融发展

首先，在银行业书写数字金融大文章，推动银行业数字化转型，助力科技金融发展。进一步推动大型银行依托资金优势进行数字化转型，提升处理信息不对称的能力。通过多种合作模式，推动大型银行、中小银行和金融科技企业技术合作，构建银行业创新合作网络，全面提升银行业整体技术水平。同时，依靠大数据等先进技术，挖掘中小微企业业务潜力，做好普惠金融大文章。另外，在推出数字化转型鼓励政策时，需要考虑不同银行禀赋条件的差异，实行差异化转型策略，避免"一刀切"式政策导致银行的竞争优势不增反降。[①]

其次，试点银行业经营模式创新，提升银行经营模式与创新经济的匹配度。引导金融创新，创新银行业与资本市场互动模式，通过更高的风险识别技术、风险分散设计和风险管理技术，增强银行业风险承担能力，促进增强其服务资本市场发展的能力，间接推动科技创新。完善银行等金融机构业绩评估体系，在守住不发生系统性风险底线的基础上，结合经济周期、金融周期、行业发展规律和投资项目收益分布特征，动态评估管理人员风险管理水平，为培育耐心资本创造

---

① 张一林，郁芸君，陈珠明. 人工智能、中小企业融资与银行数字化转型. 中国工业经济，2021 (12).

适配的激励机制。借鉴国际先进经验，打造创新支持型银行模式。以美国硅谷银行为例，为了解决传统商业银行与科技型初创企业的不适配问题，硅谷银行创新了贷款模式，深耕科技企业上市前的多轮融资衔接段贷款，对初创企业的评估以获取风险投资为根据，积累了风险投资基金在项目选择和客户识别上的专业优势，并将专业技术作为贷款抵押品，若贷款不能偿还，硅谷银行会以出售企业或将专利技术出售给大型科技型企业来弥补损失。另外，为解决风险激励问题，硅谷银行会在部分贷款中加入期权以期在企业上市或被购并时行使期权获利。但由于初创企业现金流的脆弱性，较容易受货币政策等冲击影响而形成共振，服务对象的集中将会放大风险，引起银行挤兑。更需要注意的是，此类业务的成功依赖于发达的资本市场、成熟的风险投资行业以及专业化人才培养体系，直接在我国奉行"拿来主义"或难以取得成效。针对我国金融市场发展情况，可以尝试在实力雄厚的银行成立业务试点，充分发挥大型银行的资金和风险管理与分散优势，以国家"十四五"规划中的重点行业以及中央金融工作会议强调的绿色和养老产业为导向，与头部风险投资公司或政府性基金建立合作，探索适应我国当前银行体系和资本市场的创新支持型银行模式。

（二）全面提升资本要素配置效率

长期以来，我国资本投入型经济增长模式引致的要素错配问题对全要素生产率提升有负面影响。截至 2018 年，要素错配造成我国全要素生产率损失 10.23%，其中资本扭曲造成的损失最为严重。[①] 这与下

---

① 陈翼然，李贻东，靳来群，张瑞. 我国要素配置优化的着力点在哪？——基于多维度要素配置扭曲程度的比较分析. 管理评论，2022（2）.

一阶段我国发展新质生产力的战略目标相悖，提升资本要素配置效率、解决资本扭曲是发展新质生产力的题中之义。2020 年 4 月，《中共中央 国务院关于构建更加完善的要素市场化配置体制机制的意见》指出，要推进资本要素市场化配置，完善股票市场基础制度，加快发展债券市场，增加有效金融服务供给。这为未来金融高质量发展支持新质生产力发展提供了改革方向。中央金融工作会议提出的"做好金融五大文章"更为资本要素配置改革提供了重要抓手和发展方向。

1. 充分发挥市场对资源的配置作用

一方面，进一步增强银行体系风险定价和风险管理能力，加强银行体系与资本市场联动，实现优势互补。另一方面，在进一步落实全面注册制的同时，完善资本市场退市制度。一个成熟发达的资本市场一定是一个"新陈代谢"、进出有序的市场，不仅要有源源不断的高质量新企业进入，更要让不适合上市交易的企业有序地退出。持续的扩容让市场难以承受，必须有完善的退市机制才可以保持市场的动态平衡。[①] 在全面注册制下，由于交易所不再对企业的质量进行实质性判断，必然会有质量较差的企业进入市场，如果达到退市标准的上市公司仍然可以继续交易，就会扭曲市场基本定价机制。再者，新业态、新行业的出现势必会带来复杂多样的企业间兼并收购，进而催生一定的主动退市需求。这都要求对现有退市制度进行改革，例如建立转板机制，提高退市机制效率，完善主动退市和强制退市规则，使市场保持相对均衡，让市场能在真正意义上发挥出其定价能力。

---

① 吴晓求，方明浩，许荣. 中国资本市场的功能转型与估值校正. 财贸经济，2024 (7).

2. 充分发挥有效市场和有为政府的良性互动

党的二十大和国家"十四五"规划对下一阶段的重点行业和重点区域进行了明确的安排，但当前的金融资本配置与未来发展规划中心仍有差距。未来金融高质量发展不仅要深化市场化改革，提高市场机制对资源配置的效率，还要依靠有为政府的宏观调控，针对重点行业、重点区域制定有效的支持政策，引导资本流向党的二十大和国家"十四五"规划的重点行业和重点区域，实现金融资本在行业和地域上的合理配置，解决当前存在的资源错配问题。

3. 书写数字金融大文章，提高资本配置效率

数字金融与科技创新驱动战略有着天然的适配性，具有效率高、成本低、易于精细化服务的特点，能够有效推动技术进步和产业结构升级。更重要的是，数字金融在信息生产上具有优势，大数据技术和信息处理技术能够有效缓解资金供需双方信息不对称，提高资本市场价格信号功能和风险分散功能，并可以实现对新业态、新行业的快速学习和快速反应，实现对创新型企业投资的全流程管理，降低交易成本，引导资本以合理的成本流向创新型企业，缓解传统信贷市场对科技创新企业和技术进步的资金供给约束，进而实现资本要素与技术创新的高效对接。[1]

（三）推进高水平金融开放

我国金融对外开放水平仍需提升。更高水平的金融开放，一方面有助于在促进国际资本进入国内市场（Prasad et al. , 2007），缓解国

---

[1] 张宗新，张帅. 数字金融提升我国资本要素配置效率研究. 社会科学，2022 (11).

内信贷歧视和金融抑制问题，提高金融体系运行效率（Luo et al.，2016）的同时，增加国内企业（特别是中小企业）的融资渠道（Henry，2000a、2000b)[①]；另一方面也会促进公司治理能力的现代化，降低我国企业代理成本（Bae et al.，2010），提高企业经营效率和创新能力[②]。外国投资者以及外国直接投资（FDI）设立的企业不仅会为我国企业提供稳定的资金，还会对企业进行更严格的监督，并给我国企业带来更为先进的生产和管理技术，进而提高企业经营效率和创新能力。我国可从以下三个方面进一步提升金融开放水平。

1. 高水平开放资本市场

在风险可控的情况下，择时进一步开放资本市场，尤其是股票市场。Moshirian et al.（2021）指出股票市场开放可以通过放松融资约束、分散风险和改善公司治理三条途径激励创新，进而推动生产率提升。[③]利用20个经济体的数据，他们发现，平均而言，这些经济体在股市开放后专利数量、专利引用次数和创新企业数量分别增长了13%、16%和11%。市场开放的效应在那些面临融资约束更大的行业更强，在那些分散化的好处更大的行业更强，且在那些企业风险承担受到较强压

---

① Prasad，E.，R. Rajan.& A. Subramanian（2007）. Foreign capital and economic growth. *Brookings Papers on Economic Activity*，38（1）；Luo，Y.，Zhang，C.，& Zhu，Y.（2016）. Openness and financial development in China：The political economy of financial resources distribution. *Emerging Markets Finance and Trade*，52（9）；Henry，P. B.（2000）. Stock market liberalization，economic reform，and emerging market equity prices. *The Journal of Finance*，55（2）；Henry，P. B.（2000）. Do stock market liberalizations cause investment booms? *Journal of Financial Economics*，58（1）.

② Bae，K.-H.，& Goyal，V. K.（2010）. Equity market liberalization and corporate governance. *Journal of Corporate Finance*，16（5）.

③ Moshirian，F.，Tian，X.，Zhang，B.，& Zhang，W.（2021）. Stock market liberalization and innovation. *Journal of Financial Economics*，139（3）.

制的国家更强。引入的外国投资者在公司内部人更不容易掠夺外部投资者利益的行业和投资者保护较好的国家，通过改善公司治理促进创新的能力更强。他们还发现股市开放有利于提升资本配置效率。股市开放对企业创新投资的促进作用在那些创新倾向更高的行业更明显。同时，股市开放也激励具有较高创新倾向行业内现有企业的创新和具有创新需求的企业上市。我国监管部门出台了《企业中长期外债审核登记管理办法》《境内企业境外发行证券和上市管理试行办法》《内地与香港利率互换市场互联互通合作管理暂行办法》《关于开展境外机构债券定价配售机制优化试点有关工作的通知》等一系列新规和举措，在制度上促进金融制度型开放持续向纵深推进。

2. 深化银行业双向开放

合理"引入"外资银行，完善外资银行在华经营的监管制度建设，推动本国银行业成长，同时鼓励中资银行"走出去"，加快全球网络布局。银行业的全面开放是我国金融业高水平对外开放的必经之路和重要一步。在"引入"外资银行方面，应扩大外资银行"引进来"的规模，优化"引入"外资银行的策略，既要发挥外资银行"引入"的"鲇鱼效应"，学习外资银行先进的经营管理技术和金融创新能力，又要防范因竞争激烈、业务复杂程度提高而导致的风险问题。在中资银行"出海"方面，应以海外的中资企业为基础，将中资企业在外投资、业务联系以及境外分布作为中资银行开展海外业务的"滩头阵地"，结合对外直接投资、贸易联系和境外中资企业的信息优势，通过为交易双方提供货币兑换、贸易融资、信用函证等金融服务，打造中资银行的信息优势，建立客户黏性，并在此基础上向东道国本土企业和本土市场进行业务扩展。

3. 有序推进人民币国际化

扎实推进数字人民币发展，推进人民币国际化进程，深入参与全球金融治理与全球供应链建设。2023 年末，人民币国际债券余额全球占比达 0.72%，同比增长 14.59%；点心债和熊猫债发行规模分别达 5 668.5 亿元和 1 545 亿元，同比增长超过 105% 和 81%。[①] 伴随人民币国际化程度的提高，人民币在国际金融市场上的融资功能凸显，人民币国际使用帮助企业突破"融资贵、融资难"瓶颈，为全球供应链重塑提供资金支持。以中国金融体系功能强化为基础的人民币国际化有助于在全球供应链上增强融资功能和风险管理功能并发挥辐射作用，不仅能够为中资企业提供更便捷的金融服务，降低汇率风险和流动性问题，还可以让更多国家和地区分享更多融资成本降低带来的好处，更大程度提升全球供应链的韧性并改善全球居民福利，扩大我国在国际金融市场上的影响力，发挥大国责任。另外，人民币国际化还有助于丰富全球支付体系，在提高全球支付体系效率的同时分散支付体系崩溃风险，并通过成本节约效应直接提升供应链上各国（地区）的福利水平。

---

① 中国银行．二零二四年人民币国际化白皮书．http://pic.bankofchina.com/bocappd/rareport/202406/P020240606578399779075.pdf.

第十四章

健全新型举国体制：
新型创新网络构建与创新要素优化配置

当前中国正处于新一轮科技革命和产业转型升级的关键机遇期，新一代信息技术加速产业转型升级，新生产力与旧生产关系深度交织、相互影响。科技创新与产业转型升级的深度融合，正在引领中国经济从量的增长转向质的提升。在这一时代背景下，习近平总书记指出，科技创新是发展新质生产力的核心要素。2023年12月召开的中央经济工作会议进一步强调，要以科技创新推动产业创新发展新质生产力。那么到底该如何更加高效地实现科技创新？2024年政府工作报告提出，要充分发挥新型举国体制优势，强化企业科技创新主体地位，提升自主创新能力，推进现代化产业体系建设。党的二十届三中全会进一步强调，要健全新型举国体制，提升国家创新体系整体效能。由此可见，新型举国体制是国家创新战略需求的优势选择，构成了新质生产力发展的核心路径。新型举国体制通过形成科研攻关的强大合力，正全面推动新质生产力的形成，这将推动中国经济朝更高质量、更可持续的方向迈进。

一、新时代创新流程的变革

1912 年，熊彼特在《经济发展理论》一书中提出了创新理论，并把创新与经济发展、经济周期紧密联系在一起。他认为，创新的实质是把一种前所未有的关于生产要素和生产条件的"新组合"引入生产体系中，包括五种情况：一是生产一种新产品或为现有产品增添新的特征；二是应用一种新的生产方法；三是开辟一个新市场；四是获取或控制原材料或半制成品的一种新的供应来源；五是实现任何一种工业的新的组织形式。

由此可以看出，"创新"并不是一个纯粹的技术概念，而是一个经济概念。它更注重将现有的技术革新引入经济组织中，从而形成新的经济能力。在这个过程中，企业作为创新的主体扮演着至关重要的角色，不仅仅是新技术、新方法的试验田和推广者，更是新市场、新组织的开拓者和引领者。

企业传统的创新模式是一个以需求推动为主要因素的封闭创新体系，研发和创新是一个简单的线性过程，许多企业采用传统的市场调研方法来明确用户需求，通过企业内部的自主研发进行产品创新。[①] Nambisan et al.（2017）认为，企业创新包含三个方面的内容：一是创新是一个有明确预期的现象，主要集中在固定的产品上；二是创新

---

① Mowery, D., & Rosenberg, N. (1979). The influence of market demand upon innovation: A critical review of some recent empirical studies. *Research Policy*, 8 (2).

的组织方式是集中的和可预测的；三是创新的性质与创新的组织方式
相互作用。[1] 因此，在传统的环境下，创新是技术运用与市场需求相
结合的一个活动。在传统的创新流程中，技术是创新的基础，需求是
创新的驱动力，设计、开发、制造是创新的过程，营销是创新的结果
（见图 14 - 1）。

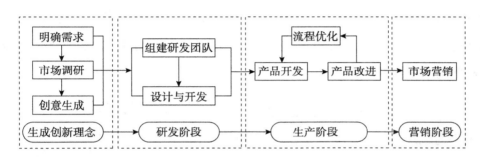

图 14 - 1　早期企业的传统创新体系

传统的创新方法虽然有效，但往往受限于信息获取的难度和大规
模投入的局限性，导致创新步伐缓慢。然而，在一个开放的创新环境
下，企业需要结合内部资源和外部知识共同促进创新活动的开展。随
着数字技术的发展，企业开始在各个环节嵌入数字技术，加速创新。

数字技术的嵌入对传统创新流程产生了深刻变革。首先，数字技
术为创新活动提供了新的基础设施和工具，推动了内部创新效率的提
高。[2] 例如，云计算等技术的使用让产品生产的规模实现快速扩大或
缩小，这允许企业以一种非线性的形式开展创新活动；3D 打印技术
能够使新的理念得到反复、快速的实验，缩短创新周期，这使创新的

① Nambisan, S., K. Lyytinen, A. Majchrzak, & M. Song. (2017). Digital innovation management. *MIS* quarterly, 41 (1).

② 刘畅，潘慧峰，李珮，冯雅欣. 数字化转型对制造业企业绿色创新效率的影响和机制研究. 中国软科学, 2023 (4).

开始和结束变得不再明确。其次，数字技术为创新活动提供了新的平台，使传统创新活动突破了空间的束缚。[①] 创新机构从传统的集中创造转变为分布式的存在，形成了分布式创新、开放式创新和以网络为中心的创新模式。[②] 例如以 GitHub、ChatGPT 等为代表的代码共享和工作执行平台，实现了组织模式的创新，帮助开发者更高效地进行协作和交流。从某种程度上讲，数字技术的运用可以被视为企业的一种战略，不仅提高了创新效率，还显著增强了企业间的协同合作和技术交流（见图 14-2）。

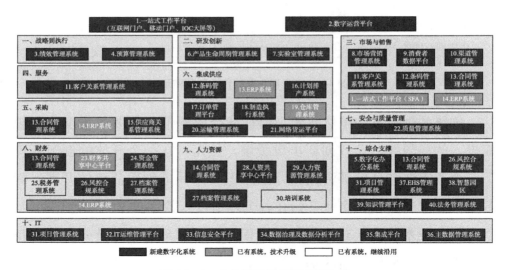

图 14-2 企业数字化创新支撑体系

由此可以看出，在当前对外开放和创新驱动的时代背景下，传统的集成和封闭式创新模式正逐渐被开放式创新模式取代。在创新日益

---

① 王巍，姜智鑫. 通向可持续发展之路：数字化转型与企业异地合作创新. 财经研究，2023，49 (1).

② Ciriello, R. F., Richter, A., & Schwabe, G. (2018). Digital innovation. *Business & Information Systems Engineering*，60 (6).

复杂化的时代背景下，如何有效配置创新资源来提升创新效率呢？

二、新型举国体制顺应开放式创新模式

————

2019 年 10 月，十九届中央委员会第四次全体会议通过了《中共中央关于坚持和完善中国特色社会主义制度、推进国家治理体系和治理能力现代化若干重大问题的决定》，就完善科技创新体制机制方面强调，要弘扬科学精神和工匠精神，加快建设创新型国家，强化国家战略科技力量，健全国家实验室体系，构建社会主义市场经济条件下关键核心技术攻关的新型举国体制。举国体制是特殊的资源配置与组织方式，由政府统筹调配全国资源力量，达成相应目标任务。新型举国体制是坚持市场在资源配置中起决定性作用的前提下更好发挥政府功能的重要创新体系。[1] 与计划经济条件下的举国体制相比，新型举国体制的一个重要特征是实现有效市场和有为政府有机结合，因此新型举国体制适用于存在市场失灵和资源错配的领域，这是新型举国体制中"新"的最重要体现。[2] 新型举国体制下构建的创新系统具有重要的意义，一方面可以将市场资源配置转向具有创新价值的领域[3]；

————

[1]　王歌，覃柳森，曾赛星，刘炳胜，何清华，汪涛. 新型举国体制下重大工程创新生态系统的资源配置模式——来自港珠澳大桥技术创新的证据. 管理世界，2024，40（5）.

[2]　路风，何鹏宇. 举国体制与重大突破——以特殊机构执行和完成重大任务的历史经验及启示. 管理世界，2021，37（7）.

[3]　盛昭瀚，程书萍，李迁，李敬泉，陈永泰，徐峰. 重大工程决策治理的"中国之治". 管理世界，2020，36（6）.

另一方面，新型举国体制下的创新生态具有"政府-市场"二元结构特征，可以引导优势资源集聚，形成强大的共性技术供给体系①。

　　党的十九届四中全会首次提出"新型举国体制"，十九届五中全会进一步指出"健全社会主义市场经济条件下的新型举国体制"。作为党领导下的科技创新治理手段，举国体制体现了我国集中力量办大事的制度优势。② 从实践效果来看，我国依靠新型举国体制，充分发挥政府在顶层设计、战略规划、市场引导等方面的优势，由中央调配创新资源，借助超大规模市场的优势，集中攻关关键技术、突破"卡脖子"领域，形成了自上而下的创新链条。尤其是在一些核心技术和基础科学领域，通过举国体制的协调与推动，实现了从"受制于人"到"自主可控"的转变，打破了技术封锁和垄断，涌现出了一批以智能制造、人工智能、半导体、5G、量子通信等为代表的多个领域的创新科技成果。同时我国的船舶、机床、汽车、飞机等领域的重型机械和高端产品也逐渐在世界范围内产生越来越大的影响。在关键环节、关键领域、关键产品的保障能力，体现出新型举国体制的时代特征，重塑了我国的科技竞争力，为我们在开放环境中、复杂形势下推动经济社会高质量发展和产业转型升级提供了强大的支撑。

　　新型举国体制不仅强化了我国在全球科技创新体系中的话语权和竞争力，也为国家的长远发展和安全提供了坚实的技术保障。要充分认识健全新型举国体制的重要意义，处理好政府和市场的关系，优化

---

① 王歌，覃柳淼，曾赛星，刘炳胜，何清华，汪涛. 新型举国体制下重大工程创新生态系统的资源配置模式——来自港珠澳大桥技术创新的证据. 管理世界，2024，40（5）.

② 蔡跃洲. 中国共产党领导的科技创新治理及其数字化转型——数据驱动的新型举国体制构建完善视角. 管理世界，2021，37（8）.

创新要素配置，提高科技创新水平。具体来说，在新型举国体制下，实现创新能力和效率提升有两大途径：一是依托市场化所形成的创新网络；二是通过政府推动的政策引导和资源配置体系实现创新要素优化配置。

三、市场驱动下的新型创新网络构建

关于新型举国体制，需要协调好两个方面的力量：一方面，依靠市场竞争机制形成协同合作和知识溢出的创新网络，激发企业作为创新主体的活力，释放产业发展的创新动能；另一方面，创新主体的协同攻关需要依托政府的统筹协调，优化资源配置，引导优势资本流向科技创新领域，形成强大的共性技术供给体系。这种政府与市场有机结合的模式，体现了新型举国体制在当前复杂形势下的独特优势，为我国经济高质量发展和产业转型升级提供了强有力的支撑。

随着创新的复杂性和不确定性日益增加，当前仅依靠组织内部研发难以实现高质量、突破式的创新。在现代经济体中，多元市场主体为攻关技术难题、拓宽研发边界而形成了复杂的创新网络系统。通过创新网络实现研发合作和吸收外部知识是企业提高创新水平的重要途径。在这个创新网络中，企业之间相互依存、相互依赖。[①] 一些企业

---

① 赖烽辉，李善民. 共同股东网络与国有企业创新知识溢出——基于国有企业考核制度变迁的实证研究. 经济研究，2023，58（6）.

担任领导角色，成为知识传播和扩散的中心，对其他企业具有重大的影响力和控制力。而有的企业则处于从属地位，依赖于核心企业提供的技术支持和资源供应，通过吸收和学习来提升自身能力。[1]

(一) 构建"国民共进"的协同创新网络

举国体制主要用来攻克基础创新问题，而国有企业是发挥新型举国体制优势的重要载体。国有企业在基础研究、前沿技术、高端制造等领域的创新方面承担了重要责任，具有履行社会责任、响应国家创新驱动发展战略的重要职能。与此同时，民营企业在创造财富、提高创新活力、推动技术进步等方面也发挥了重要作用。因此，发挥国有企业的资源整合和产业引领作用，突出民营企业的灵活性和支撑性，助力国民协同合作，是突破"卡脖子"难题的重要方式，也是新型举国体制的重要体现形式。

例如，在新能源领域，国家电投集团与多家民营企业携手合作，联合攻关新型高效太阳能电池技术，通过产业链协同创新，实现了高效太阳能电池的大规模量产，显著提升了国内太阳能产业的整体技术水平。再如，在芯片制造领域，中芯国际与国内领先的民营芯片设计企业开展深度合作，通过技术共享和联合研发，成功攻克了多项高端制造工艺的瓶颈问题，推动了国产芯片的技术突破。随着这些技术难题的逐步解决，越来越多的民营企业得以在高技术领域崭露头角，并与国有企业形成长期稳定的创新合作关系。

国企与民企的协同创新带来了技术的飞跃，快速推动了科技成

---

① Hansen，M. T. (2002). Knowledge networks：Explaining effective knowledge sharing in multiunit companies. *Organization Science*，13 (3).

果的转化。从上市公司专利申请的数据中可以看到，2003—2022 年期间，国企和民企合作（简称国民合作）申请专利的比例达到13.06%，而在申请人数大于 1 的专利中，这一比例达到了48.69%（见图 14 - 3、图 14 - 4）。这表明在多方合作创新的情况下，国民合作已成为重要的专利申请方式。同时，在国民合作的创新活动中，国有企业作为主申请人的专利占比达 66.11%，民营企业作为主申请人的专利占比达 33.89%，可见在国民创新合作中，国有企业发挥了重要的组织作用。

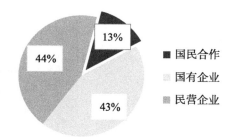

图 14 - 3　2003—2022 年上市公司专利申请方式分布

资料来源：国家知识产权局。

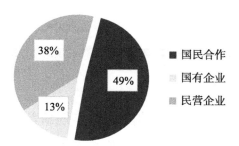

图 14 - 4　2003—2022 年上市公司专利申请方式分布（申请人数大于 1）

资料来源：国家知识产权局。

在基于国际专利分类表（IPC）部的国民创新合作领域中，从

图 14-5 可以看出，物理领域的创新合作占比最高，为 23.4%；其次是作业、运输，占比 21.0%；电学占比 15.5%；固定建筑物占比 15.1%；化学、冶金占比 11.8%；其他领域占比均不足 10%。整体来看，物理，作业、运输和电学是国民合作的主要领域，这些领域的技术复杂性和创新需求较高，需要多方协同攻关，因此国民合作较为深入。其他领域如固定建筑物，化学、冶金等也显示出较多的合作次数，能够反映出跨领域合作在推动技术创新中的重要性。而在人类生活必需品，纺织、造纸等传统行业的国民合作次数较少。

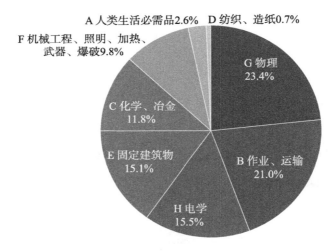

图 14-5　2003—2022 年基于 IPC 部的国民合作次数分布

资料来源：国家知识产权局。

进一步，在基于 IPC 大类的国民合作创新领域中，从图 14-6 可以看出，计算、推算或计数类的合作次数最多，其次是测量、测试，电气元件，发电、变电或配电类等。计算、推算或计数类是国民合作最频繁的领域，反映了在信息技术和数据处理方面的高度合作需求。测量、测试类和电气元件类等领域的合作次数也较多，显示了在这些技术密集型领域中，国民合作开展技术攻关极为重要。总的来说，这些数据表明在关键技术和应用领域，加强国企和民企的协同合作是推动技术进步和创新的重要途径。

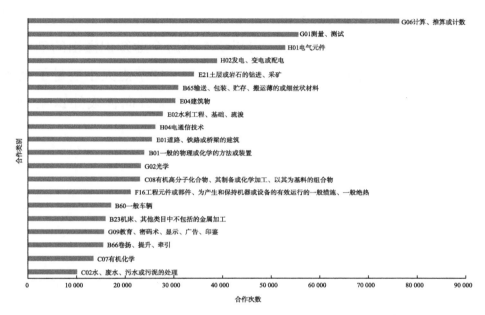

图 14 - 6　2003—2022 年基于 IPC 大类的国民合作领域分布

资料来源：国家知识产权局。

（二）形成"知识溢出"技术扩散网络

知识溢出是企业获取外部技术的另一个重要途径。新型举国体制通过国家统筹与市场机制相结合，不仅实现了资源的有效配置，还推动了知识的有效流动，加速了技术扩散和二次创新。企业通过引用他人的专利和技术成果，快速获取前沿的技术信息，能显著缩短研发周期，提高研发效率。此外，知识溢出有助于企业识别和借鉴行业内的先进技术，推动企业间的良性竞争和深度合作，从而整体提升行业的技术水平和创新能力。通过充分利用知识溢出网络，企业能够不断优化自身的创新体系，保持技术领先地位。

1. 企业间知识溢出网络分布

企业作为重要的创新主体，在知识扩散中发挥着重要作用。利用上市公司之间的专利引用数据，可以绘制出跨企业知识溢出的创新网络矢量图，观察到知识流动的方向。图 14 - 7 中节点大小衡量了企业的专利数量，边的粗细衡量了引用次数，箭头方向代表知识流动的方向。

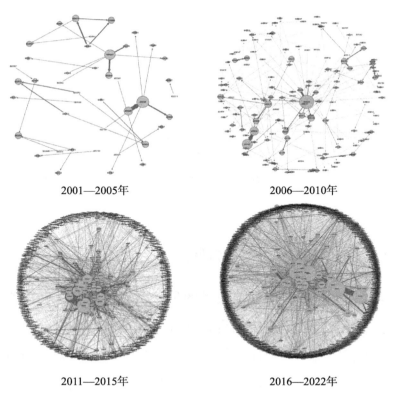

2001—2005年　　　　　　　　2006—2010年

2011—2015年　　　　　　　　2016—2022年

图 14 - 7　2001—2022 年上市公司专利引用分布

资料来源：国家知识产权局。

在早期阶段，节点企业较少，企业间知识流动较为分散，专利的引用关系随机且无序，少部分企业间存在频繁的专利引用现象，说明早期的企业创新多为企业内部的自主研发活动。而随着时间的推移，节点显著增加，企业之间的知识交流变得活跃，知识流动逐渐表现出中心化趋势。2011—2015年，企业间专利引用网络复杂度进一步提高，企业之间的知识交流和合作更加密切，关键节点数量增多，且这些节点规模在不断扩大，出现了知识集聚以及一些领军企业。2016—2022年，知识流动变得极为复杂，呈现出一个高度互联的知识引用网络，企业之间的知识交流达到了一个新的高度。同时，部分中小企业迅速发展，成为整个创新网络中的次级核心。

2. 行业及区域间的知识溢出网络分布

根据证监会2012年行业分类标准，本章将企业层面的专利引用汇总到行业层面，并将制造业（C）进一步划分为小类行业以绘制行业层面的知识溢出矢量图。从图14-8可以看到，行业层面的知识溢出也表现出一定的中心化趋势，一些行业在创新网络中起到了核心作用，在知识流动中表现更为活跃，这些行业一般属于知识密集型产业和战略性新兴产业。制造业（C）与信息传输、软件和信息技术服务业（I）之间的知识流动较为频繁，存在明显的互相引用情况。各行业对制造业也形成了明显的知识溢出效应，可见制造业企业不仅是主要的知识创造者，也是能力较强的知识吸收者。同时，图14-8中也显示了一些较小且位于网络边缘的节点，大多属于被引用频率较低的行业，一般为传统行业或者技术更新速度较慢的领域。进一步，将企业层面的专利引用情况汇总到区域层面（见图14-9）。具体来看，各区域之间呈现了更为复杂和密集的知识流动网络，其中北京市、上海市和广东省处于专利引用网络的中心，这些区域在知识流动中起到关键引领作用，与其他多个区域之间有明显的知识流动。综上所述，处于创新网络中心位置的行业或区域将形成更为明显的知识溢出效应，因此应该进一步推动创新网络的形成，将创新资源向创新网络的中心行业或区域进行倾斜。

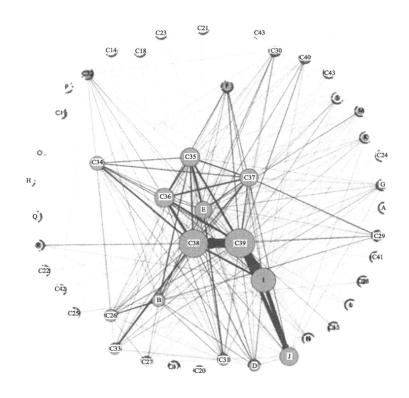

图 14 - 8　上市公司行业间专业引用分布

资料来源：国家知识产权局。

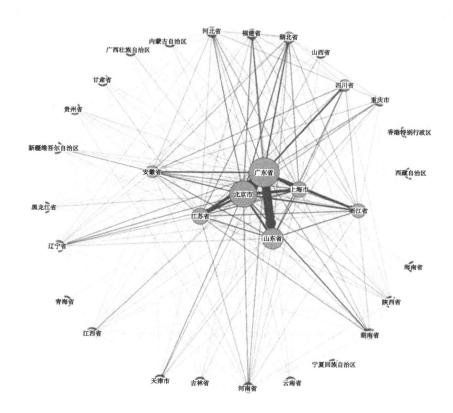

图 14 - 9 上市公司区域间专业引用分布

资料来源：国家知识产权局。

四、政府引导下的创新要素优化配置

除了依托市场化所形成的创新网络，政府推动的政策引导和资源配置体系也是实现创新能力和效率提升的另一重要途径。在过去 40 多年的发展过程中，我国充分发挥经济体制的效率优势和生产要素的规模优势，在很短时期内就建立了全球规模最大的实体经济产业体系，迅速实现了整个国家由富起来到强起来的转变。政府作为理想的社会规划者，在这一过程中起到了至关重要的作用。首先，政府加大对基础研究和前沿技术的投入，提供了长期稳定的资金支持，鼓励更多的原创性和颠覆性创新；其次，政府通过制定和实施创新政策，明确国家创新战略，建立健全创新体系和机制，确保创新资源能够高效合理地配置和利用。围绕新型举国体制下的创新资源配置的探讨，不仅有助于解决市场研发资源的错配问题，还能够引导市场资源向特定领域聚集。

(一) 最优研发配置：理论模型与核算

此轮科技体制改革以强化企业作为科技创新主体地位为重点，同时也更加强调政府和市场的结合，统筹配置创新资源，完善科技创新体系。[①] 本小节主要讨论创新要素的优化配置问题，以研发投入为例，参考 Liu and Ma（2021）的最优研发配置核算模型，将上市公司层面的专利及引用数据汇总到行业层面，构建行业-年份匹配数据，来测算行业层面的最优研发配置。[②]

---

① 蔡跃洲. 中国共产党领导的科技创新治理及其数字化转型——数据驱动的新型举国体制构建完善视角. 管理世界，2021，37（8）.

② 研发配置核算公式为：$\gamma = \frac{\rho}{\rho+\lambda}\beta\left(I-\frac{\Omega}{1+\rho/\lambda}\right)^{-1}$。式中，$\rho$ 是主观折现率；λ 反映了企业发生一次创新所带来的技术提升；β 为总产出对单个企业 i 产出的弹性，使用各行业增加值占 GDP 的比值来衡量。参考 Acemoglu et al.（2018）、Akcigit and Ates（2023）的研究，ρ 取 3%，λ 取 0.05。定义 Ω 为 t 年企业 i 专利引用企业 j 专利的次数占比：$\Omega \equiv \dfrac{\text{Cites}_{ijt}}{\sum\limits_{j=i}^{i}\text{Cites}_{ijt}}$。式中，$J$ 代表企业 i 的引用专利隶属于公司的数量。Liu, E., & Ma, S.（2021）. Innovation networks and R&D allocation. Working Paper.

我们分别计算了 2007—2014 年和 2015—2022 年两个阶段的行业最优研发配置情况，得到的结果如表 14-1 和表 14-2 所示，从中可以看出在不同时期行业研发资源配置存在显著差异。纵向来看，大多数行业的研发资源配置比例在近年有所增加，表明研发资源已经向更具创新潜力和位于创新网络中心的行业倾斜。横向来看，不同行业的研发资源配置比例存在显著差异。在早期，行业 C39、C38 和 C26 的研发资源配置比例相对较高，而近年来，行业 C39 和 C38 的配置比例继续保持较高水平，同时行业 I、C36 和 J 的比例有所上升。某些行业（如 C39 和 C38）的研发资源配置比例在两个阶段均保持较高水平，表明这些行业是研发资源配置的重点领域。[①]

表 14-1　2007—2014 年行业最优研发配置核算结果（%）

行业代码	C39	C38	C26	C35	I	F	E	B	C31
γ	15.95	8.79	7.58	5.36	5.33	5.06	3.89	3.87	3.74

表 14-2　2015—2022 年行业最优研发配置核算结果（%）

行业代码	C39	C38	I	C26	C36	F	C35	J	E
γ	19.60	10.29	8.32	5.77	5.36	5.34	5.13	4.62	4.31

（二）实际与最优配置的对比分析

基于行业最优研发配置的测算结果，可以对比各行业的实际研发配置与理论上最优研发配置的差异。通过绘制散点图（见图 14-10），首先看到 2007—2015 年的结果，位于 45 度线附近的行业代表其理论研发份额与实际研发份额大体一致；拟合线整体处于 45 度线以下的，

---

① 这里使用的行业代码均采用证监会 2012 年行业分类标准。

说明在理论上各行业整体的研发资源配置不足。具体来看，行业 C39、C38、C26、I、F 等存在明显的研发配置不足的情况，而行业 E、C36、C31、B 等则存在过度配置的情况。无论是研发配置不足还是研发配置过度，均会产生一定的福利损失。

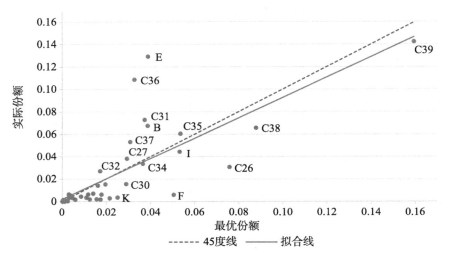

图 14 - 10　2007—2015 年行业实际研发份额与最优研发份额

将 2015—2022 年的实际研发份额与最优研发份额绘制成散点图（见图 14 - 11）。结果显示，与早些年相比，近些年各行业的研发配置情况均趋同于 45 度线左右的位置，说明研发配置不足和配置过度的现象均有所缓解。但不同行业仍然存在一定的资源错配问题，例如行业 E、C36 等仍然存在明显的研发配置过度问题，行业 C35 则从研发配置过度演变为配置不足。但整体来看，各行业的研发配置不足现象得到明显缓解，总体福利得到显著提升。

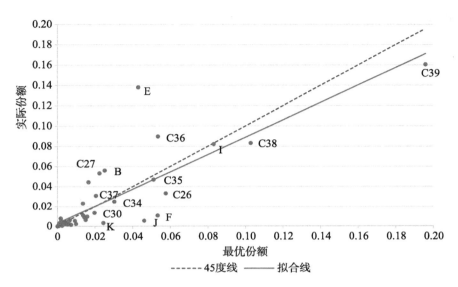

图 14 - 11　2015—2022 年行业实际研发份额与最优研发份额

（三）提升研发配置带来的福利增益

根据前述计算可知，各行业间仍然存在研发错配的现象，通过错配情况可以计算出潜在的福利增益。[①] 结果如图 14 - 12 所示，可以发现，2007—2014 年，研发错配程度较高，导致了较高的福利损失，若能实现研发资源的最优分配，可以实现 20％的消费等价福利增益。2015—2022 年，研发配置效率有所提高，通过从当前的研发配置到最优的研发资源分配，仍然可以得到 18％的消费等价福利增益。这个结果表明，近些年的研发配置效率得到了提升，使得福利损失有所减少，但福利损失仍然存在，若能实现最优分配，消费者将能体验到一

---

① 福利增益公式：$\mathcal{L}(b) = \exp\left(\frac{\lambda}{\rho}\gamma(\ln\gamma - \ln b)\right)$。式中，$\mathcal{L}(b)$ 表示消费等价福利增益。

定程度的福利提升。

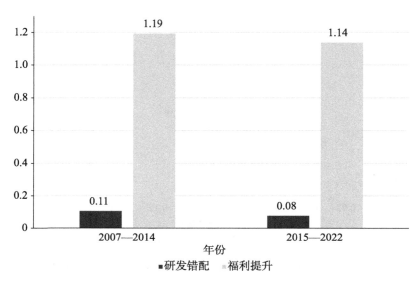

图 14－12　行业层面研发错配及潜在福利增益

五、政策建议

"众力并，则万钧不足举也。"在新时代的背景下，要充分依靠新型举国体制优势，既要发挥市场在创新资源配置中的决定性作用，又要更好地利用政府在政策支持和资金引导方面的作用，形成政府、市场、社会多方面的有效合力，加快实现科技自立自强的步伐，推动高水平科技强国建设的战略目标落地。结合当前形势，本章提出如下建议：

（一）双轮创新驱动，有形之手与无形之手的协同

创新驱动发展不仅依赖市场化力量的驱动，更需要行政化手段的支撑。市场作为无形之手，能够灵活高效地配置资源，推动技术进步，而政府作为有形之手，可以在顶层设计和资源调配中发挥独特作用。在新质生产力的发展中，两者协同发力尤为重要，通过政府与市场的双轮驱动，推动有效市场和有为政府更好结合，形成"国民共进"的协同创新网络和"知识溢出"的技术扩散网络。新型举国体制则是在这一协同过程中，通过组织全社会的力量，加速高质量创新的实现，确保关键领域和前沿科技的突破。

（二）创新网络效应，推动高质量创新的加速器

创新合作网络不仅仅体现在传统的"产学研"合作模式上，更重要的是在新型合作模式中推动国有企业与民营企业的共同发展。国有企业与民营企业联合攻关技术难题，是突破"卡脖子"难题、提升我国核心竞争力的重要路径，也是新型举国体制的重要体现形式。通过政策的支持与放松管制，充分发挥民营企业在创新领域的潜力，使其能带动更多像华为等创新型企业的诞生。此外，战略性新兴产业企业与一流民营企业也应通过创新网络效应成为推动科技高质量发展的加速器，形成强大的创新驱动体系。

（三）创新要素优化，赋能新质生产力的关键路径

创新是高风险高回报的过程，往往充满不确定性和挑战。面对未知性和风险性，需要让市场和企业家积极试错。而政府的职责则是为

这种试错提供兜底的环境。政府需要积极引导创新资源流入具有创新潜力的领域中，例如人工智能、清洁能源、量子通信等前沿科技。同时，要确保创新资源的精准高效使用，避免资源浪费。政府通过政策和资金支持，激发市场主体的创新活力，实现创新资源的合理流动和高效配置，以赋能新质生产力的全面发展。

（四）新型举国体制，政府成为理想的社会规划者

党的十八大以来，我国面临的国内外形势更加复杂，全球竞争日益激烈。在这种背景下，政府作为全局创新方向的规划者，角色愈发重要。政府不仅要在政策上引导新兴产业的前沿研究，还需有效推动知识的市场化传播，进一步促进市场与政府的紧密结合。政府应持续支持高难度、高回报的技术创新研究，尤其是在"卡脖子"领域，通过组织力量进行长期投入与支持，形成稳定的科技创新生态圈。借助新型举国体制，政府将继续发挥规划与协调的核心作用，打造推动科技创新的强大合力，助力我国在全球科技竞争中占据主动权。

第十五章

发挥超大规模市场优势：
竞争力培育、高水平对外开放与新质生产力

在全球化加速和经济格局不断变化的背景下，我国通过充分发挥国内超大规模市场优势，不仅为推动高水平对外开放提供了坚实基础，也能够促进新质生产力的培育与发展。本章围绕我国超大规模市场优势、竞争力培育、高水平对外开放政策与新质生产力发展的相互关系展开分析，详细梳理了我国对外开放的历史进程和政策方针，以及超大规模市场的具体优势。在此基础之上，我们深入探讨了我国超大规模市场优势如何影响国际贸易和跨国投资，以及如何通过高水平对外开放来推动新质生产力的发展。通过上述分析，本章得出如下结论：作为我国高水平对外开放的重要依托，超大规模市场优势对新质生产力的发展起到了关键推动作用。我国企业在全球市场上展现出强大的产业竞争力，未来随着超大规模市场优势的有效发挥，我国将加快形成新质生产力，进而推动经济高质量发展。

一、我国的高水平对外开放实践与超大规模市场优势

（一）对外开放历史进程和政策方针

改革开放初期，我国通过设立经济特区、开放沿海城市和上海浦东新区，为推动国内经济发展奠定了坚实基础。1978 年，以党的十一届三中全会为标志，我国开启了改革开放的历史征程，党中央、国务院决定对广东、福建两省的对外经济活动实行特殊政策和优惠措施。1980 年设立深圳、珠海、汕头和厦门四个经济特区作为改革开放的试验田。经济特区实行特殊的经济政策，并坚持以外向型经济为发展目标，为全国经济发展提供了宝贵经验。1984 年 5 月 4 日，党中央、国务院决定进一步开放天津、上海等 14 个沿海港口城市，形成沿海开放带，进一步扩大对外开放的地域范围。1992 年国务院批准设立上海浦东新区，作为我国现代化建设的新标杆，推动金融、贸易和高科技产业发展。

随着改革开放的不断深入，我国在 1992—2001 年间进一步扩大对外开放，特别是加入世界贸易组织（WTO）后，我国的对外开放进入了一个新的阶段。1992 年邓小平同志南方谈话进一步强调改革开放的重要性，推动经济特区和沿海城市的改革。1997 年香港回归，为我国经济带来新的发展机遇，提升了我国在国际社会的地位。2001 年我国正式加入 WTO，承诺降低关税和非关税壁垒，进一步开放国内市

场，融入全球经济体系。此后十年，我国继续推进全方位开放战略，不仅在经济上取得了巨大成就，也通过举办重大国际活动和实施新的开放政策等方式在国际舞台上持续提升影响力。

随后，在以习近平同志为核心的党中央的坚强领导下，我国进入了新时代高水平对外开放的阶段，重点实施"一带一路"倡议、自贸区建设和区域经济合作等战略。2013 年习近平总书记提出建设"新丝绸之路经济带"和"21 世纪海上丝绸之路"的合作倡议，旨在推动与沿线国家的经济合作与交流，建设互联互通的基础设施，促进区域经济一体化。2013 年 9 月 27 日，国务院发布《中国（上海）自由贸易试验区总体方案》，积极探索和试验更加开放的政策措施，包括投资管理、贸易便利化、金融创新等，为全国范围内的改革开放积累经验。2018 年习近平总书记在博鳌亚洲论坛开幕式上发表主旨演讲，提出"探索建设中国特色自由贸易港"。2020 年，签署《区域全面经济伙伴关系协定》（RCEP），深化区域经济合作，推动区域内的贸易和投资便利化。2023 年，"一带一路"倡议和自贸试验区迎来建设 10 周年。

（二）我国高水平对外开放取得的历史成就

改革开放以来，我国抓住全球化迅猛发展的历史机遇，持续实施一系列促进对外贸易发展的政策措施，贸易规模已处于世界领先位置，结构不断优化，质量效益稳步提升。

在货物和服务贸易方面，我国已成为第一大货物贸易出口国、第二大服务贸易出口国。如图 15 - 1 所示，1990—2023 年，无论是货物贸易还是服务贸易，我国贸易总额均呈现上升趋势。2023 年，我国货物贸易进出口总值 5.94 万亿美元，其中出口 3.38 万亿美元，进口 2.56 万亿美元，贸易顺差 0.82 万亿元，连续 7 年保持全球货物贸易第一大国地位。我国在贸易领域的对外开放进程不断升级，服务业开放成为进一步构建对外开放新格局的重点领域。近年来，我国服务贸易总体保持平稳向上态势，逆差明显下降，结构显著优化，高质量发展成效初步显现。数据显示，2022 年我国服务进出口总额规模近 8 900 亿美元，同比增长 12.9%。其中，服务出口 4 240.6 亿美元，增长 12.1%；进口 4 650.5 亿美元，增长 13.5%；逆差 409.9 亿美元，服务贸易进出口规模创历史新高。

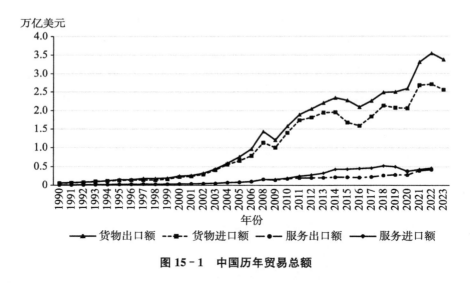

图 15 - 1　中国历年贸易总额

资料来源：历年中国统计年鉴。

在外资方面，我国对外投资和引进外资规模已位居世界前列。1983 年我国对外直接投资仅为 0.93 亿美元，大约为当年吸引外资流入量的 1/10。2023 年在全球跨境直接投资持续多年下降的背景下，我国对外直接投资 1 301 亿美元，连续 11 年稳居世界前三。在引进外资方面，虽然全球跨国投资面临巨大的下行压力，但我国仍然展现出强大的韧性。我国实际使用外资金额由 1983 年的 9.2 亿美元增长到 2022 年的 1 891.3 亿美元，年均增幅高达 14.63%，引资规模依然保持世界前列。2023 年我国新设外商投资企业 53 766 家，实际使用外资达到 1 633 亿美元，规模仍处历史高位，连续多年保持全球第二大外资流入国地位（见图 15-2）。

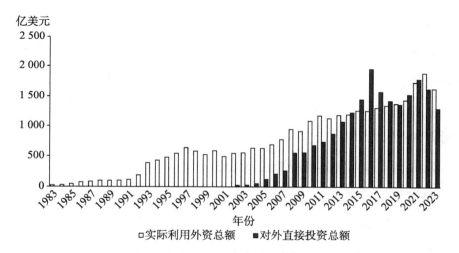

图 15-2　中国外商直接投资和对外直接投资流量

资料来源：历年中国外资统计公报。

（三）超大规模市场的显著优势

习近平总书记指出，我国具有社会主义市场经济的体制优势、超大规模市场的需求优势、产业体系配套完整的供给优势、大量高素质劳动者和企业家的人才优势。这四大优势不仅是我国经济发展的内在动力和潜力所在，而且对于提升产业竞争力和高水平对外开放具有重要作用。

1. 超大规模市场潜力

我国正处于需求快速释放的阶段，市场规模持续扩大，市场纵深不断延展，扩大内需的空间足、潜力大，前景不可限量。从消费需求看，我国拥有超大规模的消费市场，这是我国经济展现出巨大潜力的重要基础。国家统计局发布的 2023 年国民经济和社会发展统计公报显示，2023 年末全国人口为 140 967 万人，约占全球总人口的 18%，这一庞大的人口基数意味着巨大的消费潜力和多样化的需求。随着居民收入水平不断提高和消费结构升级，消费需求不断增长，这为国内外企业提供了巨大的机遇。众多跨国公司将我国作为最重要的市场之一，并投入大量资源开拓我国市场。这种巨大的市场规模为我国经济的可持续增长提供了坚实基础。

2. 超大规模市场具有经济活力优势

超大规模市场意味着更强的纵向流动性和更好的创新创业生态。[①]首先，所谓纵向流动性，是指小企业或新创企业成长为大企业或取代现有大企业的能力。市场规模越大，现有大企业就越难以垄断市场，初创企业和中小企业拥有的成长空间与市场机会也就越大，企业格局、产业生态和经济结构就越难以固化，容纳和试错技术路线更多，企业具有较强的纵向流动性和创新活力。其次，超大规模市场推动企业差异化发展。市场规模越大，市场需求的多样性、复杂性越高，社会专业化分工就越精细，为企业差异化发展创造了条件。超大规模市场使专业化分工之后的细分市场空间仍然很大，为初创企业在细分领域精耕细作提供了大量的市场机会。我国之所以诞生大量制造业单项

---

① 毛有佳，赵昌文. 充分发挥超大规模市场优势. 经济日报，2021 - 08 - 18.

冠军企业，与高度细分的市场需求密切相关。最后，超大规模市场有利于更好地依托规模效应形成竞争优势。超大规模市场能够更好地发挥规模经济、范围经济效应，可以使相关企业、行业拥有经济规模带来的效率优势和成本优势，从而在全球竞争中赢得主动。

3. 超大规模市场的创新动能强劲

超大规模市场意味着更多的创新场景、更低的创新成本和更高的创新收益。现代经济越来越具有规模报酬递增特征，超大规模市场与现代经济的技术经济范式的适配性更强。超大规模市场通过需求引致创新为营造产业竞争优势提供动力和能力。具体而言：一是超大规模市场能够提高企业创新预期收益。[①] 中国拥有全球最具潜力的消费市场，这为各种商品和服务提供了巨大的市场空间，能够充分分摊创新试错成本，降低研发风险，也能够让新技术、新产品迅速产业化和规模化，使创新创业者获得更多收益。二是超大规模市场为创新活动提供丰富的应用场景。大规模、多样化的市场需求为各类创新活动提供理想的试验场，使新技术更容易实现大规模应用和迭代升级，加速新技术、新产品产业化。三是超大规模市场有利于在新工业革命中赢得先发优势。超大规模经济体既可以更好地分摊新型基础设施和战略性前瞻性技术投入成本，也可以同时试错多种技术路线，从而使新技术更易实现大规模应用和迭代升级。回顾工业革命以来的历史，历次工业革命的引领者几乎都是同时代的超大规模经济体。

综上所述，超大规模市场通过提供强大的内需基础、促进技术创新、提高研发盈利预期、优化市场结构等方式，能够有效提升产业竞

---

① 毛科俊，于畅. 更好发挥我国超大规模市场优势. 学习时报，2024 - 03 - 20.

争优势，进而促进高水平对外开放和增强出口竞争力。

二、贸易开放与我国新质生产力发展

（一）超大规模市场优势如何影响国际贸易

我国作为全球第二大经济体和世界上最大的发展中国家，其超大规模市场优势显著影响了国际贸易。本节将从提升出口竞争力和扩大进口需求两个方面，概述我国超大规模市场优势是如何推动贸易发展的。

1. 提升出口竞争力

我国超大规模市场优势为提升出口竞争力提供了坚实的基础，这主要体现在完备的全产业链制造能力、规模经济效应以及技术创新和产品结构多样化等方面。

首先，完备的全产业链制造能力。我国拥有全球最完整的产业链和供应链，从原材料、零部件到最终产品，覆盖了产业的各个环节。这种综合制造能力使我国能够以较低的成本生产出高质量的产品，增强了出口竞争力。2023 年，我国出口总额达到 3.38 万亿美元，占国际市场份额的 14.2%，连续 7 年保持全球货物贸易第一大国地位。

其次，规模经济效应。我国制造业企业通过规模化生产和标准化管理，能够显著降低单位成本，提高国际市场的竞争力。大规模的生产带来了显著的规模经济效应，使得我国的产品在价格上具有明显优势。以纺织品为例，我国是世界上最大的纺织品生产和出口国，通过规模化生产和高效管理，降低了生产成本，使我国纺织品在国际市场上具有价格竞争力。

最后，技术创新和产品结构多样化。随着技术创新的不断推进，我国制造业逐步从低端向中高端迈进，我国越来越多的企业注重产品研发和质量提升，出口产品的附加值和技术含量不断增加。2023 年我国电动载人汽车、锂电池和太阳能电池三种产品出口 1.06 万亿元，首次突破万亿元大关，增长了 29.9%。高技术产品和多样化的产品结构增强了我国在国际市场上的竞争力，不断迸发的出口动能体现了从中国制造向中国创造的迈进。

2. 扩大进口需求

我国超大规模市场不仅推动了出口的发展，也显著扩大了进口需求。这主要体现在居民消费升级带动进口增长、产业链需求促进技术和设备进口以及扩大进口促进国际合作等方面。

首先，居民消费升级带动进口增长。随着我国居民收入水平的提高和消费结构的升级，消费者对高质量进口商品的需求迅速增加。2023 年，我国进口总额达到 2.56 万亿美元，占国际市场份额的 10.6%，较 2022 年微增，连续 15 年保持全球第二。其中，进口农产品增长 5%，纺织、衣着鞋帽类消费品进口增长 5.6%，首饰、钟表进口分别增长 63%、17.2%。

其次，产业需求促进技术和设备进口。超大规模市场促使了专业化分工。为了实现经济的高质量发展和全产业链条的转型升级，我国对高精尖设备和先进技术的进口需求显著增加。高端制造业、新能源、医疗健康等领域的快速发展，带动了对高精尖设备和技术的进口需求。根据海关总署发布的数据，2023 年，我国芯片制造设备的进口额为 2 805 亿元（396 亿美元），同比增长 14%。

最后，扩大进口促进国际合作。超大规模市场具有对外黏合力优势。我国通过举办中国国际进口博览会（CIIE），向世界展示了开放市场的决心，吸引了众多国际企业进入我国市场，促进了进口贸易的发展。例如，2023 年举办的第六届中国国际进口博览会吸引了 128 个国家和地区的 3 480 多家企业参展，按年计意向成交创历届新高，金额达 784.1 亿美元，比上届增长 6.7%（见表 15-1）。

表 15-1　历年中国国际进口博览会情况

年份	届次	吸引国家和地区（个）	参展企业数量（个）	意向成交金额（美元）
2018	第一届	—	2 800	578.3
2019	第二届	—	3 000	711.3
2020	第三届	—	2 600	726.2
2021	第四届	127	2 900	707.2
2022	第五届	127	2 800	735.2
2023	第六届	128	3 486	784.1

资料来源：根据历年中国国际进口博览局发布的数据整理。

（二）国际贸易如何影响新质生产力的发展

1. 出口市场扩张

出口市场扩张将引发更多企业创新活动。伴随着出口市场扩张而来的出口机会的扩张，会提升企业的潜在市场规模，让企业创新能享受更多的收益，从而从总体上促进创新。但是，由于出口机会并不会被所有企业均等地获得，只有竞争力较强的企业才能成功进入国际市场、获得市场份额，因此理论上也只有这部分企业会增加创新和提高全要素生产率。技术创新主要取决于规模经济，只有那些占据较大市场规模的企业才能负担得起创新活动，因此在出口市场扩张进程中，那些扩大市场规模的出口企业创新也会更多，而其他的非出口型企业将降低它们的投资。上述理论预测也基本得到文献验证，实证文献已经相对比较成熟。一是多数实证文献证实了出口市场扩张带来了正向创新效应。[1] 二是出口市场扩张的正向创新效应存在 Melitz-type 异质性效应。[2]

2. 中间产品进口

进口贸易开放（或中间投入品进口）能够对企业生产效率产生影响。一方面，进口贸易开放使得国内企业使用更多的进口中间品（包括资本品），这可以让企业有更多的资源用于创新，或是从进口中间品中学习更多的生产技术，从而提高生产效率。对印度尼西亚制造业企业的研究发现，中间投入品关税降低 10% 能够使企业的生产效率提高 12%，高于产出品关税降低带来的企业生产效率提升，使用更多种类的中间投入品能够使企业的 TFP 更高、出口范围更大。[3] 另一方面，由于可以更便宜地获得国外中间品和技术，国内企业进行自主创新的需求可能会降低，从而对企业生产效率的影响并不明显，这对于理解我国在某些行业的关键技术上创新不足甚至衰落有所启示。[4]

---

[1]　Bernard, A. B., Jensen, J. B., & Schott, P. K. (2006). Survival of the best fit: Exposure to low-wage countries and the (uneven) growth of US manufacturing plants. *Journal of International Economics*, 68 (1); Manova, K., & Yu, Z. (2017). Multi-product firms and product quality. *Journal of International Economics*, 109.

[2]　Lileeva, A., & Trefler, D. (2010). Improved access to foreign markets raises plant-level productivity…for some plants. *The Quarterly Journal of Economics*, 125 (3).

[3]　Amiti, M., & Konings, J. (2007). Trade liberalization, intermediate inputs, and productivity: Evidence from Indonesia. *American Economic Review*, 97 (5).

[4]　Liu, Q., & Qiu, L. D. (2016). Intermediate input imports and innovations: Evidence from Chinese firms' patent filings. *Journal of International Economics*, 103.

3. 市场竞争

进口竞争能够对新质生产力发展产生重要影响。一是在助力企业创新方面，部分研究从进口竞争促进生产要素流动的角度论证其有助于促进企业创新，认为进口竞争将激励技术领先企业的进一步创新。当市场竞争加剧时，企业有更强动力去创新从而逃离竞争。此外，也有部分证据表明进口竞争将阻碍企业创新。以我国加入 WTO 为准自然实验，可以发现进口竞争也可能会降低企业创新。[①] 二是在促进全要素生产率提升方面，现有文献考察了我国加入 WTO 后进口竞争对企业生产效率的影响，发现进口竞争会阻碍低效率企业的全要素生产率增长，促进高效率企业的全要素生产率增长。三是在赋能产业升级方面，现有研究认为进口竞争能够通过技术溢出的方式促进国家产业升级。进口商品中包含的技术因素，会带来技术扩散，从而可能促进东道国技术进步。但进口竞争对于不同国家技术进步的影响结果不同，来自我国的贸易竞争会促进欧洲企业的技术进步，而来自发达国家的贸易竞争则没有此效果。

三、跨国投资与我国新质生产力发展

（一）超大规模市场优势如何影响跨国投资

超大规模市场优势不仅促进了我国对外贸易的繁荣发展，也显著

---

① Liu, Q., Lu, R., Lu, Y., & Luong, T. A. (2021). Import competition and firm innovation: Evidence from China. *Journal of Development Economics*, 151.

影响了外商直接投资（FDI）和我国企业的跨国投资（ODI）。本节将探讨超大规模市场优势对外商直接投资和跨国投资的具体影响。

1. 吸引外商直接投资

我国作为世界第二大经济体和最大的发展中国家，其庞大的市场规模吸引了大量外商直接投资。超大规模市场优势在吸引外商直接投资方面起到了以下几方面的关键作用：

一是超大规模市场具备消费潜力，对外商直接投资具备强劲吸引力。我国拥有超过 14 亿人口，且中产阶层不断壮大，形成了庞大的消费市场。这一市场吸引了大量国际企业在华投资，以满足我国消费者日益增长的消费需求。商务部发布的数据显示，2022 年我国实际使用外资达到 12 326.8 亿元，历史上首次突破 1.2 万亿元，按可比口径同比增长 6.3%，引资规模保持世界前列。

二是超大规模市场具有经济稳定优势。我国经济长期保持稳定增长，为外商直接投资提供了良好的宏观经济环境。尽管全球经济面临不确定性，但我国经济的稳定性和增长潜力仍然吸引了大量外资。2023 年，我国经济增长率保持在 5.2%，为外资企业提供了持续增长的市场和投资回报（见图 15－3）。

三是我国在软硬基础设施等方面形成的超大规模市场优势，提升了交通运输、通信、能源等领域的整体水平，这为外资企业提供了高效的物流和通信服务，降低了运营成本。在营商环境领域，随着世界营商环境改革不断深化，东道国完善的营商环境被认为是影响 FDI 引进的重要因素。在制度环境领域，制度环境的优化可通过影响投资收益、经营绩效等吸引外商直接投入即 FDI 进驻。2019—2022 年，我国在基础设施建设方面的投资总额达到 2.54 万亿元，进一步提升了投资环境的吸引力（见图 15 - 4）。

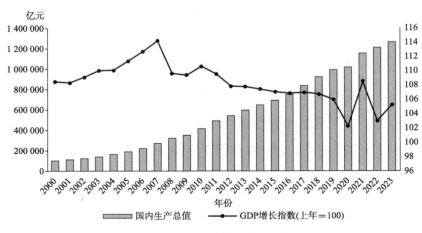

图 15 - 3　我国历年经济增长趋势

资料来源：历年中国统计年鉴。

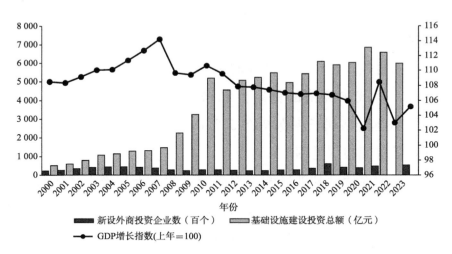

图 15 - 4　我国历年新设外商投资企业数、基础设施建设投资总额和 GDP 增长情况

资料来源：历年中国统计年鉴。

2. 促进本土企业跨国投资

超大规模市场优势不仅吸引了外商直接投资，也推动了我国企业的跨国投资。我国企业利用国内市场的规模和资源，通过跨国投资实现了全球化布局和资源优化配置。

一是助力本土企业国际化战略。我国企业通过跨国投资，积极拓展国际市场，实现业务全球化布局。超大规模市场优势为我国企业提供了充足的资本和市场资源，支持其在海外市场的扩展。2023年，我国企业跨国投资总额达到10 418.5亿元，同比增长5.7%。我国的互联网巨头阿里巴巴、腾讯等通过收购和合资方式，进入东南亚、欧洲和北美市场，扩大了国际影响力。

二是获取稀缺资源和先进技术。通过跨国投资，我国企业能够获取先进的技术和优质的资源，提升自身竞争力。超大规模市场为我国企业提供了充足的资金支持，助其在全球范围内寻找和获取稀缺资源和技术。例如，我国新能源汽车企业比亚迪通过在欧美市场的投资，获取了先进的电池技术和市场资源。

三是有助于产业整合与竞争力提升。我国企业通过跨国投资，整合全球产业链资源，提升了产业链的协同效应和竞争力。超大规模市场为我国企业提供了丰富的产业链资源，支持其在全球范围内的产业布局。例如，我国家电巨头海尔通过收购海外品牌，整合全球供应链，提升了产品的全球竞争力。

（二）跨国投资如何影响新质生产力的发展

在我国经济发展进程中，外商直接投资和对外投资作为重要战略举措，在推动新质生产力发展方面发挥了重要作用。本节将探讨外商直接投资与对外投资塑造新质生产力的演进路径及其深远影响。

1. 引进外资与新质生产力发展

引进外资不仅带来了资本流入，还带来了技术、管理经验和市场准入机会，为我国新质生产力的发展提供了强大的动力。

首先，外资企业通常携带先进的技术和创新能力进入我国市场，对我国企业的技术创新和技术进步起到重要推动作用。一方面，外商投资不仅能够直接推动我国经济增长，而且其技术外溢效应也能通过各种渠道促进我国产业发展，间接带动国内企业产品创新和工艺创新，进而推动我国企业的技术进步和产业竞争力提升。另一方面，外资研发中心是我国科技创新体系的重要组成部分，许多外资企业在华设立研发中心，与本地企业和高校合作，能够更好地发挥外商投资的技术溢出作用，推动技术进步和新产品研发。例如，在汽车制造领域，大众、通用等国际汽车制造商通过合资企业引入先进的生产技术和管理实践，带动了本土汽车产业的升级与进步。

其次，通过与外资企业的合作，我国企业能够更有效地获取先进的生产要素和市场资源，有利于产业链的全球布局和升级优化。具体而言，外商直接投资带来的上下游产业链资源，与我国企业在全球市场获取的资源和技术相结合，形成了全球产业链的布局和优化。例如，在高端制造业领域，外资企业带来的先进制造技术和工艺，与我国企业在海外市场获取的关键零部件和材料相结合，形成了全球化的产业链布局，提升了产业链的协同效应和竞争力。然而，对外直接投资对东道国产业发展存在两种效应——负向的竞争效应和正向的溢出效应，两种效用共同决定了对外直接投资对东道国企业的作用。相关研究发现，国际合资企业对技术扩散具有显著的正向效应，而外资独资企业对技术扩散具有显著的负向效应。[①] 有证据表明，合资企业为东道国带来了更好的技术，在研发和员工培训方面投资更多，而且比外资企业更容易向当地企业提供技术。

最后，外资企业在我国的设立不仅创造了就业机会，还为本地员工提供了国际化的培训和职业发展机会，有利于人才培养和人力资本积累。跨国公司在华存在人力资本创造与流转机制的溢出效应。[②] 这一过程不仅提高了员工的管理能力或技术水平，更为关键的是员工了解和熟悉了跨国公司的运行模式，知道如何更好地与其他国家或地区的企业沟通交流，有利于东道国企业开展海外经营活动。本国市场中积累的人力资本有助于企业克服外来者劣势，更为熟练地在海外市场建立和维系外部网络，更为有效地吸收、整合和转移知识等资源，有利于产生逆向溢出效应。

2. 对外投资与新质生产力发展

我国企业的对外投资不仅拓展了国际市场，还促进了技术合作与创新能力的提升，进一步推动了新质生产力的发展。

对外投资为我国企业获取全球领先技术提供了直接渠道，能够弥补国内技术短板，为企业技术获取与生产效率攀升提供了坚实基础。随着经济不断发展，我国开始表现出战略资产寻求动机，海外并购逐渐成为我国企业获取国外技术、提升企业经营效率和生产技术水平的

[①] Liu, Q., Lu, R., & Yang, C. (2020). International joint ventures and technology diffusion: Evidence from China. *The World Economy*, 43 (1).

[②] 刘青，张超，吕若思. 跨国公司在华溢出效应研究：人力资本的视角. 数量经济技术经济研究，2013，30 (9).

重要的渠道。① 例如，联想并购 IBM、京东方收购韩国现代薄膜显示器业务等大型并购案都充分反映了我国企业通过跨国并购来获得技术进步和提升管理水平的特征。对于企业技术创新而言，对外直接投资对企业技术创新具有显著的促进作用。此外，从对外直接投资的技术溢出效应来看，对外直接投资对提高全要素生产率增长产生了积极的溢出效应，而国内研发资本存量是生产率增长的最重要来源，对技术进步的贡献更大。

对外投资帮助我国企业实现全球资源的优化配置，有助于推动市场拓展、提高国际竞争力，这一过程包括全球生产布局、资源优化配置以及市场多元化。一是对外投资促使我国企业在全球范围内进行生产布局，有利于提高生产效率。现有研究发现，发达国家企业能够通过对外投资降低生产成本，提高资源配置效率，获得更为广阔的市场空间。二是对外投资产生的资源优化配置不仅提高了企业的资源利用效率，还增强了企业的产业竞争能力。对外投资有利于将我国"劣势"产业转移到国外，借助国际市场分担研发费用和劳动力投入，释放出国内过剩资源要素并重新进行优化配置，进一步改善资源错配。三是对外投资帮助我国企业拓展国际市场，实现市场多元化。例如，对外投资有助于企业获得差异化的知识来源，从而获得和积累多个领域的知识，拥有较多外部联系的企业往往能够获得多种观点和知识，最终促进企业生产和经营效率的提升。

---

① 刘青，陶攀，洪俊杰. 中国海外并购的动因研究——基于广延边际与集约边际的视角. 经济研究，2017，52 (1).

四、政策建议

本章探讨了我国超大规模市场优势如何影响国际贸易和跨国投资，以及如何通过促进高水平对外开放来推动新质生产力的发展，得出了以下几方面政策建议：

第一，加快建设全国统一大市场，进一步完善和发挥我国超大规模市场优势。国内市场分割现象制约了我国超大规模市场优势的充分发挥。因此，我国政府应当多措并举，通过破除市场分割和地方保护问题，促进商品要素资源在全国范围内畅通流动，实现国内大循环，这有助于充分发挥我国超大规模市场优势，集聚资源、推动增长、激励创新、优化分工、促进竞争。

第二，营造市场化、法治化、国际化营商环境，高质量吸引和利用外资。要始终坚持问题导向和系统观念，聚焦完善产权保护、市场准入、公平竞争、社会信用等市场经济基础制度，持续深化重点领域关键环节改革创新，加快要素自由流动，切实维护公平竞争，在更深层次、更宽领域，以更大力度推进全方位高水平开放，进一步打造市场化、法治化、国际化一流营商环境，增强我国市场对外商投资的吸引力。

第三，多措并举赋能对外直接投资，提升企业国际化经营水平。在政策支持方面，政府应制定和完善国际化战略规划，明确目标和重点领域，提供税收优惠和专项资金支持，降低企业的海外投资成本。

在金融支持方面，扩大金融服务的覆盖面，加强金融机构的跨境服务能力，提供多元化的金融产品和服务，如跨境支付、外汇管理和国际结算等。在信息服务方面，建立信息共享平台，定期发布目标市场的调研报告和政策法规解读，为企业提供及时、准确的市场信息和政策资讯。

第十六章

利用系统竞争力逻辑：
产业集群、产业协同与高质量发展

习近平总书记在参加十四届全国人大二次会议江苏代表团审议时强调，要牢牢把握高质量发展这个首要任务，因地制宜发展新质生产力。加快培育新质生产力正在成为全国各地的工作重点，各地积极绘制发展"路线图"，寻找实施突破口，推动区域高质量发展迈向新阶段。我国区域之间发展差异显著，互补性强，发展新质生产力不能千篇一律、各自为政，而是要基于系统竞争力逻辑，在数字化、智能化、低碳化发展的大背景下，优化空间布局，深化协作融合，转化区域差异势能，系统构建高质量现代化产业体系，塑造有竞争力的现代产业集群，推动产业协同高质量发展，大幅提升全要素生产率，并在这个过程中将区域协调发展推向新的高度。

一、集聚、协同促进区域高质量发展的理论机制

（一）空间集聚融合与高质量发展

空间集聚融合指不同产业、企业或功能在同一地理区域内集聚，形成一种多元、互补、协同的空间布局。其优势在于能够促进技术实现创新性突破，不断提升产业能级，日益优化要素配置，共同推动生产力实现跃迁，促进高质量发展（见图 16-1）。

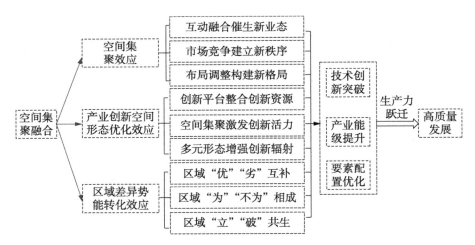

图 16-1　空间集聚融合与高质量发展逻辑关系框架图

1. 空间集聚效应

要素和经济活动在一定地域范围内的集中，可以通过共享、匹配和学习实现规模经济、范围经济和外部经济等，推动经济高效、持

续、协调发展。

第一，互动融合催生新业态。生产要素在一定空间内集聚，有利于促进专业化分工，更充分地细分市场。同时，加速知识和信息的交流与传播，促进理念创新、技术创新和产品创新等。在市场细分和创新变革的过程中，逐渐出现一些新的产业形态、商业模式或经济活动方式，这些新业态通常跨越传统的行业边界，具有较强的灵活性和适应性，能够快速响应市场变化，满足消费者个性化、多样化需求，有利于推动形成新的产业链与价值链，促进产业不断转型升级和高质量发展。

第二，市场竞争建立新秩序。集聚不可避免地带来市场竞争，而适度的市场竞争有利于企业等充分释放其发展潜能，也有利于淘汰落后的企业和产能，优化资源配置，从而提高经济效益。另外，大规模市场有助于政府掌握市场规律，不断规范市场发展环境，共同推动产业和经济的高质量发展。

第三，布局调整构建新格局。异质性区位理论中的空间类分（spatial sorting）和空间选择（spatial selection）效应分析了企业、劳动力等区位选择的差异性。① 在其作用下，经济活动在空间上的分布不断调整优化，不同类型生产要素结合各自特性与需求流向不同的集聚地，不同地区逐渐形成各具优势与特色的产业结构和经济特征，导致一些地区可能成长为经济中心，而其他地区可能发展成为经济副中

---

① Baldwin, R. E., & Okubo, T. (2006). Heterogeneous firms, agglomeration and economic geography: spatial selection and sorting. *Journal of Economic Geography*, 6 (3)；孙三百，申文毓. 劳动力空间类分和选择效应存在吗——异质性集聚理论的实证检验与机制分析. 财贸经济，2023 (6).

心或经济腹地，不断塑造多中心、多层次的空间结构。

2. 产业创新空间形态优化效应

随着产业创新和城市、区域发展的推进，产业创新活动在空间上的集聚形态不断演化，赋能产业创新能力逐步提高，推动新质生产力加快形成，促进高质量发展。

第一，产业创新平台建设整合创新资源。产业创新平台汇聚众多产业创新主体，通过最大限度地整合创新资源和力量，统筹加强科技创新服务，引导创新项目快速落地、高效布局。随着时代的发展，产业创新平台的形式与功能等越来越丰富。

第二，产业创新活动空间集聚激发创新活力。产业创新活动空间不断发展演化，表现为创新楼宇、创新街区、科学城、未来产业园区、创新合作区等多种形式。产业创新活动空间集聚形成开放融合的区域协同创新共同体，各主体之间通过建立有效的沟通机制、共享平台与合作模式，以及制定相应的支持保障政策措施等实现资源共享、优势互补和风险共担，形成强烈的创新氛围和良好的创新生态，有效激发创新活力。

第三，产业创新空间多元形态增强创新辐射。产业升级、技术进步、区域一体化等共同推动产业创新空间形态不断从点状、线状、面状向网络状发展演化。创新活动空间形态多元化不仅推动创新链、产业链、资金链、人才链加速融合，也促进区域间创新合作持续向纵深发展，在增强整体创新能力的同时，带动非核心地区创新水平快速提升，推动产业、经济高端化和区域经济协调发展。

3. 区域差异势能转化效应

区域间在优势资源、经济发展水平、产业结构等方面的差异蕴含着巨大的发展潜力和动能，通过空间协同融合，区域差异势能可以转化为驱动高质量发展的重要力量。

第一，区域间"优"与"劣"互补。一定空间范围内，具有不同资源禀赋特征、经济发展基础与产业发展定位的区域通过协同、融合，可以实现优势互补。通过互补，把各地独特优势转化为发展优势，形成强大的聚合力，推动新质生产力加快发展，为高质量发展提供重要支撑。

第二，区域间"为"与"不为"相成。优势地区工业化、城镇化水平较高，新兴产业发展形成了较好的基础，今后产业发展不再是规模的扩张，而是质量的提升，主要发展方向是新兴产业高端化和未来产业规模化。其他地区则主要结合自身条件和产业梯度转移规律，着重完成传统产业的现代化改造和特色产业的品牌化发展，同时适当培育新兴产业与未来产业。

第三，区域间"立"与"破"共生。利用区域特色与发展梯度，做好区域间协同统筹，可以集中资源，优先助力科研、产业、要素、管理等方面具有显著优势的中心城市尽快完成关键核心技术攻关、生产要素优化组合以及未来产业布局，实现"立"的突破，形成全国新质生产力发展高地。在此基础上，结合优势地区"破"的过程中所产生的产业转移延伸、要素更新升级，以及"立"的背景下形成的更强大技术的辐射带动能力，加快其他地区发展新生产要素、培育新增长动能和完善现代化产业体系进程。

（二）产业协同、创新配置与现代化产业体系

产业协同是空间集聚融合形成系统竞争力的一种途径，也是重要

推动力之一。加强区域间产业协同布局与协同创新，有利于优化生产要素配置、促进优化产业结构与布局、提高产业效率，对大力推动现代产业体系建设，实现高质量发展具有重要作用（见图 16-2）。

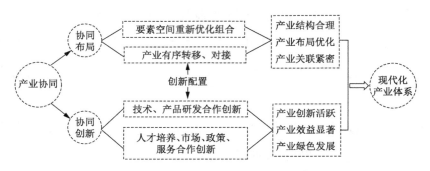

图 16-2　产业协同推动现代化产业体系形成与发展的逻辑机制

1. 要素空间重新组合与产业布局优化

习近平总书记指出，创新生产要素配置方式，让各类先进优质生产要素向发展新质生产力顺畅流动。激活消费、调整结构和促进增长需要从优化资源的空间配置入手。[1] 区域协同促进生产要素在空间上高度集聚和高效流通，其中集聚可以带来显著的成本效应、创新效应和品牌效应等，成倍放大生产要素的价值；流通则可以推动生产要素与流入地产业、空间、资源环境等更好地匹配与适应，使生产要素通过在空间上的重新优化组合形成新的生产力。区域间协同发展不断加强中心城市与外围腹地、城市群与其他地区之间的要素流动与经济联系，优化产业布局与分工格局，提升产出效率，加速推动先进生产力的形成与发展。

---

① 钟粤俊，奚锡灿，陆铭. 城市间要素配置：空间一般均衡下的结构与增长. 经济研究，2024（2）.

2. 产业有序转移、对接与转型升级

在促进区域差异势能转化的过程中，产业有序转移是一种必然选择，也是一种有效路径。利用产业转出地和转入地在劳动力、设备、技术等方面的落差，结合各地区位条件、交通状况、产业基础、资源禀赋、要素成本、创新支撑、发展环境等，集中优质要素资源推动发展先行区产业升级换代，加速向产业链核心环节迈进，同时积极发挥转入要素的优势，改造承接区的传统产业，补齐产业发展短板与缺失链条。通过产业有序转移优化区域产业链布局，巩固传统产业优势，强化优势产业领先地位。另外，跨区域产业链在产业联系的基础上进一步体现区域间的分工协作和优势互补，有利于完善现代化产业体系，大幅提升全要素生产率。

3. 协同创新与产业高效发展

我国拥有超大规模市场，为技术创新提供了强大的市场支撑条件，并带来低成本等优势，而显著的区域差异性与互补性则进一步提供了复杂的应用场景与多元的市场需求，使前沿技术和原创技术的产生成为可能，并为创新链基础研究、应用转化和规模化产业发展提供了必要的空间载体与合作基础。除了技术协同创新之外，产业协同创新还表现在产品、市场、政策、人才培养等多个方面的协同创新。在区域协同融通的基础上，龙头城市（地区）积极发挥其研发优势、头部企业的带动力和市场影响力，其他城市（地区）充分发挥其资源优势和生产优势等，加快培育全产业生态，促进产业高效发展，在转型升级中实现产业变革与跃迁。

（三）先进产业集群、转型升级与全球竞争力

产业集群作为一种空间经济组织形态，为产业协同提供必要的地理和组织基础，是发展新质生产力的重要空间维度。而先进产业集群更具有规模、品牌、协同等优势，以及创新引领和生态完善等特点，可有效提升产业能级和产业竞争力，增强产业链供应链韧性，进而赋能产业提升全球竞争力（见图 16 - 3）。

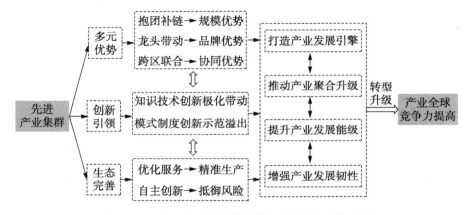

图 16 - 3　产业集群促进全球竞争力提升逻辑框架图

1. 集群多元优势与产业竞争力

第一，抱团补链，以规模优势形成产业发展引擎。先进产业集群通常汇聚某一特定领域内大量具有品牌、技术标准等优势的优质企业，而且彼此间通过上下游联系、相关支持联系等形成紧密的网络关系。大规模的产业集群可以吸引更多的企业和资本进入，具有更大的市场影响力和更强的产业竞争力。

第二，龙头带动，以品牌优势全面提升产业价值。集群的形成往往基于少数龙头企业的带动，而集群的发展壮大又有利于吸引更多头

部企业、发展活力较强的企业进入。这些企业通常在技术创新、市场份额和品牌影响力方面具有显著的优势，对推动产业价值提升与发展具有重要的作用。

第三，跨区联合，以协同优势推动特色产业聚合升级。跨区联合有利于充分利用各地区的资源优势与产业差异化、特色化，通过跨区合作研发、梯度分工与环节互补、健全配套体系与服务功能，构建高效完备的产业链、供应链，增强增长动能；通过跨区多元布局，破解集群发展空间约束难题，推动产业聚合升级。

2. 集群创新引领与产业能级提升

先进产业集群通常具有发达的基础设施、优质的公共服务和活跃的创新氛围，知识技术创新成为先进产业集群的核心特征之一。由于拥有知识技术创新所需的投资、人才、平台、环境、应用等方面的优势条件，先进产业集群成为知识技术创新的主要阵地。在知识技术创新优势的作用下，不仅实现自身的快速发展，还可以培育大批优秀技术人才和潜力巨大的企业。

另外，产业集群化发展的过程中，在发展模式和制度政策建设方面进行了大量的突破探索，如从单一产业集聚向多元化产业生态转变；从做大做强少数企业转向提升整个创新链、产业链、供应链水平转变；由传统单向线性产业链向复杂网状产业链转变；由规划导向的园区建设向多功能、高品质平台建设转变；由单一的财政补贴、税收优惠向现代化人才、金融、科技等公共服务供给转变等。这不仅促进了本集群的规模化、现代化、智能化发展，而且对整个产业和区域高质量发展也具有突出的示范和溢出效应，从而促进产业能级提升。

3. 集群生态完善与产业链供应链韧性

良好的集群生态有利于精准布局生产，表现为提供丰富的应用场景，提高数字化转型程度，助力企业及时洞察市场动向；基于数据驱动，推动个性化定制等新模式、新业态发展；通过模块化/智能化生产、智慧化供应链管理，合理安排库存、减少资金占用和成本消耗等。而且企业通过彼此间密切的交流及时获取市场信息，便于有效建立起科学、透明的供应链网络和上下游生产联系，更好地应对外部市场变化冲击。

良好的集群生态有利于加速自主创新，高效应对风险，表现为加强产业自主创新的顶层设计，集群内企业、政府、科研机构等通过互动和合作，形成支持创新的生态系统，为自主创新提供宏观层面的把握与指导，避免盲目创新；建立健全产业自主创新的制度体系和政策支持体系，加强知识产权保护、科技成果转化和创新人才引进与培养等，统筹资源配置。[①] 同时，良好的集群生态有利于集群内大量优质、高效企业与科研机构等协同创新，共同攻克关键"卡脖子"技术，实现自主创新。

二、产业协同与集群建设的进展与效应

———————

在产业演进、科技进步、战略政策导向等的共同作用下，我国产业协同与集群建设取得显著进展，积极发挥着"1+1>2"的协同效应。

———————

① Cooke, P. (2004). Regional knowledge capabilities, embeddedness of firms and industry organisation: Bioscience megacentres and economic geography. *European Planning Studies*, 12 (5).

（一）协同创新推动产业高质量发展

1. 协同创新共同体不断发育，产业创新水平快速提升

事实表明，我国创新策源能力强、产业发展质量高的地区正是区域协同创新水平高的地区。现阶段，以京津冀、长三角、粤港澳大湾区等为代表的创新与产业先行区，产业创新平台建设成效显著。例如，粤港澳大湾区通过一系列平台载体建设，构建开放融合发展的区域协同创新共同体，深圳—香港—广州科技集群全球创新指数连续 4 年高居全球第二位。京津冀范围内形成 61 个成果转化平台、86 个创业孵化平台、66 个产业创新平台、54 个科技服务平台和 70 个产业空间载体，促进产业创新水平迅速提升。[①]

2. 创新合作网络日益完善，带动区域产业结构优化升级

以长三角为例，2016 年启动建设贯穿沪苏浙皖 9 城的长三角 G60 科创走廊。以城市对外合作专利数量反映的创新合作网络演化过程显示，2010 年，长三角创新合作主要集中在少数节点城市之间，而且以上海为核心节点的南北两部分相对独立。2018 年，长三角城市之间的创新合作显著加强，整体融合度有所提升。而到了 2021 年，长三角三省一市已形成高度连通的创新合作网络，并形成以上海、苏州、无锡、杭州、南京为第一梯队核心节点，合肥、嘉兴、温州、绍兴、宁波、南通、常州为第二梯队节点，创新水平普遍提升的空间格局（见图 16 - 4）。创新合作建设对长三角创新起到了强大的带动与辐射作用，也极大地推动了创新链与产业链的有机融合。

---

① 曹政. 5 类资源、337 个平台载体！京津冀首份区域创新地图上线. 北京日报，2024 - 04 - 27.

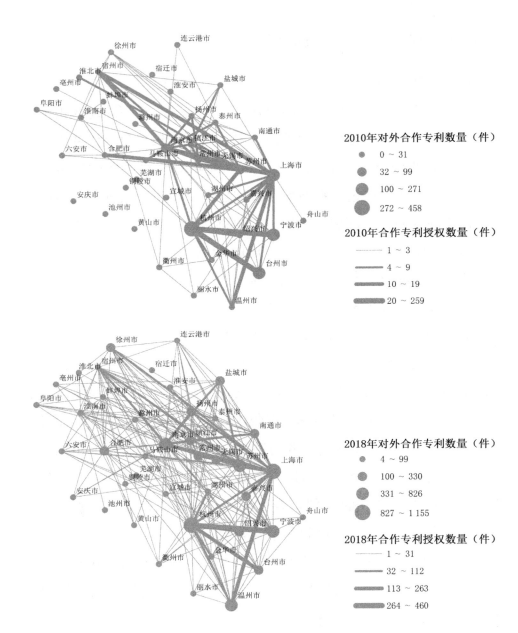

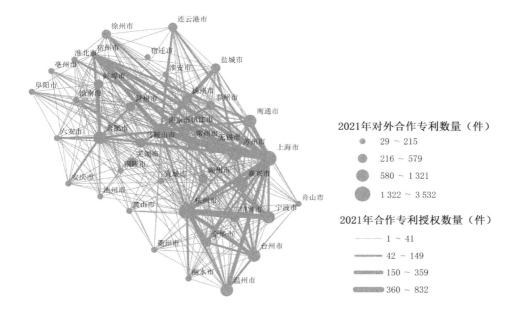

图16-4　长三角城市创新合作网络演化

资料来源：根据国家知识产权局专利数据库整理绘制。

依托G60科创走廊等，长三角城市间合作专利授权量迅速增加（见图16-5），重点领域科技创新突破不断涌现，带动高技术产业迅速发展，产业结构不断优化升级。根据《2023长三角区域协同创新指数》，2023年长三角高技术产业利润高达4 661亿元，占全国高技术产业利润的1/4。

（二）跨区域产业联动促进高质量发展

1. 产业要素跨区域流动融合加快，推动区域协同发展

现阶段长三角地区、粤港澳大湾区和京津冀地区在跨区域要素流动与配置方面表现出突出的示范效应，行政壁垒逐步消除，统一开放

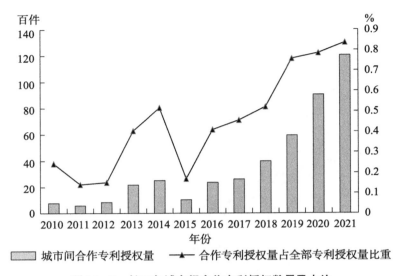

图 16-5　长三角城市间合作专利授权数量及占比

资料来源：根据国家知识产权局专利数据库整理绘制。

的市场体系基本建立，区域内生产要素基本实现有序自由流动，显著促进了经济社会的高质量发展。如京津冀协同发展战略以疏解非首都核心功能、缓解北京"大城市病"为出发点和落脚点，通过构建现代化交通网络系统、优化城市布局与空间结构、推进产业转移与协作、加强生态治理、提升环境容量、促进公共服务一体化与行政管理一体化等举措，实现了京津冀地区优势互补，共同发展。

2. 区域间产业转移与对接深化，带动产业转型升级

国家高度重视产业转移工作，陆续出台《国务院关于中西部承接产业转移的指导意见》《关于促进制造业有序转移的指导意见》《承接产业转移示范区管理办法》等文件，举办中国产业转移发展对接活动等，促进产业有序转移。据不完全统计，2023 年以来，工业和信息化部主办的产业转移发展对接活动签约项目超过 3 300 个，签约金额超过 4 万亿元，涉及新材料、新能源、高端装备制造、生物医药等多个行业领域（见表 16-1）。跨区域产业转移与对接不断深化，使东部地区在率先发展新质生产力的过程中，充分地释放其优势要素价值，同时带动中西部等地区快速实现产业的改造升级，为培育新质生产力奠定了基础。

表 16-1 2023 年以来中国产业转移发展对接活动开展情况

时间地点	签约项目（个）	签约金额（亿元）	涉及主要行业领域
2023 年河南	732	5 821	新型材料、新能源、现代医药、节能环保
2023 年内蒙古	160	4 573	新材料、新能源、高端装备制造、新型化工、生物医药
2023 年广西	356	3 225	新能源汽车、高技术船舶、电子信息、光伏、特色食品
2023 年云南	382	3 966	新能源、生物医药、新材料
2023 年新疆	265	5 568	新能源、新材料、医药、化工、生产性服务业
2023 年甘肃	162	2 498	新能源、新材料、装备制造、医药
2023 年重庆	120	2 012	电子、汽车、材料、装备、消费品、医药
2023 年陕西	456	6 270	电子信息、高端装备制造、汽车及氢能、现代化工及新材料、食品及医药和医疗装备
2024 年四川	22	1 048	电子信息、装备制造、食品轻纺、能源化工、先进材料、医药健康
2024 年贵州	298	3 200	资源精深加工、新能源汽车和旅游装备、能源矿山装备、大数据电子信息、纺织服装、生态食品
2024 年广西	360	3 741	机械装备、轻工纺织、石化化工、汽车及新能源汽车、新材料、新一代信息技术、新能源及储能

资料来源：根据媒体公开报道整理。

3. 跨区域产业链建设成效显著，拉动产业效率快速增长

近年来，我国区域产业联动发展取得显著进展，带动产业效率不断提升。例如，京津冀协同发展战略实施以来，三地积极推动跨区域产业链。2023 年底，京津冀联合发布氢能、生物医药、高端工业母机、网络安全和工业互联网、新能源和智能网联汽车、机器人六大跨区域产业链图谱，通过产业链"织网工程"，打造相关领域具有国际竞争力的高端发展集聚区，推动产业高质量发展走深走实。例如，十年间，北京经济技术开发区汽车产业工业产值增长了约 3 倍，与其整车企业有着紧密合作的天津武清汽车产业园，规模以上工业产值更是增长了 10 倍以上。[①]

广州、深圳、佛山、东莞分别围绕智能成套装备、关键零部件，无人机、激光加工装备，轻工、金属加工装备和电子制造装备、工业机器人等方面形成竞争优势。近年来通过跨区联合，建立了布局有序，高效协作，集上游关键零部件、中游整机及成套装备、下游应用集成于一体，以公共技术服务为支撑、以自主品牌为特色的产业链（见图 16 - 6），成为全国规模最大、品类最多、产业链最完整的智能装备集聚区域。

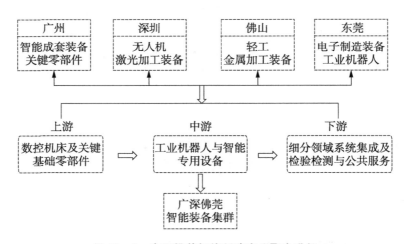

图 16 - 6 广深佛莞智能制造产业聚合升级

资料来源：根据佛山市发展和改革局政府信息公开资料绘制。

---

① 吴婷婷. 京津冀协同助力北京亦庄汽车产业发展，10 年间汽车工业产值增 3 倍. 新京报，2024 - 02 - 23.

（三）先进制造业集群建设引领区域经济高质量发展

我国产业集群建设取得了显著进展，截至 2024 年 9 月，已建设国家级产业集群数百个，包括先进制造业集群 45 个、战略性新兴产业集群 66 个、创新型产业集群 193 个、中小企业特色产业集群 200 个等，这些产业集群在不断发展壮大的同时，也引领着区域产业与经济快速、高效发展。以下以先进制造业集群为例进行分析。

1. 知识技术创新优势凸显，引领行业和区域经济快速发展

2022 年，工业和信息化部公布了 45 个国家先进制造业集群，汇聚了全国 70% 的国家级创新中心，拥有国家级技术创新载体 1 700 余家，2021 年主导产业产值达 19 万亿元，极大地推动了相关产业的快速发展，在完善、延伸产业链条，推动产业优化升级和参与全球产业链分工等方面发挥了重要作用，并成为引领区域经济发展的重要引擎。例如，京津冀生命健康产业集群已形成涵盖生物药、化学药、中药、医疗器械、医药服务、生物技术＋信息技术产业的全产业板块，以及"技术研发→临床试验→检测审批→生产加工→销售流通"全流程，成为我国生命健康产业发展的重要集聚地和强大引擎。2021 年，该集群实现工业总产值约 6 264 亿元，占全国生命健康产业总产值约 20.6%。上海市集成电路集群集聚了超过 1 200 家行业重点企业、全国 40% 的集成电路产业人才和 50% 的行业创新资源，成为国内集成电路领域产业链最完整、技术水平最高、综合竞争力最强的地区。

2. 优势企业大量聚集，带动产业价值有效提升

先进制造业集群中规模以上企业、高技术企业、上市企业等发展实力较强的企业数量众多，占比较高（见表 16-2）。这些企业以其突出的品牌优势带动了集群产业价值有效提升。同时，先进产业集群也培育了大批优秀和潜力巨大的企业。截至2024年9月，45个国家级先进制造业集群培育创建了170余家国家级单项冠军企业、2 200余家国家级专精特新"小巨人"企业。先进产业集群已发展成为我国产业创新的策源地，在促进产业升级转型和推动区域经济高质量发展方面发挥着十分关键的作用。

表16－2　2021年部分国家级先进制造业集群优势企业数量（不完全统计）

单位：家

	企业数量	产值（亿元）	规模以上企业	高新技术企业	上市企业	专精特新企业/小巨人企业
京津冀生命健康集群	6 291	6 264	963	1 289	88	—
潍坊动力装备集群	315	4 125	211	176	14	27
南京新型电力（智能电网）装备集群	＞1 900	2 680	636	—		9
杭州数字安防集群	＞4 000	3 000	574	—	205（含挂牌）	13
广深佛莞智能装备集群	—	＞8 000	4 846	4 503		60
深圳市先进电池材料集群	＞1 200	5 700	＞100	＞35	＞19	—

注："—"代表数据缺失。
资料来源：根据媒体公开数据整理所得。

3. 配套服务不断完善，增强产业发展韧性

先进产业集群不断发展壮大的过程中，配套服务体系也日趋完善。例如，京津冀生命健康集群挂牌成立天使基金"医脉基金"，整合近百家金融服务机构、知识产权评估机构、担保机构，构建起专业化金融服务体系，为产业链供应链健康持续发展提供坚强保障。

武汉光电子信息产业集群组建光电子微纳制造工艺服务平台、高端电子组装平台、电磁兼容检测平台等 17 个公共服务平台，累计服务超 5 000 人次，有效提高企业运行质量，增强产业链供应链韧性。

三、协同、集聚促进高质量发展的路径

今后，应充分发挥协同、集聚的重要作用，以区域合力促进技术革命性突破、生产要素创新性配置和产业深度转型升级，推动高质量发展，赋能中国式现代化建设。

（一）因地制宜、强化协作，发展新质生产力

因地制宜是区域协同的基础，也是发展新质生产力和推动形成区域协调发展新格局的关键。在促进新质生产力加快发展的过程中，各个地区应立足比较优势和发展基础，找准培育新质生产力的抓手，在遵循"先立后破"原则的基础上，在经济发展规律的指导下，通过深化区域协作融合，科学推进各地的"立"和"破"。优势地区基于良好的工业化、城镇化基础，一方面，应随着产业转型升级，传统产业外迁、传统劳动力转移，逐渐做大做强产业链核心环节；另一方面，应不断提高新兴产业的技术水平、创新能力、产品质量与附加值等，实现从低端向高端的跃迁。同时超前布局未来产业，逐渐扩大未来产业规模。其他地区则应立足比较优势，抓住产业转移与协同发展机

遇，在优势地区的辐射带动下，加快改造提升传统产业、做大做强特色产业，并适当培育新兴产业与未来产业。

(二）立足集群，优化布局，扩大协同作用力

应充分发挥产业集群的突出优势，促进数字经济与实体经济的深度融合，整合上下游产业链，构建完整的产业生态系统；培养优质企业与高端人才、推动技术创新；深化企业合作、降本增效；在完善配套设施与服务、优化政策环境等方面持续发力，引导各类创新资源向先进产业集群集聚，进一步提升产业集群整体水平，打造优质品牌，引领行业发展，提高产业的国际竞争力。另外，应充分发挥产业集群作为产业知识技术创新高地的强大带动作用，以产业集群为重要空间载体，优化产业布局，健全完善跨区产业链，进一步推动跨区产业联动，促进分工协作，推动产业深度转型升级，提升整体生产效率。

(三）健全机制、深化改革，提升系统竞争力

充分释放集聚、协同带来的系统竞争力，需要进一步健全体制机制，包括构建跨行政区域合作发展新机制，深化东中西部产业协作；健全重点产业链、产业集群发展体制机制，完善产业转移协作机制和利益共享机制；以东部三大城市群为参照，加快推进城市群、都市圈、经济带等跨区域国土空间规划，探索突破行政界线的全域要素流动与配置的体制机制等。应使各类优质生产要素高效流向核心领域与关键地域，让生产要素的空间配置与各地区的比较优势和发展需要高度匹配，在提升效率的基础上，带动产业与经济发展实现系统性质变

与跃升。同时，进一步深化改革。深化产业模式与企业组织形态变革，健全基础设施建设和服务业发展政策；深化金融体制改革，充分发挥政府、企业和市场的主动性和创造性，促进产业协同创新与协同布局，实现高质量发展。

第十七章

开辟新赛道新领域：
战略性新兴产业的空间特征与演化

战略性新兴产业以先进技术为支撑，是发展新质生产力的主阵地之一。作为技术创新的前沿，战略性新兴产业不仅自身发展迅速，而且引领和带动其他产业的技术创新，产生积极示范效应。以科技创新牵引产业创新是新质生产力赋能战略性新兴产业的重要路径。长江经济带是我国经济发展的主要引擎之一，具有率先形成新质生产力的广阔空间和有利条件。本章以长江经济带为例开展详细研究，绘制该区域战略性新兴产业的发展版图，识别其空间特征与演化趋势，见微知著，反映该产业布局的共性特征。整体来看，长江经济带已形成稳定的以东部引领、中西部崛起为重要特征的产业分布格局，尽管近年来战略性新兴产业增速开始放缓，但随着新质生产力的快速发展，该区域战略性新兴产业将迎来新一轮发展潮流。

一、战略性新兴产业是引领未来发展的新支柱、新赛道

战略性新兴产业是以重大技术突破和重大发展需求为基础，对经济社会全局和长远发展具有引领带动作用的先进产业，其具有知识技术密集、物质资源消耗少、成长潜力大、综合效益好等特征，对于培育发展新动能、构建现代化产业体系具有重要意义，也是发展新质生产力、推动经济高质量发展的重要力量。

我国自 2009 年启动并确定七大战略性新兴产业以来，一直将其置于经济社会发展的突出位置，通过五年规划持续推动发展，并于 2016 年在七大战略性新兴产业基础上新增数字创意产业。党的十八大以来，我国战略性新兴产业坚持走集群化、生态化、国际化、协同化发展路径，发挥新型举国体制优势，突出企业的创新主力军力量，在凝聚创新资源、优化产业结构及提升国家整体创新能力等方面发挥了重要作用，为"十四五"发展奠定了良好基础。当前，以新一代信息技术、人工智能、新能源、新材料、新生物技术为主要突破口的新技术革命，正从蓄势待发进入群体迸发的关键时期，酝酿全球创新格局重大调整，并引发新一轮工业革命，推动形成主导和引领全球前沿的未来产业。《中华人民共和国国民经济和社会发展第十四个五年规划和 2035 年远景目标纲要》将类脑智能、量子信息、基因技术、未来网络、深海空天开发、氢能与储能等重大方向列入未来产业，指明了未来产业的发展重点和方向。战略性新兴产业正逐步发展和孕育未来产

业，不断开辟新方向，拓展新领域。①

（一）战略性新兴产业引领未来发展的理论内涵

战略性新兴产业以先进技术为支撑，是发展新质生产力的主阵地之一。进入新时代以来，新一轮科技革命和产业变革迅猛推进，迫切需要转变发展方式，推动经济发展质量变革、效率变革、动力变革。

首先，战略性新兴产业是孕育应用这些新技术的优质土壤，它以数字技术等诸多通用目的技术为支撑，具有强大的渗透与融合能力，能够与各产业深度融合，推动生产效率提升。近年来，以数字技术与传统产业深度融合为表征的产业数字化已成为数字经济发展的主流趋势。与此同时，作为技术创新的前沿，战略性新兴产业不仅自身发展迅速，而且引领和带动其他产业的技术创新，产生积极示范效应。

其次，战略性新兴产业具有强大辐射作用，是推动产业结构优化升级的着力点。从产业发展的角度看，战略性新兴产业的兴起不仅是新技术在本领域的突破和应用，更重要的是通过在供给侧创造新产品，带动上下游产业链条升级和更新。以新能源汽车产业为例，终端产品新能源汽车的创新，可带动上游电池、电机、电控等关键领域技术创新，并推动形成新的产业动能。因此，发展壮大战略性新兴产业，将通过产业链的带动作用，不断形成新的产业集群和产业生态，推动产业结构优化升级，为经济高质量发展提供坚实支撑。

最后，战略性新兴产业有利于自主创新能力跃升，是塑造国际竞争力的关键领域。从国际竞争与合作视角看，当前国际环境日趋复

---

① 李金华. 中国战略性新兴产业空间布局现状与前景. 学术研究，2015（10）.

杂，全球产业分工的本地化、区域化趋势日益明显，增强自主创新能力是保障经济平稳发展、应对风险挑战的重要手段。当前，战略性新兴产业的一些核心技术仍处于发展初期，抢占这些技术高地、构筑形成新的产业优势和发展空间，有助于推动我国产业发展实现从"跟随"到"引领"的突破。同时，发展战略性新兴产业还可以通过拓宽国际市场、推动国际创新合作，鼓励企业、高校、科研院所参与有关国际标准制定，强化我国在国际市场中的话语权，推动形成全球发展的动力源。

（二）我国战略性新兴产业发展现状

党的十八大以来，我国以五年规划为蓝图，不断培育发展壮大战略性新兴产业。2010 年，《国务院关于加快培育和发展战略性新兴产业的决定》印发，此后，战略性新兴产业被纳入国家"十二五"规划、"十三五"规划和"十四五"规划。2018 年，国家发展改革委启动战略性新兴产业集群工程；2019 年，国家发展改革委发布《关于加快推进战略性新兴产业集群建设有关工作的通知》，将 66 个产业集群纳入战略性新兴产业集群发展工程（见图 17-1）。各有关部门、各省区也积极出台关于科技、人才、金融等方面的配套支持政策。

第一批 66 个国家级战略性新兴产业集群集中在新一代信息技术、生物医药、高端装备、新材料、节能环保五个领域，包括 23 个新一代信息技术产业集群、17 个生物医药产业集群、9 个高端装备产业集群、14 个新材料产业集群、3 个节能环保产业集群。

"十四五"期间，各省区推动战略性新兴产业集群发展的力度进

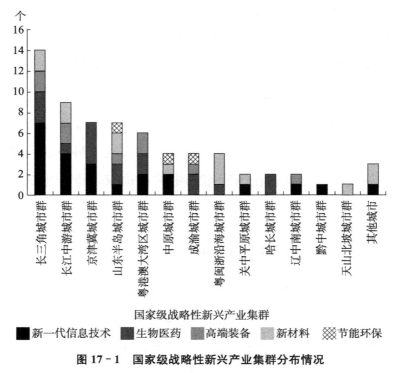

图 17-1　国家级战略性新兴产业集群分布情况

一步加大，出台战略性新兴产业发展"十四五"规划、制造业高质量发展"十四五"发展规划、战略性产业集群发展规划及实施方案等，结合各自的特色和优势，布局产业集群的梯次发展重点。

总体来看，京津冀鲁（北京、天津、河北、山东）、东部沿海地区（上海、江苏、浙江、福建、广东、广西）、长江中游区域（湖北、湖南、江西、安徽）、中原地区（山西、河南）布局的战略性新兴产业集群的数量、分布密度、领域覆盖都远远超过东北（辽宁、吉林、黑龙江）、西北（陕西、甘肃、青海、新疆、宁夏、内蒙古）、西南（四川、重庆、贵州、云南、西藏）地区（见图 17-2）。

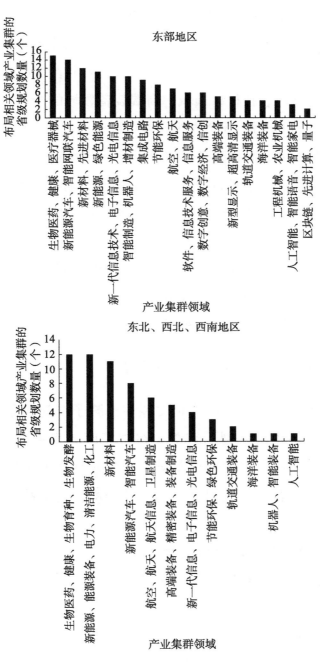

图 17-2　战略性新兴产业集群领域分布

从领域分布来看，生物医药、新能源汽车、新材料、新能源、新一代信息技术、智能制造、集成电路、人工智能等领域产业集群是各省区布局较集中的产业集群。福建布局的 17 个省级产业集群中，信息领域、生物领域、新材料领域、高端装备领域的产业集群占比超过80%。山东布局的两批 25 个省级产业集群全部集中在信息领域、生物领域、新材料领域、高端装备领域。山西布局的 14 个产业集群中，信息领域、生物领域、新材料领域、高端装备领域的产业集群占比超过70%。吉林重点发展的 6 个省级产业集群也都集中在信息领域、生物制药领域、高端装备领域。

东北、西北、西南地区虽然在加快战略性新兴产业集群培育发展，但优势产业集群仍集中在能源、材料、装备制造等领域，信息技术产业集群与东部沿海地区差距仍较大。

（三）我国战略性新兴产业未来发展路径

当前形势折射出，破解产业发展"卡脖子"问题是我国产业高质量发展的迫切需求，刻不容缓。在创新驱动发展战略的指引下，需要努力夯实产业发展的安全基础，力争实现产业关键核心技术自主可控，摆脱产业发展受制于人的不利局面，助力战略性新兴产业高质量发展。

1. 集中优势资源，实施攻关计划

瞄准关键核心技术和重点产业进行定向突破。加强国内资源整合，加大优秀人才集聚，突出集成电路、人工智能、生物医药等领域的关键需求，采取重大工程的联合攻关形式，精准实施"卡脖子"攻关计划。同步加强基础研究、应用基础研究，找准并开展关键共性技

术、前沿引领技术、现代工程技术和颠覆性技术的研究突破，逐步缓解并最终根治产业发展受制于人的问题。

不断完善国家创新体系，提升自主研发能力，加快形成以企业为主体、"产学研用"一体化发展的创新机制。注重发展前沿技术与产品，如无人驾驶汽车、增材制造、生物技术、量子计算与通信等。加强高铁、5G、电力等装备的创新发展，获取并保持领先优势。推动部分领域迈向技术领先，如新能源汽车、海洋工程装备、机器人等。加快关键性基础性装备的发展，如大飞机及航空发动机、高档数控机床、高性能医疗器械等，追赶并缩小与强国的差距。

2. 打造世界级产业集群，加强国际竞争力

促进我国产业迈向全球价值链中高端，培育若干世界级先进制造业集群。为应对这一战略部署，要准确认识新兴产业集群的发展规律，把握其阶段特征并推动创新网络形成；变革发展动力，优化资源配置，科学营造产业集群的创新发展环境；积极参与国际产业合作与竞争，正向提升我国新兴产业的国际竞争力。

注重进一步扩大战略性新兴产业的对外开放力度，加强与世界科技及产业的合作交流并力争协同发展，深度融入全球价值链分工体系。推动实施并进一步深化"走出去"战略，在"一带一路"倡议框架下引导新兴产业的跨国合作，积极引进国外先进技术、人才和管理经验，以开放、合作、共赢来谋取我国新兴产业层级的提升。

二、长江经济带战略性新兴产业的空间分布与演变

党的十八大以来，在国家战略性新兴产业集群建设引领下，长江经济带沿线省区结合资源禀赋、产业基础和比较优势，围绕融合化和集群化两大主题，布局形成了一批国家级战略性新兴产业集群、先进制造业集群，打造了若干辐射带动能力突出的新兴产业增长极。

本节将聚焦长江经济带战略性新兴产业发展现状，以长江经济带中上海、江苏、浙江、安徽、江西、湖北、湖南、重庆、四川、云南、贵州共 9 个省、2 个直辖市，共 110 个城市为研究对象，选取战略性新兴产业代表性行业的瞪羚企业、哪吒企业和独角兽企业等具有强创新活力和高发展速度特征的企业，重点分析新一代信息技术产业、高端装备制造产业、新材料产业、生物产业、新能源产业、航空航天产业等行业内瞪羚企业的空间进入和存量情况以及绿色低碳专利和数字经济专利的申请情况，分析长江经济带战略性新兴产业的发展前景，以及利用战略性新兴产业内上市公司产值数据，反映长江经济带战略性新兴产业的发展特征，并分析长江经济带战略性新兴产业分行业和分城市的绝对优势和比较优势，综合反映长江经济带战略性新兴产业和创新的发展现状及集群情况。

（一）长江经济带战略性新兴产业企业数量及产值的空间分布与演变

总体来看，进入 21 世纪，长江经济带战略性新兴产业呈现出较

好的成长态势。长江经济带新进入战略性新兴产业企业数呈倒 U 形发展曲线，在 2010 年国务院颁布《关于加快培育和发展战略性新兴产业的决定》后进入发展高峰期，仅 2010 年就诞生了 244 家瞪羚企业、独角兽企业和哪吒企业，并在之后的 5 年内始终保持每年新增 100 家以上的发展速度；2020 年之后受新冠疫情影响，全球经济形势下行趋势严重，长江经济带战略性新兴产业的企业新增缓慢。就战略性新兴产业的企业的存量分布而言，长江地域表现出明显的密度优势。总体来看，长江经济带战略性新兴产业的企业分布呈现出明显的东多西少、东强西弱的局面，且该分布特征在时间趋势上较为稳定，东西之间区域发展不平衡现象突出。

从长江经济带战略性新兴产业上市公司的产值数据，可以得出两个重要结论：一是战略性新兴产业城市覆盖范围不断扩大；二是长江经济带已经出现以长三角城市群和成渝双城经济圈为代表的产业集群。

具体来看，越来越多的城市涌现出战略性新兴产业上市公司。2001 年，长江经济带 110 个城市中仅有 55 个城市分布了战略性新兴产业上市公司，2022 年该数字迅速增长至 85 个。另外，战略性新兴产业发展力量正在进一步集中，长江下游出现了以上海为增长极的长三角城市群战略性新兴产业集群，中上游出现了以成都和重庆为代表的成渝双城经济圈战略性新兴产业集群，两个城市群/都市圈产值占整个长江经济带的比重不断上升，从 2000 年的 73.5% 已经上升至 2022 年的 77.5%。

近年来长三角、珠三角、京津冀三大城市群之间的差距相对缩小，在战略性新兴产业发展方面逐渐形成三足鼎立的局势。而长江经济带的另外两个城市群——成渝双城都市圈和长江中游城市群虽然战略性新兴产业也在持续发展，但产值规模仍然较小，和长三角城市群之间的差距始终巨大，区域发展不平衡现象突出（见图 17-3）。①

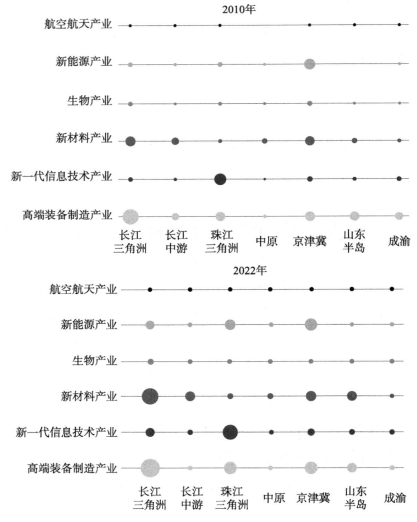

图 17-3　2010 年和 2022 年战略性新兴产业产值情况

---

① 亢磊. 长三角地区战略性新兴产业集聚对经济增长质量的影响研究. 兰州：兰州大学硕士论文，2023.

（二）长江经济带专利申请数量的空间分布与演变

发展新质生产力一定要大力发展数字经济。数据作为新型生产要素，对传统生产方式变革具有重大影响。而新质生产力亦是绿色生产力，绿色发展是高质量发展的底色。基于此，本节根据国家知识产权局办公室印发的《绿色低碳技术专利分类体系》和《数字经济核心产业分类与国际专利分类参照关系表（2023）》，通过主分类号筛选后加总到市级层面，用地级市层面的绿色低碳专利和数字经济专利反映创新的空间分布、演变趋势和集聚情况。

绿色低碳专利与数字经济专利多集中分布在长江下游城市群，具备突出的集群优势。长江下游城市群在数字经济领域的专利申请数量远远超过其他地区，且其在绿色低碳领域具有较为显著的优势和特色。数字经济领域专利申请数量远远多于绿色低碳领域，以长江下游城市群为主导，基本上形成连片集群。绿色低碳领域专利的空间分布受到地区经济发展水平、产业结构以及政府政策等多方面因素的影响。数字经济领域专利的空间分布受到区域科技创新能力、产业布局以及市场需求等因素的影响。由于基础和科技创新能力等方面的限制，数字经济领域专利申请数量相对零散（见图 17-4、图 17-5）。[①]

从图 17-6、表 17-1 和表 17-2 可以看出，尽管长江经济带专利申请数量实现快速增长，但增速有所下滑，2010—2020 年复合增速低于 2000—2010 年复合增速。随着技术的成熟和广泛应用，新增专利的增长速度趋于平稳。上中下游增速差异有所缩小，近十年中游增速最

---

① 毛炜圣，钟业喜，吴思雨. 长江经济带战略性新兴产业创新能力时空演化及空间溢出效应. 长江流域资源与环境，2020，29（6）.

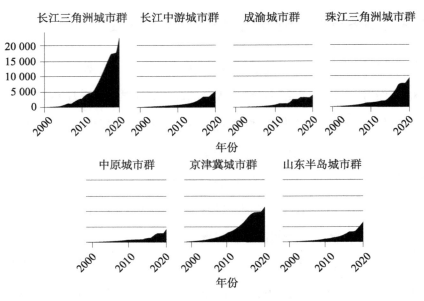

图 17 - 4 2000—2020 年各城市群绿色低碳专利申请数量

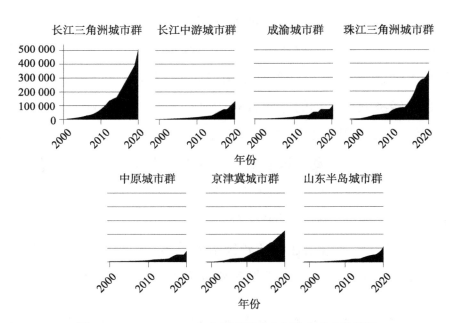

图 17 - 5 2000—2020 年各城市群数字经济专利申请数量

快，专利申请的区域不平衡现象有所缓解。中游地区绿色低碳领域专利申请的复合增长率从 2000—2010 年的 22.75％提升到 2010—2020 年的 27.64％，显示出绿色低碳领域专利申请的活跃度大幅提升。中游地区数字经济领域专利申请在 2010—2020 年的复合增长率达到了 27.64％，显示出强劲的增长势头，逐渐缩小了与下游地区的差距，专利申请的区域不平衡现象有所缓解。

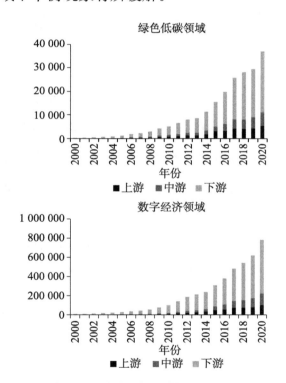

图 17-6　2000—2020 年长江经济带绿色低碳领域和数字经济领域专利申请数量

表 17-1　2000—2020 年长江经济带绿色低碳领域专利申请数量复合增长率（％）

复合增长率	上游	中游	下游	总和
2000—2010 年	31.72	28.19	37.51	34.61
2010—2020 年	20.32	22.79	22.24	22.02

表 17 - 2　2000—2020 年长江经济带数字经济领域专利申请数量复合增长率（%）

复合增长率	上游	中游	下游	总和
2000—2010 年	25.98	22.75	27.45	26.68
2010—2020 年	24.54	27.64	21.70	22.79

三、长江经济带战略性新兴产业竞争力分析

在国家政策的引导和支持下，长江经济带的战略性新兴产业展现出强劲的发展势头，形成了一批具有全球影响力的产业集群。在展示了长江经济带战略性新兴产业的分布后，本节将就长江经济带战略性新兴产业的竞争力展开进一步分析，主要围绕绝对优势和比较优势两个分析视角，从行业和城市两个维度切入，力求更好地辨析长江经济带内部的战略性新兴产业发展格局，识别现有产业集群，并最终有效推动资源优化配置及后续可持续化政策的制定与协调。

（一）长江经济带战略性新兴产业绝对优势分析

1. 分行业

（1）高端装备产业。高端装备制造业主要以长三角为龙头，重庆构成西部增长极。图 17 - 7 展示了 2000—2022 年长江经济带高端装备制造业的产值排名前五的城市情况。从区域地图来看，沿长江形成了长三角和重庆两大产业集群，产值占比相对较高；在产值排名前五的城市中，上海、宁波、苏州和杭州都属于长三角城市群，而重庆异军

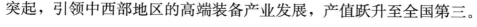

突起，引领中西部地区的高端装备产业发展，产值跃升至全国第三。

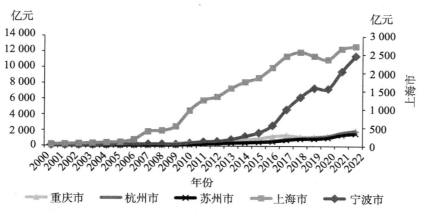

图 17-7　2000—2022 年长江经济带高端装备制造业产值排名前五的城市情况

从背后的发展逻辑来看，长三角地区是全国装备制造业的重镇，呈现以上海为核心的圈层分布格局，在工程机械、数字机床、增材制造、工业机器人、海洋装备、医疗装备和环保装备等高端装备制造领域具有较成熟的集群发展态势；重庆近年来突出打造智能制造装备、山地农机装备、先进动力装备三大优势产业集群，重点发展无人机及通航装备、智能电梯、传感器及仪器仪表、智能输变电装备、内河船舶五大特色产业集群，全面构建以六大板块为支撑的"356"智能装备及智能制造产业体系，高端装备产业体系日趋成熟。

（2）信息技术产业。新一代信息技术产业中，长三角城市群走在全国前列，中部武汉和西部绵阳发展优势突出。图 17-8 展示了 2000—2022 年长江经济带新一代信息技术产业的产值排名前五的城市情况。从区域地图来看，中部和长三角地区形成了连片分布的态势，初步呈现集群形态；产值排名前五的城市中，上海、杭州、苏州均属于长三角城市群，绵阳和武汉则分别隶属于中部城市群和西南部城市群。

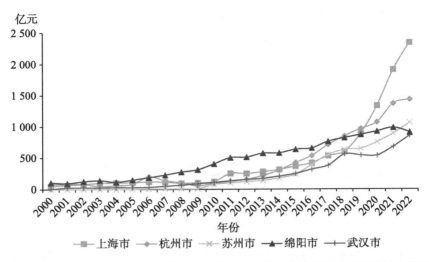

图 17-8　2000—2022 年长江经济带新一代信息技术产业产值排名前五的城市情况

从背后的产业逻辑来看，长三角地区产业图谱完整，已经建成以电子器件、信息通信、集成电路、新型显示等为代表的新一代信息技术产业体系，5G、人工智能、大数据、区块链、云计算等新兴数字产业领域的发展引领全国；绵阳以电子信息产业为第一大支柱产业，以新型显示、激光为代表，长虹、九洲这两家龙头骨干企业均落户绵阳；武汉以产业链完整和自主可控为特征，以光电子、激光和新型显示为优势产业——武汉市光电子信息产业集群入选国家先进制造业集群，武汉是全国唯一集聚华星光电、京东方、天马微电子三大国产面板巨头的城市。

（3）新材料产业。长三角新材料产业集群基本成熟，中部南昌和西部昆明正聚力成势。图 17-9 展示了 2000—2022 年长江经济带新材料产业的产值排名前五的城市情况。从区域地图来看，初步形成产业集群的仅长江三角洲城市群，其余的高产值区域均为零散分布；从产值排名前五的城市来看，上海、杭州和嘉兴均属于长江三角洲城市群，但南昌和昆明也快速发展，跻身前五行列。

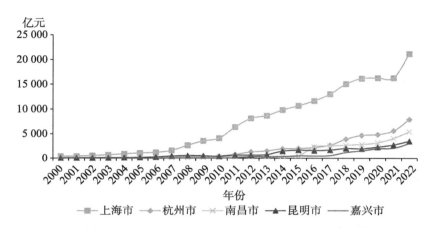

图 17-9　2000—2022 年长江经济带新材料产业产值排名前五的城市情况

从背后的发展逻辑来看，长三角地区是我国新材料产业基地数量最多的地区，也是新材料产品的重要消费市场，目前已经形成包括航空航天、新能源、电子信息、新型化工等领域的新材料产业集群，在空间分布上呈现出沿长江、杭州湾的 Z 字形分布格局；南昌以新材料为重点发展产业之一，聚焦钢铁、有色金属、建材、化工等细分领域；武汉利用本地丰富的矿产资源，围绕稀贵金属新材料、有色金属新材料两个核心领域，以重点企业为支撑，加快推进新材料产业规模壮大、提质增效。

（4）生物产业。生物产业中，上海和重庆规模领先全国，昆明、台州和武汉实现快速发展。图 17-10 展示了 2000—2022 年长江经济带生物医药产业的产值排名前五的城市情况。从区域地图来看，产值密度高的区域沿长江分布零散，除长三角外，中部和西部也初步呈现出集群态势，尤其是西部重庆地区；而在产值排名前五的城市中，上海和重庆以绝对的优势位列第一、第二，产值规模总量遥遥领先，昆明、台州和武汉之间的差距并不大。可以直观看到，部分中西部城市在生物医药产业方面彰显出一定的绝对优势。

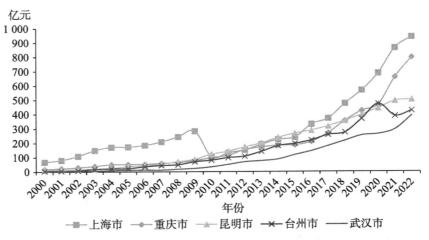

图 17 - 10　2000—2022 年长江经济带生物产业产值排名前五的城市情况

从背后的发展逻辑来看，长三角地区以上海、台州为代表，以生物医药产业为支柱性战略性新兴产业，主打高端医药路线，在国家级生物产业基地中，长三角有 6 家，占全国 35%；截至 2021 年底，武汉市共有 704 家生物医药相关企业，企业数量占全国企业数量的 2.8%，形成集群优势；西部城市群以重庆和昆明为代表，重庆生物产业规模大，但质量和集聚程度有待提升，昆明利用"植物王国"的天然优势，形成了以"云药"特色产业、新型疫苗产业为主的产业发展格局。

（5）新能源产业。新能源产业形成以上海为龙头的长三角产业集群，优势突出。图 17 - 11 展示了 2000—2022 年长江经济带新能源产业的产值排名前五的城市情况。从区域地图来看，长三角的高产值城市基本上形成集中连片分布，产业集群优势突出；从产值排名前五的城市来看，上海、杭州、常州、苏州、合肥均属于长江下游城市群，绝对优势领先。

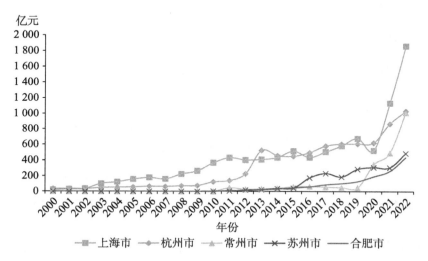

图 17 - 11　2000—2022 年长江经济带新能源产业产值排名前五的城市情况

从背后的发展逻辑来看，长江下游城市群一直在新能源产业方面走在全国前列。数据显示，60％的光伏、20％以上的风电装备制造企业、近40％的生物质发电装机产自长三角；电动汽车、插电混合动力汽车等均得到有效发展，新能源汽车产业规模逐步扩大，并逐步形成了以上海为龙头的长三角新能源汽车产业集群。

（6）航空航天产业。航空航天产业形成以上海、苏南、浙北等地引领的长三角产业群，南昌异军突起。图 17 - 12 展示了 2000—2022 年长江经济带航空航天产业的产值排名前五的城市情况。从图 17 - 12 来看，没有十分显著的集群特征，高密度地区沿长江零散分布；从产值排名前五的城市来看，上海、杭州、苏州、宁波均属于长江三角洲城市群，仅南昌来自中部城市群。

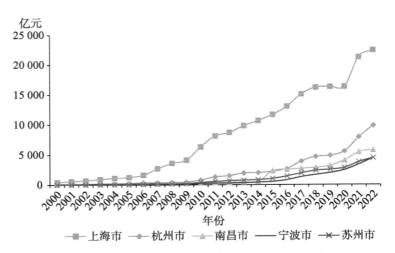

图 17-12　2000—2022 年长江经济带航空航天产业产值排名前五的城市情况

从背后的发展逻辑来看，长三角地区以无人机制造为核心，截至 2023 年底，上海已形成金山区无人机产业集群；江苏已有中国溧阳无人机产业园、南京航空航天大学无人机研究院产业化基地两个集群；浙江集聚了北航温州无人机孵化基地、航天十一院彩虹无人机生产基地、金华智能制造（无人机）产业园；南昌作为老牌航空制造基地，以整机制造为引擎，重点从客舱内饰、金属零部件制造、复材零部件制造三个方向，引进航空制造配套企业，截至 2023 年底拥有航空发动机制造企业 2 家、航空新材料制造企业 4 家、航空产品配套企业 26 家。

2. 分城市

（1）长江上游城市群。首先筛选出长江上游城市群中战略性新兴产业产值排名前五的城市，并在长江上游内部进行绝对优势的对比。从图 17-13 可以直观看到，长江上游城市群中，成都在航空航天产业、重庆在生物产业、昆明在新材料和生物产业、绵阳在新一代信息技术产业具有突出的绝对优势。

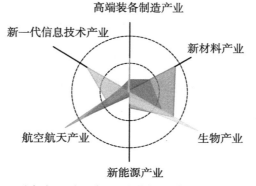

图 17 - 13　2022 年长江上游产值排名前五的城市产值占比

（2）长江中游城市群。首先筛选出长江中游城市群中战略性新兴产业产值排名前五的城市，并在长江中游内部进行绝对优势的对比。从图 17 - 14 可以直观看到，长江中游城市群中，南昌在新材料和航空航天产业，武汉在新一代信息技术、生物以及新能源产业具有突出的绝对优势。

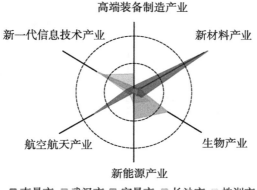

图 17 - 14　2022 年长江中游产值排名前五的城市产值占比

（3）长江下游城市群。由于长江下游城市群整体发展水平更高，考虑筛选出其中战略性新兴产业产值排名前十的城市，并在长江下游内部进行绝对优势的对比。长江下游城市群中，除航空航天产业发展比较均匀外，上海在各个战略性新兴产业具有突出的绝对优势，产值占比高（见图17-15）。总体来看，除上海外，长江下游优势城市之间发展水平差距并不大。

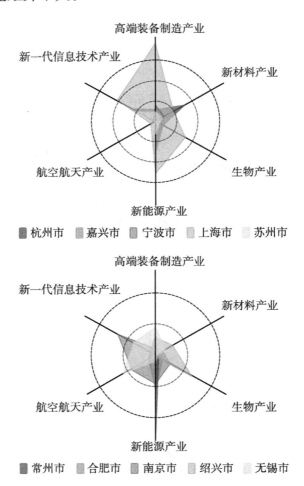

图 17-15　2022 年长江下游产值排名前十的城市产值占比

（二）长江经济带战略性新兴产业比较优势分析

下面主要依据区位商指标对长江经济带战略性新兴产业进行比较优势分析，区位商越大，表明该地区该产业的专业化水平越高。图 17-16 展示了 2022 年长江经济带省会城市与直辖市的区位情况，横坐标为城市，纵坐标为不同的战略性新兴产业门类。

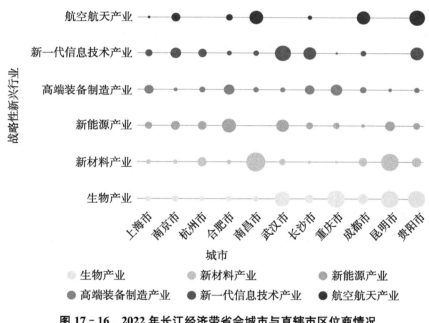

图 17-16 2022 年长江经济带省会城市与直辖市区位商情况

表 17-3 筛选出了区位商大于 1 的城市，代表其具有比较优势。南昌、成都和贵阳在航空航天产业专业化水平较高；武汉、长沙在新一代信息技术产业专业化水平较高；南昌和昆明在新材料产业专业化水平较高；重庆、贵阳、昆明和武汉在生物产业专业化水平较高；合肥在新能源产业专业化水平较高；重庆、上海和合肥在高端装备制造

业专业化水平较高。

表 17 - 3　比较优势分析

战略性新兴产业	具有比较优势的城市
航空航天产业	南昌、贵阳和成都
新一代信息技术产业	武汉和长沙
新材料产业	南昌和昆明
生物产业	重庆、贵阳、昆明和武汉
新能源产业	合肥
高端装备制造业	重庆、上海和合肥

四、政策启示

首先，创新是推动经济发展的第一动力，也是促进战略性新兴产业发展的有力推手。要实现战略性新兴产业的长足发展，必须不断推进创新进步，培育新质生产力。具体来说，可以从以下几个方面入手：

（1）鼓励行业龙头企业积极投入研发，助力区域内企业成为全国知名甚至世界知名的创新型企业。政府出台合理的创新推动政策，促进市场主体的创新热情，积极搭建科技创新基地，建设科技企业孵化器，提升科技创新成果转化率，推进创新链和产业链的有效融合，推动创新成果的规模化运用和生产。

（2）完善人才吸引机制，加强人才队伍建设。不断优化区域内生

态环境和社会政策环境，持续推动人才激励机制，着重吸引区域重点
发展产业所需人才和基础研究人才，并积极推行和创新成果及其转化
挂钩的资金与薪酬分配机制，提升人才的创新热情。

（3）构建健全的知识产权保护体系，加强知识产权法律法规体系
构建，加大对知识产权侵权行为的执法力度和司法保护，提高知识产
权保护的效率和水平，保护创新成果的合法权益。

（4）加强产学研合作，建立产学研合作平台，鼓励企业与科研机
构合作开展技术研发和创新项目，加速科技成果向市场转化。

其次，社会经济是相互联系、相互依存的有机整体，要推动战略
性新兴产业的发展，必须同步推动包含战略性新兴产业及其上下游产
业的整条产业链发展。以长江经济带为例，优化长江经济带战略性新
兴产业的空间布局具体可以从以下方面着手：

（1）进行明确的、全面的产业链分析与规划，了解产业链各个环
节的具体情况及市场分布，包括原材料供应、生产加工、产品制造、
销售渠道、配套服务等，根据整体市场和城市自身优势，进行合理的
产业布局。

（2）可以考虑在重点产业的空间布局中采取"中心—边缘模式"，
以高端装备制造业为例，在高校和科研机构更密集的中心城市进行创
新研发，在周边城市进行技术密度不高的单一零件制造和配套服务提
供，通过产业链上下游企业之间的合作与协同，实现单一环节的专业
化、标准化，提升协同效率，形成产业链上的价值共享机制。

（3）加强市场开拓工作，拓展国内外市场，提升产品竞争力，扩
大市场份额。可以通过参加国际展会、开展境外合作等方式，加强与

国际市场的对接与合作，提升产业链的国际竞争力。[①]

最后，加强区域内城市间的经济社会合作，促进区域协调发展。以长江经济带为例，长三角城市群与长江中上游城市间发展差距较大，为弥合区域差距，提升区域一体化程度，可以从以下方面做出努力：

（1）建设强有力的区域协调组织，构建合理有效的区域发展规划。

（2）持续推进基础设施建设和互通，建设长江生活带、经济带、都市带。尤其要重视长江经济带海陆空交通网络建设，提高各市关键功能节点的连接性和可达性，降低区域整体运输成本，提升交通运输服务能力。

（3）加强区域内制度和公共服务衔接，构建长江经济带统一市场。通过推进区域内制度和公共服务衔接，不断优化营商环境，建设开放和共同的商品与要素市场，促进各市的经济合作。

（4）实施重点产业差异化发展战略，分步推进各项合作。在未来建设过程中，可以细分发展领域，不同城市错开发展重点，在产业链和价值链上处于不同位置更有助于密切各市之间的产业合作，在经济合作的基础上进一步向社会、文化、生态领域全方面、多方面的合作拓展，促进区域一体化。

---

① 刘华军，王耀辉，雷名雨. 中国战略性新兴产业的空间集聚及其演变. 数量经济技术经济研究，2019，36（7）.

第十八章

推行全球竞争新战略：
中国对外直接投资现状及影响评估

一、中国对外直接投资现状

　　改革开放四十多年来，中国对外直接投资取得了显著成就。本章将回顾和总结这四十多年间中国对外直接投资的发展历程，探讨其对中国和世界经济发展的影响，分析中国对外直接投资管理体系的演变过程，以及在时代变迁中涌现的新特征，以便更好地把握中国对外直接投资未来发展的思路和方向，从全球竞争战略角度为新质生产力的培育与发展提供政策建议。

（一）中国对外直接投资的发展历程

　　（1）改革开放到 2000 年。1979—1985 年是中国对外直接投资的初步探索阶段。1979 年，国务院首次把"走出去"发展对外投资作为国家政策，标志着中国对外直接投资的正式启动。在这一时期，中国对外直接投资的规模相对较小，但审批管理制度已见雏形。1985 年对外直接投资流量同比增长超过 4 倍，达到 6.29 亿美元。中国也逐步建立起对外直接投资审批管理制度的初步框架，为后续规范化管理奠定了基础。

1986—1992 年，中国对外直接投资进入加速发展阶段，规范化管理基本实现、投资规模加速增长、投资领域不断拓宽，对外直接投资也因此得以有序发展。1986—1991 年，对外直接投资流量稳定增长，累计投资存量超过 93 亿美元。对外直接投资的参与主体不断扩大，投资领域也逐渐延伸。

自 1993 年起，中国对外直接投资进入调整期，并持续至 2000 年。在此期间，中国对外直接投资的发展战略逐渐明晰，不断调整与优化，逐渐严格对外直接投资审批。不断鼓励具有比较优势的企业进行对外直接投资，同时积极支持具有实力的国有企业开拓国际市场。随着这些政策的实施，对外直接投资逐渐上升至国家发展战略高度，成为国家经济布局中的重要组成部分。

（2）2001—2011 年。自 2001 年起，中国对外直接投资步入高速发展期。这一年中国加入世界贸易组织，以及"走出去"战略被正式纳入国家战略，其思想和方针自此开始不断深化和拓展。此后中国对外直接投资规模迅速扩张，投资的区域和产业日益广泛。截至 2011 年底，我国当年对外直接投资额达到 746.5 亿美元，累计对外直接投资存量规模达 4 247.8 亿美元。这一时期的特征是：投资所有制主体、模式、产业均呈现出多元化特征；民营企业广泛参与，跨国并购渐成主要投资模式，总体呈现出多样化发展的趋势。

（3）2012—2017 年。2012 年进入新时代以来，中国对外直接投资进入崭新发展阶段。中国逐渐从国际投资环境的适应者转变为营造国际投资环境的参与者。党中央提出的"一带一路"倡议通过调整对外直接投资的空间流向，助推了对外直接投资在全球范围内的布局优化。2015 年，中国对外直接投资流量达到 1 456.7 亿美元。从此，中国步入了对外投资与使用外资双向平衡的发展阶段。值得注意的是，2017 年政府连续出台两份重要文件，叫停了不断蔓延扩展的非实体经济对外直接投资，推动对外投资向新型健康增长模式转型，这也是政府对发展与风险的进一步权衡。

（4）2017 年以来。近年来，国际政治经济形势发生剧变，保护主义和单边主义抬头。自 2017 年以来，美国政府推行了一系列针对中国的遏制政策，并对中国赴美直接投资设置障碍。与此同时，中国对外直接投资在前期高速增长过程中也暴露出一些问题。基于此背景，中国政府于 2017 年加强了对外投资的真实性和合规性审查，进一步规范对外投资。在上述内外因的影响下，2018 年对外直接投资减少至 1 430.4 亿美元，同比下降 9.6%，出现了自 2003 年以来的首次负增长。

2020 年新冠病毒肆虐，全球经济下行，国际投资受到重创，当年全球对外直接投资出现大幅下降，同比降幅高达 42%。在中美经贸摩擦和新冠疫情的双重冲击下，中国企业"走出去"的步伐有所放缓。然而，中国迅速采取措施，率先实现复工复产，对外直接投资的下降幅度远低于全球平均水平，甚至实现了 3.3% 的同比增长。中国适时调整对外投资策略，暂缓经济"走出去"的步伐，谋求更平稳的发展节奏。

在全球格局重塑、地缘局势紧张与经济格局演变叠加的时代背景下，世界经济面临下行压力，跨国投资总体疲软。面对超预期因素冲击，中国有效应对，国民经济呈现企稳回升态势。作为对外投资大国，中国对外投资结构不断优化，稳步拓展数字经济、绿色发展等领域的投资合作，并积极探索新兴市场和多元化投资路径，为稳定全球投资环境作出贡献。

(二) 当前中国对外直接投资的区域和产业分布、贸易合作格局

1. 亚洲地区

自"走出去"战略布局实施以来，中国大力推动对外投资，积极寻求对外投资合作。因其可观的市场前景和稳定的投资环境，亚洲成为中国扩大对外开放的首选投资目标以及对外投资的重点区域。2022年中国对外直接投资流量达到1 631.2亿美元，其中超过70％的投资流向亚洲地区，总额达到1 242.8亿美元。从具体领域来看，这些投资主要集中在日常普通消费品行业，如租赁和商务服务、制造业，以及批发和零售业。此外，中国对亚洲投资布局不仅限于"近岸化、友岸化"脉络，更呈现出"多点开花"的发展态势。

2. 非洲地区

中国与非洲一直保持友好合作关系，共商合作大计，共绘发展蓝图。近年来，在中非合作论坛的框架下，中国对非直接投资逐渐扩大，产业领域逐步拓展，投资力度也不断加大。尽管受到疫情冲击，中国对非直接投资仍然实现了稳步增长。2021年中国对非直接投资流量增长至49.9亿美元，同比增长18％。这种投资增长势头反映了非洲作为投资沃土的发展潜力，其拥有低成本的劳动力资源以及丰富的自然资源，

吸引了中国在非的多领域投资。中国对非洲直接投资主要集中在建筑业、采矿业、制造业、金融业、租赁与商务服务业，尤其是对非洲工业制造类领域的投资，为非洲的工业化发展提供了有力支持。

3. 欧洲和北美地区

欧洲一直是中国对外直接投资的重点地区。从投资规模上看，中国对欧直接投资增长显著。2021 年，中国对欧洲的直接投资流量达到 106 亿欧元，同比增长 33％。在 2017 年以前，中国在欧美的投资主要集中在能源、基础设施、房地产和金融等领域。然而，随着欧洲开始实施更严格的资本管制和投资审查措施，投资开始转向消费者终端产品。在北美地区，中国对外直接投资也实现了快速增长，2022 年中国对北美直接投资达到 72.7 亿美元，同比增长 10.5％。从具体领域来看，中国对北美地区的投资主要集中在电信、媒体和科技（TMT），医疗与生命科学以及家庭终端与技术等行业。但近年来，全球政治经济格局的变化促使欧美地区加大外资审查力度，全面高筑投资壁垒，这导致外资进入成本及不确定性的增加，并降低了投资市场的效率。

4. 拉美地区

中国积极与拉美等新兴市场国家建立广泛的合作关系，显著拓展了对外直接投资的空间和梯度。2022 年中国对拉丁美洲的直接投资总额达到 163.5 亿美元，是除了亚洲地区以外占比最高的地区。从行业结构来看，中国对拉美的投资呈现出自然资源、公用事业和制造业三足鼎立的局面，主要集中在农业、基础设施和先进制造业领域。近年来，中国在拉美的投资逐渐从传统的基础设施领域转向科技创新领域，投资方向也逐步倾斜至矿产、科技创新和可再生能源领域。这不仅为拉美地区的经济注入新的活力，也为中拉经贸合作开辟了崭新前景。

二、中国对外直接投资的影响评估

(一) 对国内经济的影响

1. 对经济增长的贡献

中国对外直接投资能够对国内经济增长产生积极的推动作用。尽管从国内生产总值的核算方式来看，对外直接投资并不直接组成本国的国内生产总值，但对外直接投资的增加，能够通过企业内部渠道和外部溢出渠道对本国的经济增长产生间接的积极影响。在企业内部，对外直接投资有利于提高企业整体的生产效率。一方面，对外直接投资能够提高企业的资源配置效率。理论上，企业的生产要素组合受到要素价格和资源禀赋的限制，通过对外直接投资，企业能够接触到更大范围的资源储备，缓解原先面临的本国要素禀赋和资源约束，实现对生产组合的重新优化，提高整体的要素利用效率。另一方面，对外直接投资能够提高企业的技术水平。经济学理论认为，对外直接投资是国际知识溢出的最主要方式之一，有利于企业利用科技发展的集聚效应。国际分工使得不同地区形成不同领域技术的集聚地，通过在当地的对外直接投资，中国企业能够直接利用技术的集聚优势来提高研发效率。对外直接投资还有利于企业引进人才，构建创新网络，提高科技创新能力。

对外直接投资企业的成功表现，进一步通过多种渠道对本国的国内市场产生积极的溢出效应，从而显著带动本国的经济增长。对外直接投资企业的生产效率提高和技术进步，通过母公司对国内市场产生效率和技术扩散效应，增强国内经济增长动能。此外，对外直接投资形成的海外资产和收益，通过利润汇回、技术转让和产业链联动等方式，也为国内经济带来了新的增长点。实证研究表明，中国对外直接投资的增加，显著促进了国内投资的增长（You and Solomon，2015）和各地区的经济增长（Chen，2018）。[①]

2. 产业升级与结构调整

中国对外直接投资有利于国内供给侧结构优化调整，推动产业升级。产业经济理论表明，经济体的产业结构与要素禀赋相互适应和影响，要素禀赋在一定程度上决定和限制了产业结构优化调整的方向，产业结构也在长期影响要素禀赋的演变。对外直接投资打通了要素和资源的跨境配置，加速了产业结构和要素禀赋的优化调整进程。一方面，对外直接投资的企业可以调配全球资源，突破本国要素禀赋对其产业发展的限制，从而加速产业升级进程；另一方面，对外直接投资帮助产业承接和转移，可以将国内市场已趋近饱和的传统产业转移至外部，在保证传统产业能够继续取得经济效益的同时，国内的要素可以重新配置到先进产业中，实现产业结构的平稳优化。

对外直接投资产生的多种技术扩散效应，直接促进国内产业升级。一方面是市场竞争渠道。对外直接投资企业生产效率和技术水平的提高，迫使本土企业为了保持竞争力而提高其生产效率和加大研发

[①] You, K., & Solomon, O. H. (2015). China's outward foreign direct investment and domestic investment: An industrial level analysis. *China Economic Review*, 34; Chen, C. (2018). Impact of China's outward foreign direct investment on its regional economic growth. *China & World Economy*, 26 (3).

投入，这种竞争效应可以促进整个市场的效率提升。另一方面是产业链和供应链协同效应。对外直接投资企业技术水平和生产效率的提高，会要求其产业链上下游的合作伙伴同步提高产品质量和生产效率，形成产业链和供应链的协同升级。研究表明，对外直接投资显著促进了我国各地区经济高质量发展。[①]

3. 提高经济福利水平

对外直接投资对本国经济增长的推动和对经济结构的优化，最终能够综合带来国内就业和消费等经济福利水平的全面提高。对外直接投资对本国就业的影响主要存在两种作用机制：一是对外直接投资提高了企业的生产效率和生产规模，从而带来劳动力需求的增长。二是对外直接投资通过推动生产组合，促进劳动力边际收益提高，从而扩大企业用工需求和优化就业结构。已有研究表明，中国企业对外直接投资对国内就业产生了显著的正向促进作用，并且这一效应在不同所有制企业中都显著存在。[②]

对外直接投资有利于满足消费者的多样化消费需求，并最终提高消费者福利水平。由于国内外消费者需求的异质性，对外直接投资在拓展国际市场的同时，也增强了企业生产差异化产品的能力。研究表明，中国企业对外直接投资能够显著提高中国企业的产品质量及其在全球产业链的分工地位[③]，中国上游服务业企业对外直接投资显著改

① 孔群喜，王紫绮，蔡梦. 对外直接投资提高了中国经济增长质量吗. 财贸经济，2019，40 (5).

② 李磊，白道欢，冼国明. 对外直接投资如何影响了母国就业？——基于中国微观企业数据的研究. 经济研究，2016，51 (8).

③ 刘斌，王杰，魏倩. 对外直接投资与价值链参与：分工地位与升级模式. 数量经济技术经济研究，2015，32 (12).

善了下游厂商出口产品质量[①]。厂商综合生产能力和产品质量的提升，进一步促进中国市场出现更多优质产品，从而提高国内消费者的福利水平。

(二) 对投资目的国的影响

中国对外投资不仅影响国内经济，还显著影响投资目的国的经济状况。下面对后者进行重点评估。数据主要来自 2003—2022 年中国在非投资数据 (SAIS-CARI) 及世界发展指标数据库。

需要指出的是，尽管中国对非投资早于 2003 年，但统计数据仅从 2003 年起可得，直接使用全部样本会导致样本选择偏误。因此我们仅保留 2003 年中国对非投资低于国家中位数的样本进行估计，并采用在多期及异质性处理效果下稳健的交错双重差分法。[②] 方程如下：

$$Y_{ct} = \alpha + \sum_{\substack{\tau=-m, \\ \tau \neq -1}}^{n} \beta_\tau D_{ct}^\tau + \gamma_c + \lambda_t + \varepsilon_{ct} \tag{18.1}$$

式中，Y_{ct} 为国家 c 在 t 年的结果变量，包括 GDP，人均 GDP，第一、第二、第三产业占比，家庭消费和进出口；D_{ct}^τ 为指示变量，如果 t 年距 c 国首次从中国获得贷款/投资的时间为 τ 年则取值 1，否则取零；γ_c 和 λ_t 分别为国家和年份固定效应。

1. 对经济增长的贡献

图 18-1 展示了中国对非投资对投资目的国 GDP 和人均 GDP 的

---

① 李瑞琴，王汀汀，胡翠. FDI 与中国企业出口产品质量升级——基于上下游产业关联的微观检验. 金融研究，2018 (6).

② Callaway, B., & Sant' Anna, P. H. C. (2021). Difference-in-differences with multiple time periods. *Journal of Econometrics*, 225 (2).

影响，前期估计基本不显著，满足平行趋势要求。此外，事后估计基本为正向显著，且在十期后达到最大值，表明中国投资对投资目的国的经济增长具有持续的积极影响。

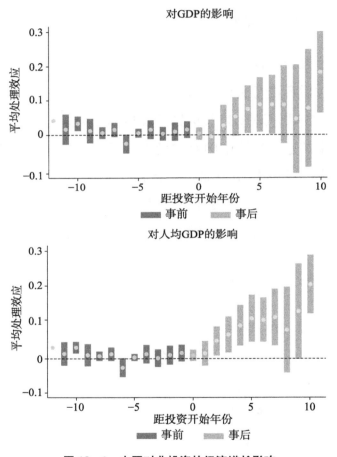

图 18-1　中国对非投资的经济增长影响

注：上下两图的因变量分别为对数 GDP 以及人均 GDP。·表示各事件年平均 GDP 增长的估计值（从−12 期到 10 期），浅色条和深色条为 95％置信区间。

表 18-1 展示了中国对非投资对投资目的国经济增长的具体系数估计。结果表明，中国对非投资可使投资目的国 GDP 提高 5.8％，人

均 GDP 提高 8.6%，显著促进了经济增长。

表 18 - 1　中国对非投资与经济增长

	(1)	(2)	(3)	(4)
	GDP（十亿美元）		人均 GDP（美元）	
	原始	对数	原始	对数
对非投资	17.360** (7.240)	0.058* (0.035)	366.700*** (93.660)	0.086*** (0.027)
国家固定效应	控制	控制	控制	控制
年份固定效应	控制	控制	控制	控制
N	355	355	355	355

注：国家和年份固定效应在回归中均被控制。因变量分别为原始和对数形式的 GDP（十亿美元）和人均 GDP（美元）。***、**、* 分别表示在 1%、5%、10% 的水平上显著。

2. 产业升级与结构调整

表 18 - 2 展示了中国对非投资对投资目的国产业结构影响的系数估计。结果表明，中国对非投资使投资目的国农林渔业增加值占 GDP 的百分比下降，而制造业和服务业增加值占 GDP 的百分比上升。这表明中国对非投资有助于促进投资目的国产业结构的调整升级，实现从第一产业向第二、第三产业的转移。

表 18 - 2　中国对非投资与产业结构

	(1) 农林渔业增加值 占 GDP 百分比	(2) 制造业增加值 占 GDP 百分比	(3) 服务业增加值 占 GDP 百分比
对非投资	−0.734 (1.130)	1.133* (0.649)	0.909 (1.012)
国家固定效应	控制	控制	控制
年份固定效应	控制	控制	控制
N	333	279	321

注：回归中均控制国家和年份固定效应；因变量分别为农业、制造业和服务业占 GDP 总量的百分比；***、**、* 分别表示在 1%、5%、10% 的水平上显著。

3. 提高经济福利水平

我们评估了中国对非投资对投资目的国综合经济福利水平的影响。由于经济福利提升会综合体现为人民消费水平的提升，因此我们使用家庭最终消费作为指标。在图 18-2 中，事前期估计值基本不显著，满足平行趋势要求，适用交错 DID 模型。图 18-2 中后期估计为正且逐年增加，表明中国对非投资在长期内可显著促进家庭最终消费，即提高投资目的国综合经济福利水平。

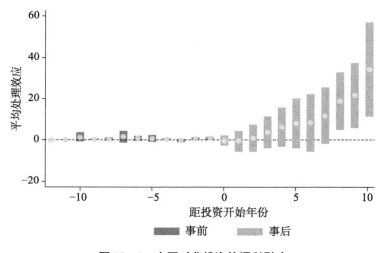

图 18-2　中国对非投资的福利影响

注：因变量为家庭最终消费。·表示各事件年平均 GDP 增长的估计值（从−12 期到 10 期），浅色和深色条为 95％置信区间。

（三）对全球经济的影响

下面分析中国对外直接投资对全球经济的影响，包括以下三方面：全球价值链的重塑、提供公共物品和减少全球失衡，以及促进共同繁荣和新层次全球治理。

1. 全球价值链的重塑

中国对外直接投资通过多个途径重塑全球价值链，进而促进全球经济的互联互通和共同发展。一是逆向技术溢出。中国企业通过海外并购高科技企业获取先进技术和管理经验，促进国内产业转型升级。[①]这种逆向溢出效应显著提升了中国在全球价值链中的地位。二是市场拓展与品牌建设。通过在海外设立生产和销售基地，扩大市场和品牌影响力。例如，华为和中兴在全球建立研发中心和生产基地，提高了其在通信设备领域的全球竞争力。三是资源获取与供应链管理。中国企业通过在资源丰富的国家进行投资，确保关键资源的稳定供应并优化全球供应链管理，如中国石油和矿产企业在非洲和南美洲的投资。四是金融服务与资本输出。中国金融机构通过全球投资和并购扩展国际业务，推动人民币国际化，促进全球金融体系多元化，如中国银行在"一带一路"沿线国家设立的分支机构。五是国际合作与区域经济发展。通过对外直接投资，中国积极参与区域经济一体化和国际合作项目，推动区域经济发展，如"一带一路"倡议下的投资项目。

2. 提供公共物品和减少全球失衡

中国对外直接投资不仅重塑了全球价值链，还在提供公共物品和减少全球失衡方面发挥重要作用。图 18 - 3 显示，截至 2022 年末，中

[①] Kogut, B., & Chang, S. J. (1991). Technological capabilities and Japanese foreign direct investment in the United States. *The Review of Economics and Statistics*, 73（3）; Neven, D., & Siotis, G. (1996). Technology sourcing and FDI in the EC: An empirical evaluation. *International Journal of Industrial Organization*, 14（5）; 刘明霞，王学军. 中国对外直接投资的逆向技术溢出效应研究. 世界经济研究，2009（9）; 李梅，柳士昌. 对外直接投资逆向技术溢出的地区差异和门槛效应——基于中国省际面板数据的门槛回归分析. 管理世界，2012（1）; 王恕立，向姣姣. 对外直接投资逆向技术溢出与全要素生产率：基于不同投资动机的经验分析. 国际贸易问题，2014（9）.

国对非直接投资主要集中在建筑业、采矿业和制造业，占比分别为33%、24%和12%。这些行业对于实现工业化至关重要，中国的投资伴随技术溢出，为投资国提供公共物品，促进其经济发展，进而减少全球失衡。

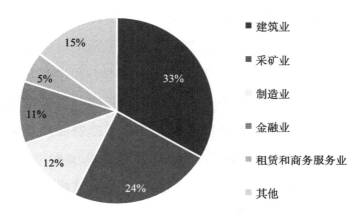

图 18－3　2022 年末中国对非洲直接投资存量行业占比

资料来源：2022 年度中国对外直接投资统计公报. https://images.mofcom.gov.cn/hzs/202310/2023/007152406593.pdf.

3. 促进共同繁荣和新层次全球治理

中国对外直接投资在促进共同繁荣和新层次全球治理中同样发挥重要作用。一是经济增长。前面分析结果表明，中国对外直接投资显著促进了国内外经济增长，体现了双向效应。二是产业链合作。通过在全球建立生产基地和供应链，中国企业不仅帮助投资目的国融入全球产业链，提升制造能力和出口竞争力，还得以利用投资目的国的禀赋优势，提高自身国际竞争力。三是技术的正向与逆向溢出。通过对外直接投资，中国企业将先进技术和管理经验引入投资目的国，提升当地企业的技术水平和创新能力，同时通过合作办学和职业培训等方式，提升当地人力资本质量。反向技术溢出则通过吸收全球先进技术和管理经验，提高了中国企业的研发效率和创新能力。①

同时，中国对外直接投资也推动了新层次全球治理。"一带一路"倡议促进了沿线国家在基础设施、贸易、金融、文化等领域的多边合作，提升了全球治理的包容性和有效性。此外，中国参与并推动了亚洲基础设施投资银行等新兴多边金融机构的成立，为全球基础设施建设和可持续发展提供了新的融资渠道，丰富了全球治理体系的多样性。

三、总结与展望

本章首先梳理了中国对外直接投资的发展历程和现状格局。随着中国对外开放进程的推进，中国对外直接投资的总量和结构快速发展变化，已在亚洲、非洲和欧美区域分别形成以能源、基础设施、制造业和新兴科技等产业为支撑的格局。在此基础上，结合全球竞争格局，本章评估了对外直接投资的经济影响。作为国际经济往来的重要组成成分，对外直接投资能够通过多种渠道对母国和东道国的经济产生重要影响。对于投资的母国而言，对外直接投资能够通过跨国企业内部渠道和外部溢出渠道对经济增长产生间接促进作用。通过要素全球配置以及生产效率和技术的扩散，对外直接投资还进一步对母国产业结构升级和总体经济福利产生有利影响。对于投资东道

---

① 董有德，孟醒. OFDI、逆向技术溢出与国内企业创新能力——基于我国分价值链数据的检验. 国际贸易问题，2014（9）.

国而言，对外直接投资直接有力促进了当地的经济增长，并通过促进技术和产业链供应链扩散，推动当地产业转型和综合福利增长。中国对外直接投资还通过提供公共物品和减少全球失衡等渠道促进了全球共同繁荣。

展望未来，中国对外直接投资将从加强国际合作、创新驱动和可持续发展三个角度在全球竞争中发挥更重要的作用。在更加多极化的全球竞争格局下，中国对外直接投资将持续推动国际合作，发挥多元积极作用，促进全球共同繁荣。由于对外直接投资在技术溢出中的重要作用，中国对外直接投资应坚持创新驱动，以科技创新赋能国内与投资目的国经济发展。最后，中国对外直接投资还将支持投资目的国基础设施和公共服务建设，持续提供公共物品和减少全球失衡，推动可持续的全球共同繁荣。

图书在版编目（CIP）数据

新质生产力：理论、事实与路径/张东刚等著.
北京：中国人民大学出版社，2025.1. --（新质生产力
研究文库）. -- ISBN 978-7-300-33472-1

Ⅰ.F120.2

中国国家版本馆 CIP 数据核字第 2024LD8236 号

新质生产力研究文库
张东刚　总主编
新质生产力：理论、事实与路径
张东刚　等　著
Xinzhi Shengchanli：Lilun、Shishi yu Lujing

出版发行	中国人民大学出版社				
社　址	北京中关村大街 31 号		**邮政编码**	100080	
电　话	010-62511242（总编室）		010-62511770（质管部）		
	010-82501766（邮购部）		010-62514148（门市部）		
	010-62511173（发行公司）		010-62515275（盗版举报）		
网　址	http://www.crup.com.cn				
经　销	新华书店				
印　刷	北京捷迅佳彩印刷有限公司				
开　本	720 mm×1000 mm　1/16		**版　次**	2025 年 1 月第 1 版	
印　张	25.75 插页 2		**印　次**	2025 年 6 月第 2 次印刷	
字　数	292 000		**定　价**	99.00 元